2020 上海师范大学智库培育项目

休闲研究专著系列

长三角41个城市休闲化发展研究报告（2019）

The Annual Report on Urban Recreationalization Development
in Yangtze River Delta（2019）

楼嘉军　毛润泽　李丽梅　马茜茜等　著

上海交通大学出版社
SHANGHAI JIAO TONG UNIVERSITY PRESS

内容提要

本书由上海师范大学与华东师范大学联合组成的"长三角城市休闲化指数"课题组发布的第一份我国区域层面的城市休闲化发展研究报告。本报告以理论模型和实证分析相结合的研究方式,从经济与产业发展、休闲服务与接待、休闲生活与消费、交通设施与安全和休闲空间与环境等五个维度,对长三角地区沪苏浙皖41个地级以上城市休闲化指数进行深入分析。

本书由三部分组成。第一部分是,总报告,包括绪论、研究对象与研究方法,以及城市休闲化报告等内容;第二部分是,城市休闲化指数分类报告,包括分类指数评价与分析,以及长三角41个城市各自的休闲化指数评价与分析等内容;第三部分是,专题研究。

可用于高等院校旅游、休闲、会展、文化以及社会学等专业师生的参考教材,也适合作为旅游管理、文化产业管理和城市公共服务管理部门的参考用书。

图书在版编目(CIP)数据

长三角41个城市休闲化发展研究报告. 2019／ 楼嘉军,毛润泽,李丽梅,马茜茜等著. —上海:上海交通大学出版社,2020
ISBN 978－7－313－23955－6

Ⅰ.①长… Ⅱ.①楼… Ⅲ.①长江三角洲－城市－闲暇社会学－研究报告－ 2019 Ⅳ.①D669.3

中国版本图书馆 CIP 数据核字(2020)第 207304 号

长三角41个城市休闲化发展研究报告(2019)
CHANGSANJIAO 41 GE CHENGSHI XIUXIANHUA FAZHAN YANJIU BAOGAO (2019)

著　　者:	楼嘉军　毛润泽　李丽梅　马茜茜等		
出版发行:	上海交通大学出版社	地　　址:	上海市番禺路 951 号
邮政编码:	200030	电　　话:	021－64071208
印　　制:	上海天地海设计印刷有限公司	经　　销:	全国新华书店
开　　本:	710 mm×1000 mm　1/16	印　　张:	17.25
字　　数:	212 千字		
版　　次:	2020 年 11 月第 1 版	印　　次:	2020 年 11 月第 1 次印刷
书　　号:	ISBN 978－7－313－23955－6		
定　　价:	68.00 元		

前　言

　　2019 年 12 月中共中央、国务院印发了《长江三角洲区域一体化发展规划纲要》,从国家发展的重大战略层面,提出了区域一体化具体的发展目标与发展要求。长三角沪苏浙皖三省一市是我国最富庶的地区,也是经济高度发达的区域。在城市高质量发展、生活高品质建设的进程中,长三角地区城市居民美好生活需要获得了进一步的满足,居民休闲生活质量也同步提升。

　　由上海师范大学与华东师范大学共同组成的课题组发布了"2019 长三角城市休闲化发展指数报告"。这是课题组在连续 9 年发布的"中国城市休闲化指数"报告基础上,为适应长三角区域一体化发展的现实需要,推出的第一份我国区域层面的城市休闲化指数报告。报告从经济与产业发展、休闲服务与接待、休闲生活与消费、休闲空间与环境、交通设施与安全五个方面,细分为 31 个具体指标进行分析。纳入本报告监测的长三角沪苏浙皖地级及以上城市共计 41 个,包括 1 个直辖市(上海)、3 个省会城市(南京、杭州、合肥)、1 个计划单列市(宁波),以及 36 个地级市。

  《长三角 41 个城市休闲化发展研究报告(2019)》由以下三部分组成。第一部分是,总报告,包括绪论、指标体系与评价方法,以及城市休闲化评价报告等内容。第二部分是,城市休闲化指数分析,包括分类指数评价与分析、41 个城市休闲化指数分析等内容。第三部分是,专题研究。本报告得出以下几个结论。

  从综合排名看,上海、杭州、南京、苏州和宁波排名前 5 位。这些城市在休闲化发展的综合性与协调性方面优势较为明显,因而能够成为长三角城市休闲化发展的领先城市。居于后 5 位的城市有淮南、亳州、阜阳、滁州和淮北,都属于安徽省,说明安徽省在长三角地区城市休闲化发展的总体格局中处于相对薄弱的地位。从五个维度的分类排名看,上海、杭州、宁波、南京和苏州排名经济与产业分类指数、休闲服务与接待分类指数的前 5 位,上海、苏州、宁波、杭州和无锡排名休闲生活与消费分类指数的前 5 位,上海、南京、杭州、宁波和合肥名列休闲空间与环境分类指数的前 5 位,上海、苏州、杭州、南京和温州排名交通设施与安全分类指数的前 5 位。在分类指标方面,安徽省也仅有合肥市获得了一个进入前 5 名的机会,折射出安徽省在具体发展指标方面存在的差距以及面临的发展挑战。从空间分布态势看,大致表现出"东部领先、西部崛起、北部滞后"的发展特征。

  总体上讲,长三角地区城市休闲化发展水平所体现的特征与两个因素具有很强的相关性。一是经济发展水平越高,休闲化水平越高。二是城市规模越大,休闲化水平也越高。排名前 5 位的城市,都是长三角地区经济最发达的城市,而且也是属于超大或大型城市。休闲化是基础,品质化是体现,城市休闲化建设最终服务于城市高品质生活。长三角 41 座城市休闲化水平的测度,为城市高品质生活提供一个"镜面",是长三角一体化进程中不可或缺的一环。

　　本报告撰写分工如下。第一部分,由李丽梅、毛润泽、楼嘉军、周晋名等负责完成。第二部分,由李丽梅、毛润泽、楼嘉军、马茜茜和贾增慧等负责完成。第三部分,由李丽梅、张舒仪、张玮玮、陈彦婷、楼嘉军、刘安宁、朱立新和吕晓亮等负责完成。此外,参加本报告沙龙讨论与材料收集还有施蓓琦、马剑瑜、郭薇、赵才、张馨瑞、张婉盈等。

　　本报告得以顺利完成,与课题组全体成员近一年来的辛勤工作,以及以上各位老师和研究生同学的尽力配合密不可分。作为课题负责人,在此我谨向他们表示诚挚的敬意与真诚的感谢。《长三角 41 个城市休闲化发展研究报告(2019)》是 2019 年度上海师范大学休闲与旅游研究中心的建设项目,感谢上海师范大学康年副校长对该项目给予的无微不至的关怀;感谢宋波处长对该项目的支持与帮助,在此深表谢意。同时,还要感谢上海交通大学出版社的倪华老师和张勇老师对本报告的出版与审校工作付出的心血。由于本报告有关长三角 41 个城市休闲化发展水平的评价工作涉及的研究数据采集量比较大,来源又多元化,加上我们认识的局限性,在理论阐述、数据处理、材料分析等方面难免会存在不足,敬请学者与读者批评指正。

上海师范大学特聘教授

上海师范大学休闲与旅游研究中心主任

楼嘉军

2020 年 8 月

目　录

第一部分　总报告

第一章　绪论 ·· 3

第二章　指标体系与评价方法 ··· 12

第三章　城市休闲化评价报告 ··· 20

第一部分参考文献 ·· 30

第二部分　城市休闲化指数分析

第四章　分类指数评价与分析 ··· 33

第五章　41个城市的休闲化指数分析 ······························ 72

第二部分参考文献 ·· 154

1

第三部分　专题研究

第六章　城市社区休闲活动特征研究——以上海五里桥社区

为例 ……………………………………………… 159

第七章　上海迪士尼小镇业态布局与游客感知分析 ……… 184

第八章　江南古典园林声景的评价与优化——以上海豫园为例 …… 205

第九章　导游生存模式与运营策略分析 ……………………… 241

索引 ……………………………………………………………… 265

第一部分

总报告

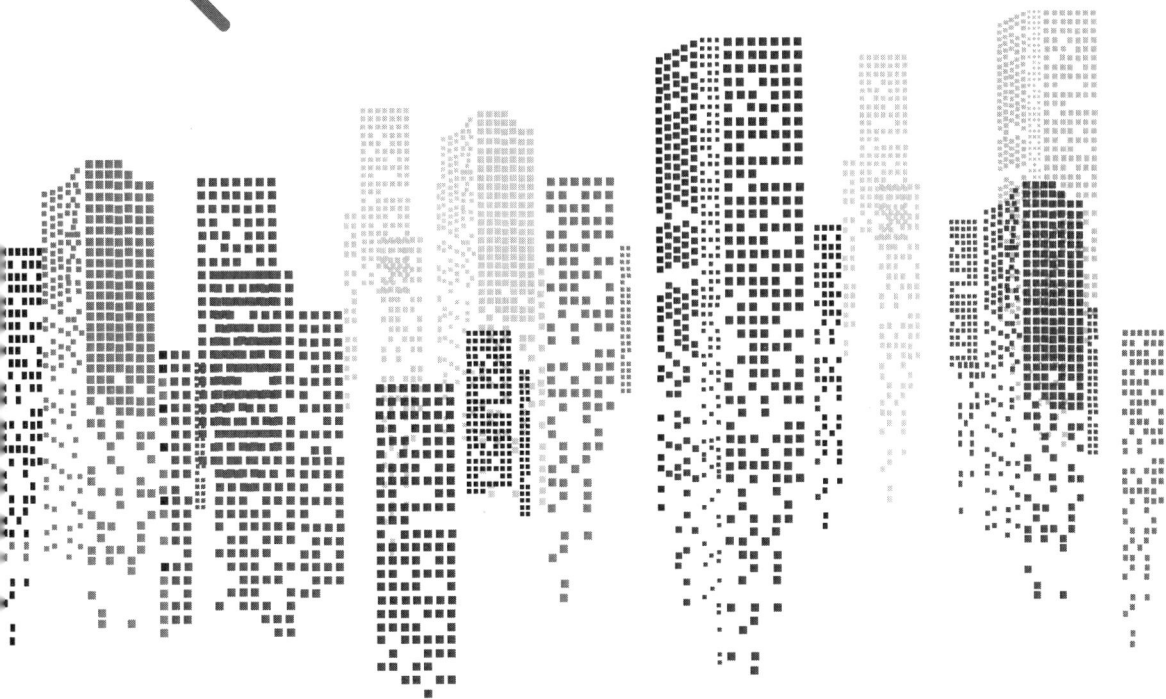

第一章 绪 论

长三角地区是我国经济发展最活跃、开放程度最高、创新能力最强的区域之一,其经济总量约占全国的四分之一,有坚实的城市休闲化发展基础,是"一带一路"和长江经济带的重要交汇点,在国家现代化建设大局和全方位开放格局中具有举足轻重的战略地位。当前,长三角一体化发展已进入全方位加速推进的新阶段。

2018 年 11 月 5 日,国家主席习近平在首届中国国际进口博览会开幕式发表演讲时提到,将支持长江三角洲区域一体化发展并上升为国家战略。随后,在 2019 年 12 月 1 日,中共中央、国务院又印发了《长江三角洲区域一体化发展规划纲要》(以下简称《纲要》)。《纲要》指出,到 2025 年,长三角一体化发展将取得实质性进展,在科创产业、基础设施、生态环境、公共服务等领域基本实现一体化发展。在长三角区域一体化的发展背景下,城市休闲化一体化进程也必然要加快发展。城市休闲化的五大维度分别是居民消费方式、产业结构、城市功能、公共基础设施和生态环境五个方面。从长三角区域发展背景看,目前长三角城市休闲化发展正呈现出如下特征。

一、长三角居民消费方式休闲化

随着 2010 年上海世博会和长三角国家战略的实施,长三角地区作为中国经济最发达地区,其引领中国经济增长的作用日益显著。在全球化浪潮的驱动下,长三角区域的城市居民消费行为也发生了巨大变化,即精神产品的流动对长三角地区居民消费影响程度更加明显,呈现消费休闲化特征。

2019 年长三角上半年的经济数据显示,上海消费品零售总额最高,达到 6 661.44 亿元。南京、苏州和杭州三大城市紧随其后,消费品零售总额分别达到 3 024.44 亿元、2 994.7 亿元和 2 929 亿元。上海、南京、苏州、杭州、宁波 5 个城市 2019 年上半年消费品零售总额超过 2 000 亿元,组成了长三角城市消费第一梯队。在消费品零售总额 TOP10 中,除了上海之外,其中 5 个城市属于江苏,3 个城市隶属浙江,而安徽的城市中只有合肥。在安徽省被划入长三角城市群的 8 个城市中,仅有合肥一城消费品零售总额较高,达到 1 631.87 亿元,在所有城市中排名第 7。

除此之外,长三角地区的城市消费升级明显,集中体现在发展型和享受型的消费品销售额快速增长。以上海与合肥为例,2019 年上半年,上海社会消费品零售总额完成 6 661.44 亿元,比去年同期增长 8.4%,从商品类别看,化妆品类零售额增长 24.6%,通信器材类零售额增长 18.1%,增速均超过消费品零售总额。而合肥市 2019 年上半年化妆品类零售额也增长了 16.2%,体育娱乐用品类增长 21.6%,可穿戴智能设备增长93.6%。

与此同时,长三角地区的消费方式也进入了线上休闲加速发展期。2019 年上半年长三角多地迎来了线上消费的大爆发,电子商务成为消费增长的重要引擎。统计数据显示,上海网络商店零售额达到 930.25 亿元,增长 25.3%,增速提高 10.6 个百分点,占社会消费品零售总额的比重达到14%。泰州、南通、嘉兴三地网络消费额分别也增长 46%、36.2% 和20.1%。可见无论是线上或线下,长三角居民的消费结构都开始偏重于享受型消费,消费休闲化趋势明显。

二、长三角产业结构休闲化

2019 年,长三角地区生产总值合计 23.7 万亿元,约占全国的 23.9%,同比增长 6.4%,高于全国增速 0.3 个百分点。工业投资引领固定资产投资增长,如上海六个重点工业行业投资同比增长 24.2%,江苏高新技术产业投资同比增长 23.3%;服务经济支撑作用进一步增强,新消费呈现引领态势,全年长三角地区第三产业增加值同比增长 7.4%,占长三角地区生产总值比重达 55%,社会消费品零售总额 8.9 万亿元,增长 7.6%,约占全国的 21.7%。2019 年,面对国内外风险挑战明显上升的复杂局面,长三角地区全面落实长三角一体化发展国家战略,坚持稳中求进工作总基调,落实高质量发展要求,经济增长保持韧性,深入实施创新驱动发展战略,新旧动能加快转换,经济结构持续优化。数据显示,长三角地区人均地区生产总值超过中等收入国家水平。其内部发展水平不均衡,上海明显高于浙江和江苏,已向发达国家水平迈进。从产业增加值构成看,与国际标准相比,长三角地区第二产业比重继续下降,但占比仍然较高,第一产业偏低,第三产业贡献比重上升。

从各省市来说,2019 年上海市经济延续了总体平稳、稳中有进、进中固稳的发展态势。上海各级政府积极促进农民非农就业,稳妥推进农村土地制度和集体经济组织产权制度改革,推进农村综合帮扶,进一步完善"造血"机制。从 2009 年开始,上海市居民收入增势良好,说明上海经济结构持续优化,以服务经济为主的产业结构持续升级,金融业、信息服务业、科研服务业、文化创意产业等现代服务业保持快速发展势头。与此同时,与消费升级相关的商品和服务消费增长明显,全年通信器材类、化妆品类、电子出版物及音像制品类零售额分别增长 21.3%、21.8% 和 90.4%。

2019 年江苏省全年实现地区生产总值 99 631.5 亿元,比上年增长

6.1%。全省常住人口 8 070.0 万人,比上年末增加 19.3 万人。第一产业增加值 4 296.3 亿元,增长 1.3%;第二产业增加值 44 270.5 亿元,增长5.9%;第三产业增加值 51 064.7 亿元,增长 6.6%。全省人均地区生产总值 123 607元,比上年增长 5.8%。劳动生产率持续提高,平均每位从业人员创造的增加值达 209 837 元,比上年增加 13 790 元。产业结构加快调整,全年三次产业增加值比例调整为 4.3:44.4:51.3,服务业增加值占地区生产总值比重比上年提高 0.9 个百分点。住宿和餐饮业通过公共网络实现餐费收入比上年增长 13.5%。商务服务业、软件和信息技术服务业、互联网和相关服务业营业收入比上年分别增长 9.4%、18.8%和 23.4%。

2019 年浙江生产总值(地区生产总值)为 62 352 亿元(合 9 039 亿美元),比上年增长 6.8%。其中,第一产业增加值 2 097 亿元,增长 2.0%;第二产业增加值 26 567 亿元,增长 5.9%;第三产业增加值 33 688 亿元,增长 7.8%。第三产业增长迅速,以杭州为例,杭州市服务业增加值首破万亿元,经济不断迈上新台阶,现代服务业是背后的重要推手。2019 年,杭州市服务业增加值突破万亿元,达到 10 172 亿元,对地区生产总值增长贡献率达 72.9%。金融服务产业增加值为 1 791 亿元,增长 9.1%。值得一提的是,2019 年,杭州市新增境内外上市企业 22 家,累计 192 家,居全国第四。健康产业实现增加值 975 亿元,增长 12.5%;文创产业实现增加值 3 735 亿元,增长 15.6%。

2019 年安徽省经济社会保持平稳健康发展,经济结构不断优化,发展质效稳步提升,三大攻坚战取得关键进展,人民生活明显改善,"十三五"规划主要指标进度符合预期,全面建成小康社会取得新的重大进展。全年生产总值(地区生产总值)37 114 亿元,居全国第 11 位。常住人口 6 365.9万人,增加 42.3 万人。全年生产总值(地区生产总值)37 114 亿元,居全国第 11 位;按可比价格计算,比上年增长 7.5%,居全国第 7 位。分产业看,第一产业增加值 2 915.7 亿元,增长 3.2%;第二产业增加值 15 337.9 亿元,增长 8%,其中工业增加值 11 454.9 亿元,增长 7.5%;第三产业增加值 18 860.4 亿元,增长 7.7%。

可以看出,长三角整体及各省市的产业结构都在往优化当地居民生存环境和提升生活质量的方向发展,产业结构休闲化趋势明显。

三、长三角城市功能休闲化

长三角城市群以上海为核心、由联系紧密的多个城市组成,主要分布于国家"两横三纵"城市化格局的优化开发和重点开发区域。长三角城市群规划的一个新亮点是"一核四带五圈"的网络化空间格局。一核就是上海;"四带"就是沪宁合杭甬发展带;"五圈"就是南京都市圈、杭州都市圈、合肥都市圈、苏锡常都市圈与宁波都市圈。

长三角城市群从公路时代走向大桥时代、高铁时代,城市群域的"同城效应"日益显著。原先的合肥、南京、上海、杭州、宁波等核心城市形成的"Z"形发展格局正在发生新变化。像"四带"所代表的沪宁合杭甬发展带,依托沪汉蓉、沪杭甬通道,发挥上海、南京、杭州、合肥、宁波等中心城市要素集聚和综合服务优势。

上海的城市首位度只占全国地区生产总值不到 5%,与发达国家相比差距较大,如纽约占 24%,东京占 26%,伦敦占 22%,首尔占 26%。目前落户上海的世界 500 强企业总部仅为纽约 10%,外国人口占常住人口比重仅 0.9%。一般性加工制造和服务业比重过高,国际经济、金融、贸易和航运中心功能建设滞后。上海"大城市病"也较为突出。从长三角城市群规划来看,上海未来的目标定位是提升全球城市功能,引领长三角城市群一体化发展,提升服务长江经济带和"一带一路"等国家战略的能力。2017 年 12 月 15 日,《上海市城市总体规划(2017—2035 年)》(简称"上海

2035"）获得国务院批复原则同意。"上海 2035"以习近平新时代中国特色社会主义思想为指导,全面贯彻党的十九大精神,全面对接"两个阶段"战略安排,全面落实创新、协调、绿色、开放、共享的发展理念,明确了上海至2035 年并远景展望至 2050 年的总体目标、发展模式、空间格局、发展任务和主要举措,为上海未来发展描绘了美好蓝图。

　　未来,上海的核心任务是加快提升上海核心竞争力和综合服务功能,加快建设具有全球影响力的科技创新中心,发挥浦东新区引领作用,推动非核心功能疏解,推进与苏州、无锡、南通、宁波、嘉兴、舟山等周边城市协同发展等。南京不同于上海,其定位是中心城市,打造与镇江、扬州抱团式发展的都市圈,加快建设南京江北新区,辐射带动淮安等城市发展,促进与合肥都市圈融合发展。按照规划,杭州的目标定位是加快建设杭州国家自主创新示范区和跨境电子商务综合试验区、湖州国家生态文明先行示范区,建设全国经济转型升级和改革创新的先行区,与嘉兴、湖州、绍兴等市形成一个都市圈。而刚被划入并融入长三角格局的合肥,在推进长江经济带国家战略中发挥承东启西的区位优势和创新资源富集优势,打造区域增长新引擎。

　　休闲产业的发展离不开城市功能的配套与完善,长三角城市的功能正在经历三个转型:第一,城市的规划,从建筑布局向城市空间规划转型;第二,城市的建设,从建造房子向建设城市转型;第三,城市的管理,从依法管理向城市生活品牌打造转型。

四、长三角公共基础设施休闲化

　　区域一体化的本质是实现资源要素的无障碍自由流动和地区间的全方位开放合作。通过有效一体化,使长三角三省一市形成合力,其最终实现高质量发展。而各地区之间的公共服务和基础设施的不均等化,正是阻碍区域内各生产要素自由流动的重要原因之一。作为我国经济最具活力、开放程度最高、创新能力最强、吸纳外来人口最多的区域之一,长三角地区"底子厚",在此基础上实施基础服务和公共设施均等化的探索,其社会风险及政治风险是最小的,因此,在《纲要》中指出,当前长三角地区重大基础设施基本联通。交通干线密度较高,省际高速公路基本贯通,区域机场群体系基本建立。光纤宽带、4G 网络等信息基础设施水平在全国领先。

但与此同时,区域内仍存在发展不平衡不充分、跨区域共建共享共保共治机制尚不健全等短板,基础设施、生态环境、公共服务一体化发展水平有待提高。为此,《纲要》明确提出"基础设施互联互通基本实现"的发展目标,具体包括:轨道上的长三角基本建成,省际公路通达能力进一步提升,世界级机场群体系基本形成,港口群联动协作成效显著。能源安全供应和互济互保能力明显提高,新一代信息设施率先布局成网,安全可控的水网工程体系基本建成,重要江河骨干堤防全面达标。到 2025 年,铁路网密度达到 507 千米/万平方千米,高速公路密度达到 5 千米/百平方千米,5G 网络覆盖率达到 80%。在提升基础设施互联互通水平的部分,《纲要》把协同建设一体化综合交通体系放在了第一节。在协同建设一体化综合交通体系中,《纲要》提到共建轨道上的长三角、提升省际公路通达能力、合力打造世界级机场群、协同推进港口航道建设四方面。在共建轨道上的长三角方面,指出要加快建设集高速铁路、普速铁路、城际铁路、市域(郊)铁路、城市轨道交通于一体的现代轨道交通运输体系,构建高品质快速轨道交通网。在合力打造世界级机场群方面,《纲要》提出要规划建设南通新机场,成为上海国际航空枢纽的重要组成部分。《纲要》还指出,要共同打造数字长三角,其中重点提到要协同建设新一代信息基础设施,包括加快推进 5G 网络建设、深入推进 IPv6 规模部署、加快量子通信产业发展等内容。

长三角实施基础服务和公共设施均等化是长三角城市休闲化的重要保障,只有保证了公共基础设施的供应,长三角城市才能实现休闲化发展。

五、长三角生态环境休闲化

长三角区域四省市时空一体、山水相连,生态环境休戚相关。此外,长三角区域内城市频繁举办具有国际性影响的大型活动,合力开展大气环境保障的任务十分繁重。这些都要求长三角地区要构建区域生态环境保护共同体,协调一致开展污染防治和生态环境保护。在长三角区域一体化发展上升为国家战略,大力推进生态文明建设,打好污染防治攻坚战的大背景下,深化长三角区域生态环境保护协作,构建生态环境保护共同体,实现生态环境保护工作一体化,是亟待加强的一项重点工作。

当前,长三角区域在大气污染联防联控、水污染综合防治、跨界污染应急处置、危废环境管理等方面做了大量积极探索,摸索建立了一套良好的生态环境保护协商机制,为区域环境共治共建共享打下了坚实基础。

2018 年,长三角区域生态环境协同保护又进入了新阶段,包括分阶段提前实施了船舶排放控制区措施,提前落实了国六油品升级,制定方案深化了重污染天气区域应急联动,联合制定实施了首个区域秋冬季大气污染综合治理攻坚行动方案,印发实施了太浦河水质预警联动方案等。同年 6 月,三省一市信用办及环保部门于长三角地区主要领导座谈会期间签署了《长三角地区环境保护领域实施信用联合奖惩合作备忘录》,发布首个区域严重失信行为认定标准以及联合惩戒措施。在安徽合肥召开的长三角区域大气污染防治协作小组办公室厅局长例会提出,2019 年,以长三角一体化发展上升为国家战略为契机,深度开展长江生态治理与保护等区域生态环境联合研究,共同破解共性环境问题;同时探索推进区域标准统一,在目前实践基础上尽可能向高标准看齐;加强区域流动源联合监管,改善区域交通结构。

2019 年,三省一市政府分管副省(市)长联合签署《加强长三角临界地区省级以下生态环境协作机制建设工作备忘录》;上海市青浦区、江苏省苏州市吴江区、浙江省嘉兴市嘉善县政府主要负责同志联合签署《关于一体化生态环境综合治理工作合作框架协议》;太湖流域管理局,上海市、江苏省、浙江省水利(水务)和生态环境部门主要负责同志联合签署《太湖流域水生态环境综合治理信息共享备忘录》。

长三角区域三省一市相互毗邻,生态环境问题休戚相关。放眼整个长三角,除了共同治水,聚焦生态环保产业发展外,三省一市还在其他生态领域不断寻求合作,深耕项目培育,致力于为长三角居民提供"绿色"的休闲空间。

第二章　指标体系与评价方法

第一节　指标体系

　　结合城市休闲化的内涵与特征,本研究认为城市休闲化是经济、交通、服务、环境、消费综合作用的过程。为进一步测度 41 个城市休闲化发展水平,本文将城市休闲化指标归纳为经济与产业发展、休闲服务与接待、休闲生活与消费、休闲空间与环境、交通设施与规模等五个方面,共涵盖 31 个具体指标。见表 2－1。

表 2－1　中国城市休闲化评价指标体系

一级指标	二级指标	三级指标	单位	变量	属性
经济与产业发展	经济水平	地区生产总值	亿元	X1	正向
		人均生产总值	元	X2	正向
	城市化水平	城市化率	％	X3	正向
	产业发展	第三产业占地区生产总值比重	％	X4	正向
		第三产业就业人数占全部就业人数的比重	％	X5	正向
		社会消费品零售总额	亿元	X6	正向
		住宿和餐饮业零售总额	亿元	X7	正向
		批发、零售、住宿和餐饮业从业人数	人	X8	正向
		限额以上批发、零售、住宿和餐饮业企业个数	个	X9	正向

（续表）

一级指标	二级指标	三级指标	单位	变量	属性
休闲服务与接待	文化设施	每百人公共图书馆藏书	个	X10	正向
		剧场、影剧院个数	个	X11	正向
		国家重点文物保护单位数量	个	X12	正向
	休闲旅游接待	星级饭店数量	个	X13	正向
		国家4A级及以上景区数量	个	X14	正向
		公园个数	个	X15	正向
	游客接待规模	国内旅游人数	万人次	X16	正向
		入境旅游人数	万人次	X17	正向
休闲生活与消费	居民消费	城镇居民家庭恩格尔系数	％	X18	负向
		城市居民人均可支配收入	元	X19	正向
		城市居民消费价格指数（以上一年为100）	％	X20	负向
		城市居民家庭人均消费性支出	元	X21	正向
		城市居民人均家庭设备用品及服务消费支出	元	X22	正向
		城市居民人均医疗保健消费支出	元	X23	正向
		城市居民人均交通通信消费支出	元	X24	正向
		城市居民人均教育文化娱乐服务消费支出	元	X25	正向
休闲空间与环境	城市绿化	城市（建成区）绿化覆盖率	％	X26	正向
		城市绿地面积	公顷	X27	正向
		公园绿地面积	公顷	X28	正向
	环境荣誉	国家荣誉称号数	个	X29	正向
交通设施与安全	城市交通	公共汽车、电车客运量	万人次	X30	正向
		公路运输客运量	万人次	X31	正向

13

第一类,经济与产业发展。主要反映城市居民开展休闲消费的宏观环境,包括地区生产总值,人均生产总值,城市化率,第三产业占 GDP 比重,第三产业就业人数占全部就业人数的比重,社会消费品零售总额,住宿和餐饮业零售总额,批发、零售、住宿和餐饮业从业人数,限额以上批发、零售、住宿和餐饮业企业个数等。这一类指标是影响城市休闲化发展的先决条件。

第二类,休闲服务与接待。主要反映城市为满足本地居民和外来游客需求而提供的休闲旅游设施以及城市的休闲旅游接待能力,包括每百人公共图书馆藏书,剧场、影剧院个数,国家重点文物保护单位数量,星级饭店数量,国家 4A 级及以上景区数量,公园个数,国内旅游人数,入境旅游人数等。这一类指标是表征一座城市休闲功能水平的重要指标,是城市休闲化发展的内在驱动。

第三类,休闲生活与消费。主要反映城市居民休闲生活质量和休闲消费结构,包括城镇居民家庭恩格尔系数,城市居民人均可支配收入,城市居民消费价格指数(以上一年为 100),城市居民家庭人均消费性支出,城市居民人均家庭设备用品及服务消费支出,城市居民人均医疗保健消费支出,城市居民人均交通通信消费支出,城市居民人均教育文化娱乐服务消费支出等。这一类指标是城市居民休闲生活质量的体现,是城市休闲化发展的核心内容。

第四类,休闲空间与环境。主要反映城市居民的居住空间条件和城市绿化环境,包括城市(建成区)绿化覆盖率、城市绿地面积、公园绿地面积、国家荣誉称号数等。这一类指标可以保证人们接触到更多的休闲机会、休闲空间和休闲环境,是城市休闲化发展的重要载体。

第五类,交通设施与规模。主要反映城市内外交通的便捷程度和交通规模,包括公共汽车、电车客运量,公路运输客运量。这一类指标是城市居民和外来游客开展休闲活动的前提,是城市休闲化发展的基础条件。

第二节 研究对象与评价方法

一、研究对象

本报告的研究对象是长三角地区三省一市 41 个城市,包括上海市 1 个城市,江苏省 13 个城市,浙江省 11 个城市和安徽省 16 个城市。见表 2-2。

表 2-2 长三角三省一市 41 个城市

省　份	城　　　市	数量
上海市	上海	1
江苏省	南京、无锡、徐州、常州、苏州、南通、连云港、淮安、盐城、扬州、镇江、泰州、宿迁	13
浙江省	杭州、宁波、温州、嘉兴、湖州、绍兴、金华、衢州、舟山、台州、丽水	11
安徽省	合肥、淮北、亳州、宿州、阜阳、蚌埠、淮南、滁州、六安、芜湖、马鞍山、铜陵、安庆、池州、宣城、黄山	16

选择这 41 个城市的原因在于:华东师范大学休闲研究中心自 2011 年首次发布城市休闲化发展指数以来,一直持续跟踪研究 36 个城市的休闲化指数。《2019 长三角城市休闲化指数》是中国城市休闲化指数课题组在连续发布 9 年《中国城市休闲化指数》报告基础上推出的第一份长三角区域层面的城市休闲化指数报告,有助于推动我国城市休闲化研究工作的深入发展,为全域旅游向全域休闲的转型发展提供理论借鉴与实践指导。纳入研究的 41 座城市,合计 22 409.39 万人,约占全国总人口的

16.12%;合计面积为 351 899.97 平方千米,约占全国总面积的 3.65%;合计国内生产总值(地区生产总值)为 197 862.06 亿元,约占国内生产总值(地区生产总值)的 23.92%。

本报告的数据均来自于《中国统计年鉴》《中国城市统计年鉴》《中国第三产业统计年鉴》《中国交通年鉴》《江苏省统计年鉴》《浙江省统计年鉴》《安徽省统计年鉴》《上海市统计年鉴》以及苏浙皖各地级市的国民经济和社会发展统计公报等国家和省级有关管理部门公开出版或发布的统计数据。

二、评价方法

(一)数据标准化处理

本研究所有指标口径概念均与国家统计局制定的城市基本情况统计制度保持一致,以保证评价结果的客观公正性。按照评价指导思想与评价原则要求,所有指标分为两类:一是正向指标,即指标数据越大,评价结果越好;二是负向指标,即这类指标的数值与评价结果呈反向影响关系,指标数值越大,评价结果就越差。本报告中"城镇居民家庭恩格尔系数"等属于此类。本研究对逆向指标进行一致化处理,转换成正向指标,具体采用如下公式:

$$X' = \frac{1}{x}(x > 1)$$

对所有逆向指标的 X 数据进行变化,统一为正项指标。

(二)指标赋权方法

在以往相关研究文献中,计算权重通常采用主观判断法和客观分析法。前者通过对专家评分结果进行数学分析实现定性到定量的转化,后者则通过提取统计数据本身的客观信息来确定权重。主观判断法对先验理论有很强的依赖性，受调查者往往以某种先验理论或对某种行为的既定认识来确定指标权重，所以使用主观判断法会造成指标选取和权重确定上的主观性和随意性，从而降低综合评价分析的科学性。客观分析法是通过对评价指标数据本身的客观信息进行提取分析，从而确定权重大小，其特点是客观性强，但其忽略了专家经验在确定权重中应用的重要性，赋权结果有时说服力不强。

在本指标体系中指标较多，数据信息量较大，为避免数据处理的失真，本报告主要按照客观分析法，依靠可得性客观数据，并运用基于客观数据分析的"差异驱动"原理，对我国长三角 41 个城市的休闲相关变量进行赋权。目的在于消除人为因素的影响，提高评价的科学性（杨勇，2007）[①]将指标变量数列的变异系数记为：

$$V_j = S_j \Big/ \bar{X}_j$$

其中 $\bar{X}_j = \dfrac{1}{41} \sum\limits_{i=1}^{41} X_{ij}$,

$$S_j = \sqrt{\dfrac{1}{41} \sum\limits_{i=1}^{41} (X_{ij} - \bar{X}_j)^2} \quad \begin{array}{l}(i=1, 2, 3, \cdots, 41; \\ j=1, 2, 3, \cdots, 31)\end{array}$$

由此，变量的权重为：

$$\lambda_j = V_j \Big/ \sum\limits_{j=1}^{31} V_j \qquad\qquad (2-1)$$

（三）综合评价模型

变量集聚是简化城市休闲化评价指标体系（Urban Recreationalization

---

① 杨勇.中国省际旅游业竞争力分析——ARU 结构与影响因素[J].山西财经大学学报,2007(10):53－60.

Index,简称 URI)的有效手段,即指数大小不仅取决于独立变量的作用,也取决于各变量之间形成的集聚效应。非线性机制整体效应的存在,客观上要求经济与产业发展(EI)、休闲服务与接待(SH)、休闲生活与消费(LC)、休闲空间与环境(SE)、交通设施与规模(TS)全面协调发展,产生协同作用。

本评价指标根据柯布道格拉斯函数式构建如下评价模型:

$$\text{URI} = \text{EI}_j^a + \text{SH}_j^b + \text{LC}_j^c + \text{SE}_j^d + \text{TS}_j^e \qquad (2-2)$$

式中,a、b、c、d、e 分别表示经济与产业发展、休闲服务与接待、休闲生活与消费、休闲空间与环境、交通设施与规模的偏弹性系数。从式(2-2)中可以看出,该函数体现的是城市休闲化各变量指标之间的非线性集聚机制,强调了城市休闲化各指标协调发展的重要性。

在指标数据处理上,由于评价指标含义不同,各指标量纲处理差异比较大,所以不能直接使用各指标数值进行评价。为了使数据具有可比性,采用最大元素基准法对指标数据进行无量纲处理,将实际能力指标值转化为相对指标,即:

$$Y_{ij} = \left(X_{ij} \Big/ \max_{\substack{1 \leqslant j \leqslant 31 \\ 1 \leqslant i \leqslant 41}} \left[X_{ij}\right]\right)$$

经过处理后的城市休闲化评价模型为:

$$\text{URI} = \sum_{j=1}^{9} Y_{ij}^a + \sum_{j=10}^{17} Y_{ij}^b + \sum_{j=18}^{25} Y_{ij}^c$$
$$+ \sum_{j=26}^{29} Y_{ij}^d + \sum_{j=30}^{31} Y_{ij}^e \qquad (2-3)$$

总的来说,城市休闲化评价指标的非线性组合评价法具有以下特点:一是强调了城市休闲化评价指标变量间的相关性及交互作用;二是着眼于系统性观点,突出了评价变量中较弱变量的约束作用,充分体现了城市休闲化水平的"短板效应",即城市休闲化水平就像 31 块长短不同的木板组成的木桶,木桶的盛水量取决于长度最短的那块木板;第三,因采用了指数形式,导致变量权重的作用不如线性评价法明显,但对于变量的变动却比线性评价法更为敏感。

第三章 城市休闲化评价报告

第一节 综合评价

　　根据对经济与产业发展、休闲服务与接待、休闲生活与消费、休闲空间与环境、交通设施与规模等五个方面，共计31个指标相关数据的统计与分析，得出了长三角地区三省一市41个城市2019年城市休闲化发展指数的综合结果。从41个城市休闲化发展的综合评价可以看出，2019年我国长三角地区城市休闲化水平呈现如下特征。

　　第一，从整体发展水平看，上海、杭州、南京、苏州和宁波排名前5位，进入排行榜前五位的城市，在城市休闲化结构的协调性方面较为明显，因而能够成为长三角城市休闲化发展的领先城市；合肥、无锡、金华、绍兴和温州在此次长三角41个城市休闲化指数评价排名中也进入前十强，表明这些城市休闲化发展的和谐性、均衡性比较显著；而阜阳、滁州和淮北则位列综合排名的后3位，反映了这3个城市在城市休闲化发展的各个方面还存在诸多不足。

　　第二，从城市之间的比较看，长三角城市之间的休闲化发展水平差异非常明显，排名第一的上海休闲化发展指数远超长三角其他城市。例如，排名第一的上海城市休闲化水平是位列末尾的淮北的10.8倍，要实现长三角城市休闲化水平之间的协同性，任重道远。

　　第三,从省份比较看,浙江整体城市休闲化水平处于领先状态,安徽整体城市休闲化水平相对滞后,除省会城市合肥各项休闲化指标排名较为靠前之外,省内其他地级城市的各项指标排名均比较靠后。这一现状也充分体现了社会经济发展水平是决定城市休闲化发展程度的重要前提条件。

　　第四,从空间格局看,长三角地区城市休闲化水平呈现极差较大的特征,长江以南临海的城市休闲化程度发展情况较好,以上海、杭州、宁波、苏州和南京为首的核心圈层与边缘区城市休闲化发展拉开较大差距,苏北、皖北地区城市休闲化发展水平较低。

　　第五,从城市级别看,41个被列入观察的城市中,苏州、宁波2个城市虽然不是省会城市,但由于其自身经济条件较好,所以在城市的休闲化指数综合排名方面,高于安徽的省会城市合肥。特别是宁波,各项指标排名均高于安徽的省会城市合肥,且除交通设施与规模指标外,宁波城市休闲化指数的其他各项指标排名一直居于前5名,见图3-1。

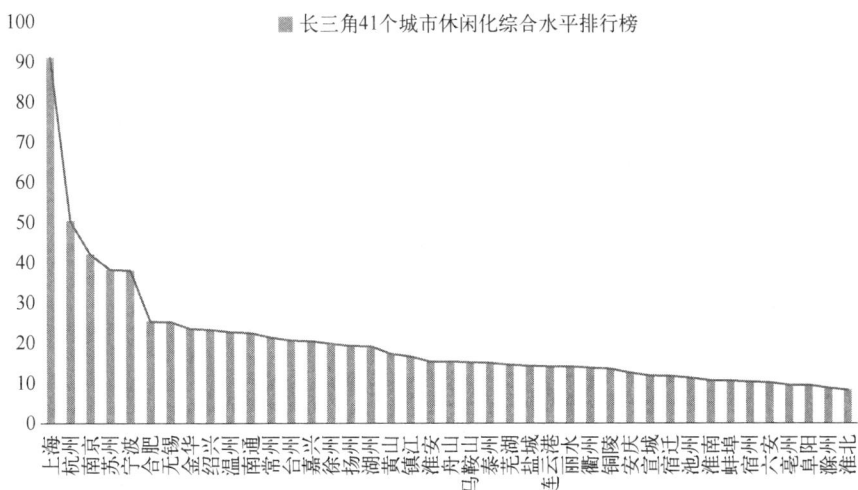

图 3-1　长三角 41 个城市休闲化综合水平

第六,从城市规模看,城市规模与城市休闲化发展水平之间存在一定的关系。本报告对城市规模的划分标准是依据国务院发布的《关于调整城市规模划分标准的通知》文件。该通知明确了新的城市规模划分标准以城区常住人口为统计口径,将城市划分为五类七档:城区常住人口50万以下的城市为小城市,其中20万以上50万以下的城市为Ⅰ型小城市,20万以下的城市为Ⅱ型小城市;城区常住人口50万以上100万以下的城市为中等城市;城区常住人口100万以上500万以下的城市为大城市,其中300万以上500万以下的城市为Ⅰ型大城市,100万以上300万以下的城市为Ⅱ型大城市;城区常住人口500万以上1000万以下的城市为特大城市;城区常住人口1000万以上的城市为超大城市。

依据这一划分标准,本报告将长三角41个城市划分为以下五类六档城市,见表3-1。

表3-1 41个城市人口规模类型与休闲化指数排名

城市	城区人口(万人)	综合水平排名	城市等级分档	城市等级分类
上海	2 418.33	1	超大型城市	超大型城市
南京	608.62	3	特大城市	特大型城市
杭州	370.91	2	Ⅰ型大城市	大城市
苏州	269.78	4	Ⅱ型大城市	
无锡	221.97	7	Ⅱ型大城市	
合肥	219.93	6	Ⅱ型大城市	
徐州	197.41	15	Ⅱ型大城市	
宁波	192.49	5	Ⅱ型大城市	
常州	159.70	12	Ⅱ型大城市	
温州	152.28	10	Ⅱ型大城市	
淮安	130.35	20	Ⅱ型大城市	

（续表）

城市	城区人口（万人）	综合水平排名	城市等级分档	城市等级分类
盐城	121.97	25	Ⅱ型大城市	大城市
南通	116.26	11	Ⅱ型大城市	
扬州	105.85	16	Ⅱ型大城市	
淮南	105.80	34	Ⅱ型大城市	
芜湖	105.21	24	Ⅱ型大城市	
绍兴	102.91	9	Ⅱ型大城市	
台州	99.87	13	中等城市	中等城市
连云港	93.90	26	中等城市	
泰州	84.11	23	中等城市	
蚌埠	80.77	35	中等城市	
镇江	79.65	19	中等城市	
阜阳	79.14	39	中等城市	
宿迁	70.90	32	中等城市	
安庆	65.89	30	中等城市	
淮北	62.43	41	中等城市	
马鞍山	58.75	22	中等城市	
金华	57.11	8	中等城市	
湖州	54.20	17	中等城市	
舟山	51.02	21	中等城市	
宿州	50.04	36	中等城市	
嘉兴	47.46	14	Ⅰ型小城市	小城市
六安	43.90	37	Ⅰ型小城市	
铜陵	43.89	29	Ⅰ型小城市	
滁州	38.75	40	Ⅰ型小城市	
亳州	32.00	38	Ⅰ型小城市	
衢州	29.76	28	Ⅰ型小城市	
黄山	28.52	18	Ⅰ型小城市	

(续表)

城市	城区人口(万人)	综合水平排名	城市等级分档	城市等级分类
池州	27.56	33	Ⅰ型小城市	
宣城	26.56	31	Ⅰ型小城市	小城市
丽水	20.69	27	Ⅰ型小城市	

从表3-1可以看出,综合水平排在第一位的上海属于超大型城市,排名第二位的杭州属于Ⅰ型大城市,排名第三位的南京属于特大型城市,排名第四和第五位的苏州与宁波均属于Ⅱ型大城市,而排在最后三位的阜阳、滁州、淮北分别属于中等城市或Ⅰ型小城市。显然,至少在目前及今后一段时间内,城市规模越大,城市休闲化指数排名越靠前,提高城市休闲化发展质量的条件与优势越显著。这一现象与我国当前城市经济发展水平以及城市发展质量的分布态势基本吻合。

第二节　分类评价

一、分类指标权重

从城市休闲化指数评价的五个一级指标的权重看,经济与产业发展指标权重最高(38.26%),其后依次是休闲服务与接待(31.77%)、休闲空间与环境(12.84%)、休闲生活和消费(9.16%),交通设施与安全的权重最低(7.97%)。显然,在目前城市休闲化过程中,经济与产业发展指标对城市休闲化的影响力最大,这也从一个侧面表明,休闲产业正在发挥越来越重要的促进作用。与此同时,休闲空间与环境指标对城市休闲化的影响作用相对较小,实际上反映出当前正在推进的生态文明建设非常及时,必将有力改善城市休闲生态环境,为居民与游客提供环境优良的户外游憩空间。见图3-2。

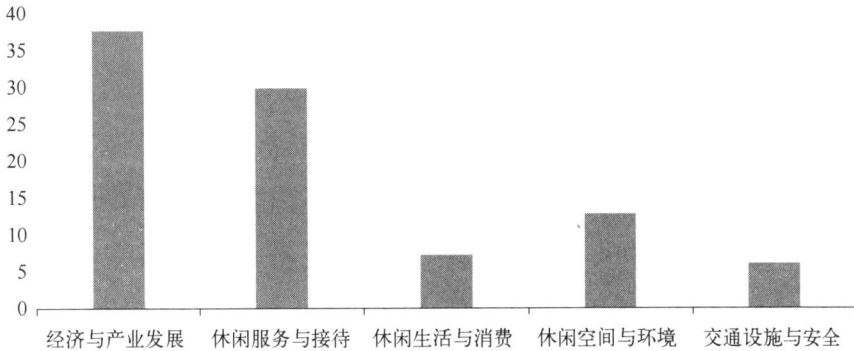

图 3-2 41 个城市休闲化五大指标权重

二、分类指标分析

（一）经济与产业发展

经济与产业发展是促进城市休闲化进程的前提条件。从经济与产业分类指数看，上海、杭州、宁波、南京和苏州排名前 5 位，表明上述城市经济发展实力雄厚，为城市休闲化发展奠定了扎实的基础。需要指出的是，排名第 1 位的上海的指数值要比第 2 名及以后的城市高出一大截，折射出该类指数发展的严重失衡性。而宣城、淮北、宿州、黄山和池州则位列后 5 位，表明经济发展的相对薄弱制约了上述城市休闲化发展的水平，同时间接反映出安徽省的整体经济水平相对薄弱，见图 3-3。

（二）休闲服务与接待

城市的休闲文化、娱乐、旅游等设施是重要的休闲消费场所，接待规模是城市休闲吸引力的重要表现。在休闲服务与接待分类指数排名中，上海、杭州、宁波、南京和苏州依然排名前 5 位，表明 5 个城市休闲娱乐和文旅融合发展结构相对成熟，休闲文化产业发展的整体性优势比较明显。

而淮南、亳州、阜阳、滁州和淮北位居后 5 位，排名后 5 位的均为安徽

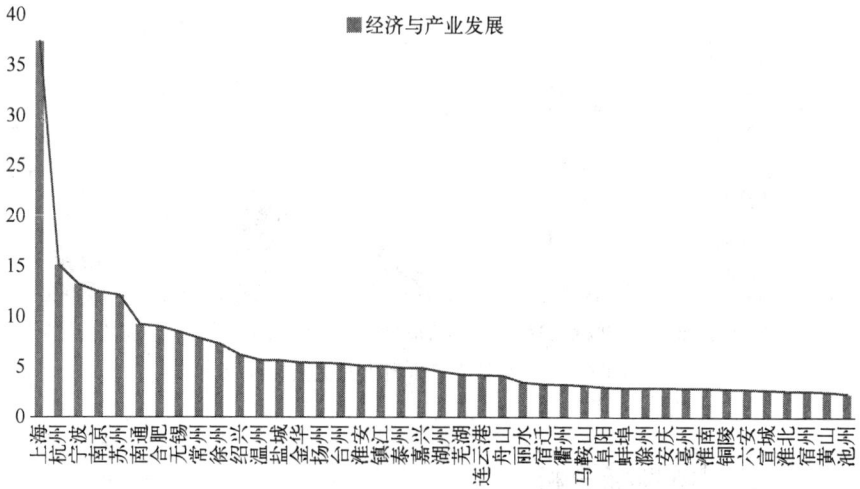

图 3-3 经济与产业发展水平排名

的城市,虽然安徽在某些具体的文化、旅游方面有优势,如著名旅游城市
黄山和省会城市合肥,受相关政策与规划红利,休闲服务与接待水平相对
较好,但是在整体性发展方面仍存在诸多薄弱环节,影响了休闲服务与接
待类别指数的排名。见图 3-4。

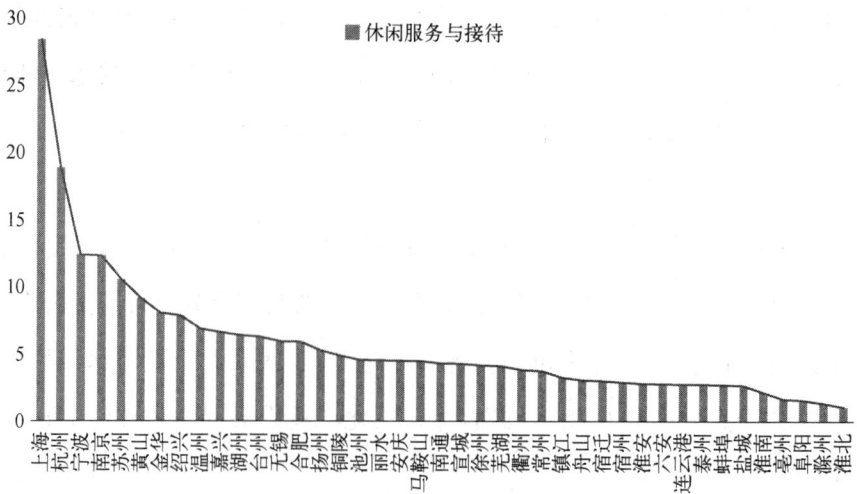

图 3-4 休闲服务与接待水平排名

（三）休闲生活与消费

城市居民的消费支出结构、家庭恩格尔系数、人均可支配收入、消费价格指数、家庭人均消费性支出是反映城市休闲化质量的关键指标。从休闲生活与消费分类指数排名看,上海、苏州、宁波、杭州和无锡排名前5位,反映了上述城市休闲娱乐和文旅市场繁荣,居民用于与休闲相关的综合性消费能力比较强,游客消费支出比较旺,从而间接反映了江苏和浙江的整体消费能力和水平。

而宿迁、蚌埠、阜阳、六安和安庆排名最后5位,表明这几个城市休闲娱乐、文化旅游综合消费能力不足,间接反映出安徽省的整体消费水平和消费能力相对较为落后,是城市休闲化发展过程中的一个突出瓶颈因素,见图3-5。

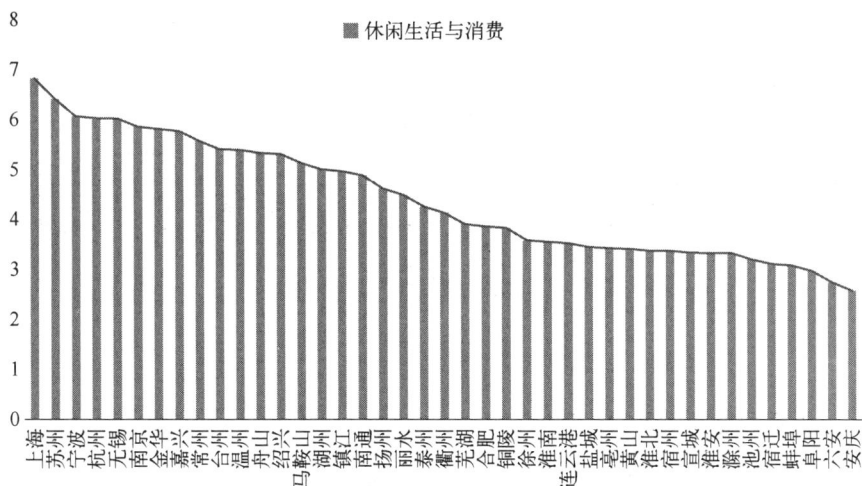

图3-5　休闲生活与消费水平排名

（四）休闲空间与环境

城市(建成区)绿化覆盖率、城市绿地面积、公园绿地面积、国家荣誉称号数等指标代表一个城市自然环境建设和发展的水平,成为衡量居民与游客从事户外游憩活动载体环境质量的重要指数。从休闲空间与环境分类指数排名看,上海、南京、杭州、宁波和合肥名列前 5 位。而池州、阜阳、淮北、宿州和滁州则处于排名的后 5 位,在一定程度上表明这 5 个城市户外游憩环境总体质量不尽如人意,间接表明安徽省休闲空间与环境指标存在较大极差,成为城市整体休闲化发展的短板,见图 3-6。

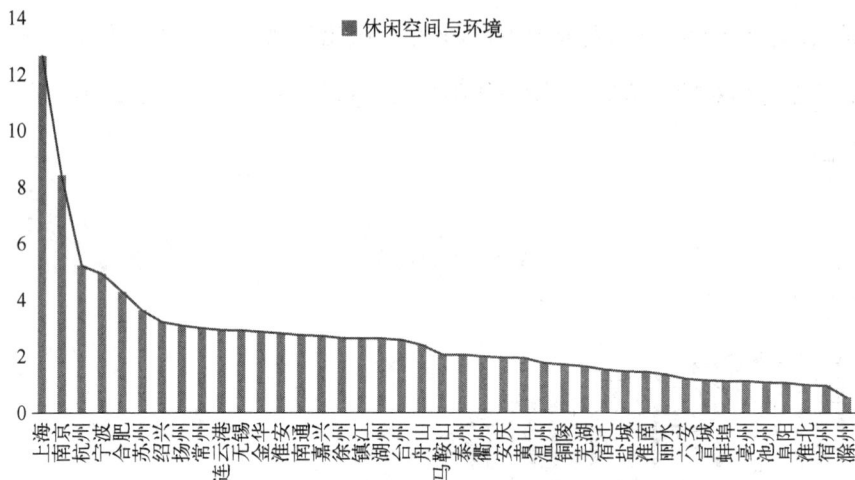

图 3-6　休闲空间与环境水平排名

（五）交通设施与安全

从交通设施与安全分类指数看,上海、苏州、杭州、南京和温州排名前 5 位。交通条件完善,交通枢纽功能强大,使得这 5 个城市居民在本地日常的休闲活动与外来游客在当地的旅游观光活动能够互动协调发展。而铜陵、黄山、丽水、淮北和池州位居后 5 位。这 5 个城市交通设施与规模评价指数相对较弱,对本地居民从事日常的休闲娱乐

活动以及外来游客开展观光度假活动都会产生相应的抑制作用,见
图 3－7。

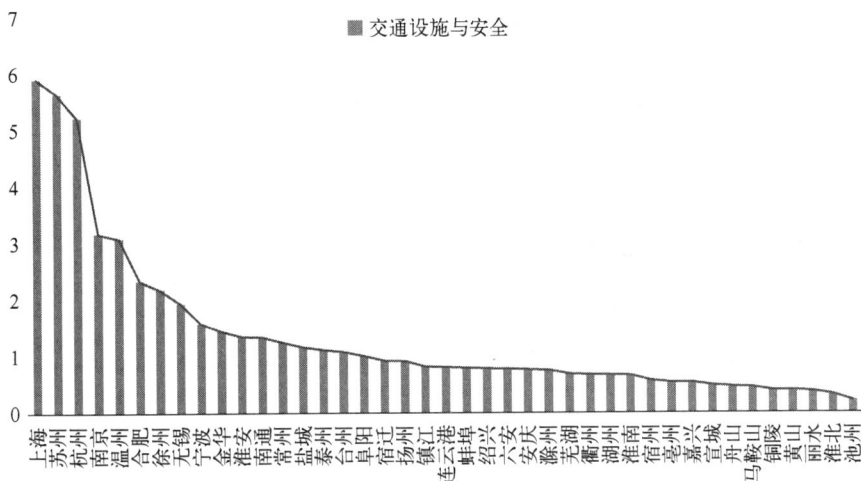

图 3－7 交通设施与安全水平排名

第一部分 参考文献

［１］董长云.城市居民休闲生活水平指标体系研究［D］.浙江大学硕士学位论文,2006.

［２］华钢,楼嘉军.城市休闲系统研究［J］.旅游论坛,2009,2(3)：419－423.

［３］闪媛媛.休闲城市指标体系研究［D］.杭州：浙江大学,2005.

城市休闲化指数分析

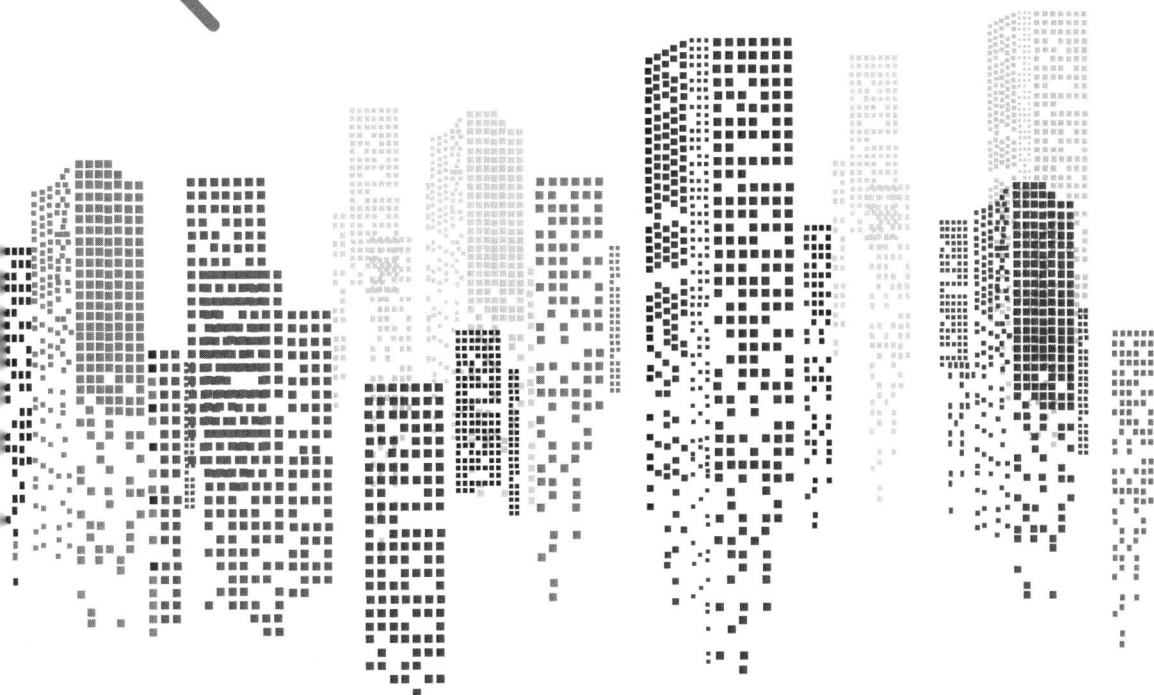

第四章 分类指数评价与分析

第一节 经济与产业发展

经济与产业发展指标主要反映城市居民进行休闲消费的宏观环境，包括地区生产总值，人均生产总值，城市化率，第三产业占地区生产总值比重，第三产业就业人数占全部就业人数的比重，社会消费品零售总额，住宿和餐饮业零售总额，批发、零售、住宿和餐饮业从业人数，限额以上批发、零售、住宿和餐饮业企业个数等，这是城市休闲化发展的先决条件。

一、经济水平

（一）地区生产总值

地区生产总值是反映一座城市经济综合发展能力的重要指标，也是影响城市休闲化发展指数高低的重要因素。根据对长三角 41 个城市地区生产总值的统计，上海、苏州、杭州、南京和无锡排名前 5 位。在所有城市中，上海地区生产总值最高，超过 3 万亿元。见图 4-1。

从具体排列看，大致可以分成以下几个层次。第一层次是 1.5 万亿以上，有上海、苏州 2 个城市。第二层次是 1 万亿~1.5 万亿，有杭州、南京、无锡 3 个城市。第三层次是 0.5 万亿~1 万亿元，有宁波、南通、合肥等 9

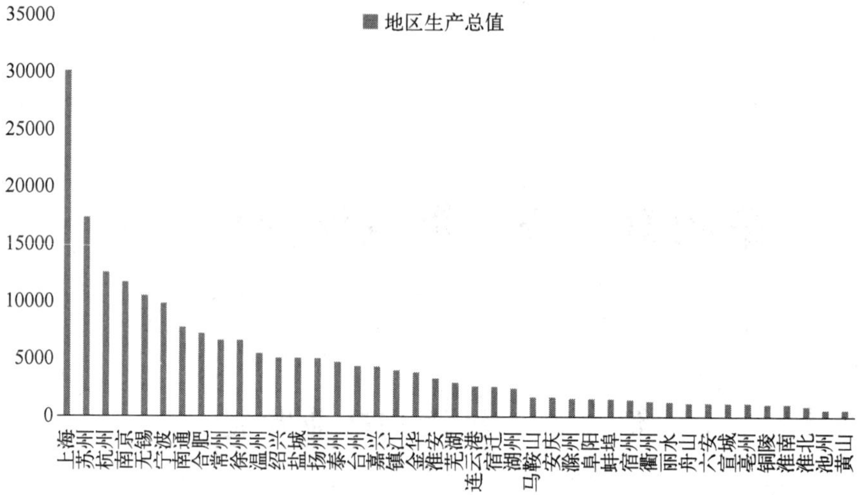

图 4-1　长三角 41 个城市地区生产总值排名一览图　单位：亿元

个城市。第四层次是 0.1 万亿~0.5 万亿元,有泰州、台州、嘉兴等 24 座城市。第五层次是 0.1 万亿元以下,有淮北、池州和黄山 3 座城市。各城市在地区生产总值的数量之间形成非常大的反差,如城市地区生产总值最高的上海与最低的黄山之间相差将近 50 倍。

（二）人均生产总值

人均生产总值是观察城市发展重要的经济指标之一,也是衡量居民生活水平的一个重要标准,还可用作测度居民休闲消费能力的一个客观指标。根据长三角 41 个城市人均生产总值的实际状况进行排序,可以看清楚我国长三角地级以上城市人均生产总值分布的一个基本格局,苏州、无锡、南京、常州、杭州名列前 5 名,其中,居于前 4 位的均为江苏省的城市,江苏省省会城市南京位列第 3 名,浙江省省会城市杭州位列第 5 名,上海位列第 7 名。见图 4-2。

二、城市化水平

城市化水平在一定意义上反映了城市规模不断扩大的过程,涵盖了

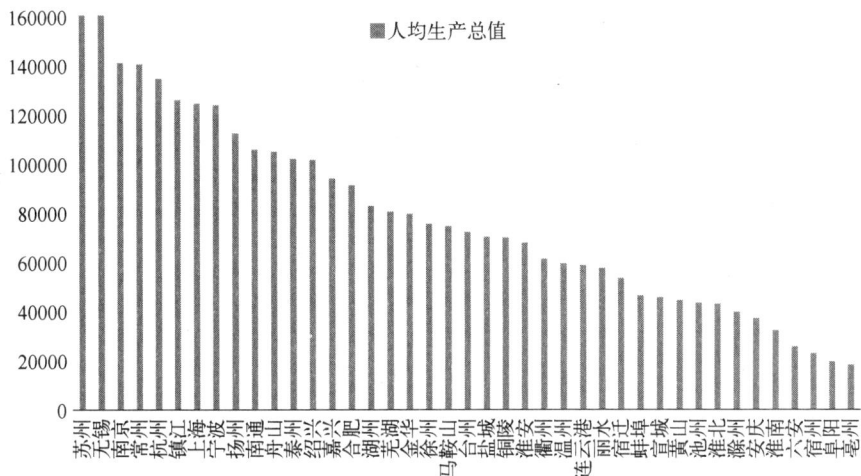

图 4-2 长三角 41 个城市人均生产总值排名一览图 单位：元

经济规模、人口规模和用地规模三个方面。自改革开放以来,我国城市化水平的发展已取得长足进步。在 2017 年,长三角 41 座地级以上城市的城市化水平的均值为 59%,其中城市化水平达到 70% 以上的除上海和三省的省会城市(杭州、南京、合肥)外,还有无锡、苏州和常州,共 7 座城市。见图 4-3。

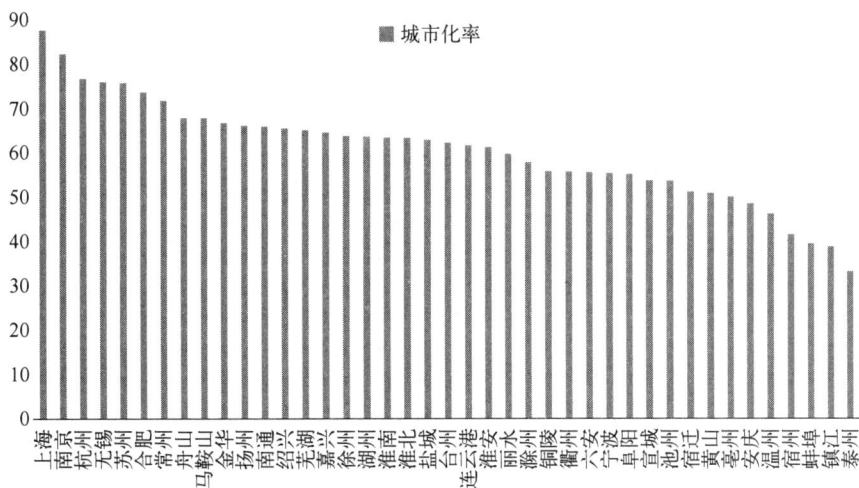

图 4-3 长三角 41 个城市的城市化水平一览图 单位：%

一般情况下,由于城市休闲服务的主体是本地居民,所以城市化水平的提升成为推动城市休闲化综合均衡发展的重要因素。此外,农村及外来人口大量导入,城市常住人口数的不断递增,对城市休闲服务设施的配置与休闲质量的保障也是一个严峻的挑战。

三、产业发展

(一)第三产业占地区生产总值比重

一般来说,如果一个城市的服务业产出占到地区生产总值总量达 50%,就意味着这个城市的产业结构开始以服务经济为主;如果比重达到 60%,就可以认为基本形成了以服务经济为主的产业结构。第三产业包含了旅游、娱乐、文化、艺术、教育和科学等以提供非物质性产品为主的部门。居民各种形式的休闲活动几乎涉及所有的第三产业门类。第三产业的发展为居民休闲活动的发展创造了条件,而居民休闲活动的深入也促进了第三产业的优化发展。根据统计材料,各城市第三产业占地区生产总值的比重分布,见图 4-4。其中上海、杭州、南京、温州和舟山位居前 5 名。

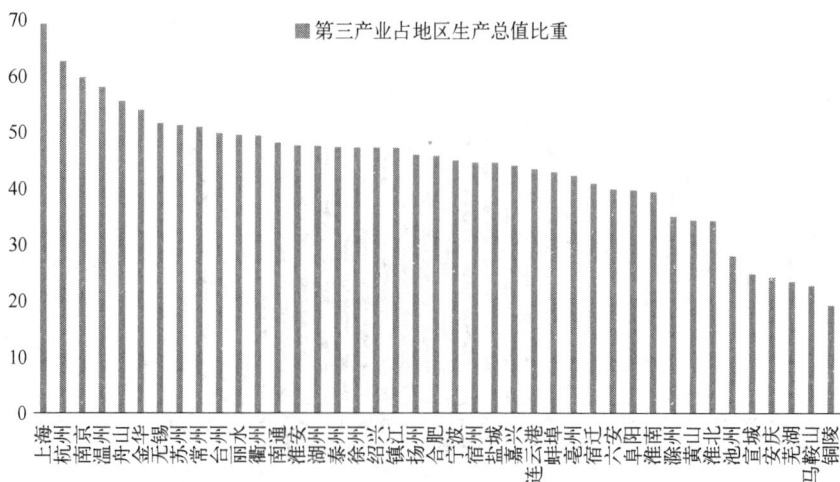

图 4-4 长三角 41 个城市第三产业占地区生产总值比重一览图 单位:%

据统计,2017 年我国长三角地区已有 9 个城市第三产业占地区生产总值比重达 50% 以上,约占总数的 22%。另外有 12 个城市占比低于 40%,约占总数的 29%。总体上看,近年来以服务经济为主的第三产业的快速发展,也为长三角各地级市休闲产业的发展奠定了扎实的基础。

(二)第三产业就业人数占全部就业人数的比重

第三产业就业人数占全部就业人数的比重,通常反映了第三产业结构调整的进程和服务经济质量的高低。发达国家第三产业的就业人数占全部就业人数的比重一般都在 60%~70% 左右,是吸引就业人数最多的产业部门。现阶段,我国第三产业发展相对落后,第三产业就业比重自然较低,而且各城市差异颇大。由于第三产业以服务部门为主,就业人数比重在一定程度上反映了城市休闲产业发展的状况。我国长三角地区各地级以上城市第三产业就业人数占全部就业人数的比重统计见图 4-5。其中,上海、南京、杭州、合肥和芜湖排名前 5 位。

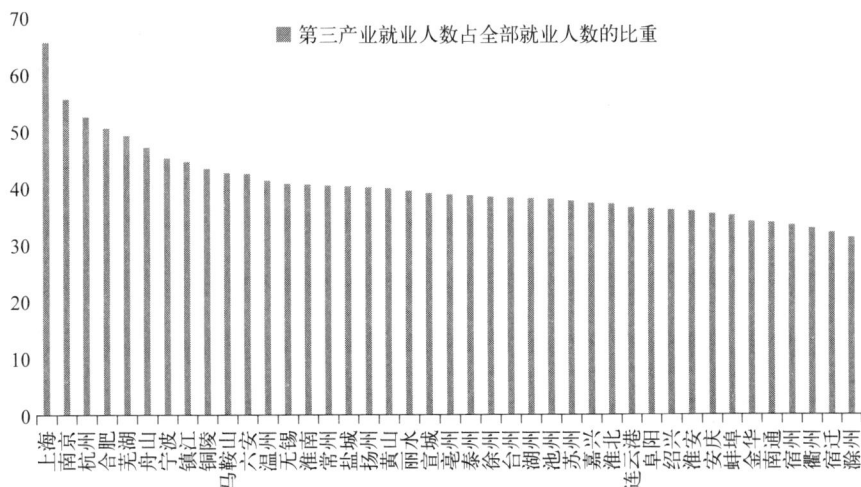

图 4-5　长三角 41 个城市第三产业就业人数占全部
就业人数的比重一览图　单位:%

　　排名第一位的上海第三产业就业人数占全部就业人数的比重超过60%,在各长三角地级以上城市排名中处于领先地位,上海是国内城市中服务业最发达的城市,这与上海休闲产业发展的综合水平在国内名列前茅高度吻合;紧随其后的是三个省会城市南京、杭州和合肥。值得注意的是,前四名分别为上海和三个省会城市,第 5 名为芜湖,一定程度上说明除上海和省会城市外,芜湖市的休闲产业发展状况相对于长三角其他城市较好,发展力度和重视程度也较高。另外,苏州则排在第 27 名,说明在业态服务化和经济休闲化方面,苏州的发展步伐需要加快。

　　(三) 社会消费品零售总额

　　城市社会消费品零售额反映了一定时期内城市居民休闲物质文化生活水平的变化情况,也反映一座城市社会商品购买力的实现程度,以及零售市场规模和业态规模等状况,在国际上通常是作为衡量城市商业服务经济景气度的重要指标。从统计数据看,上海、杭州、南京、苏州和宁波位居前 5 位,其中上海相比长三角其他地级市而言优势地位十分明显,见图4-6。

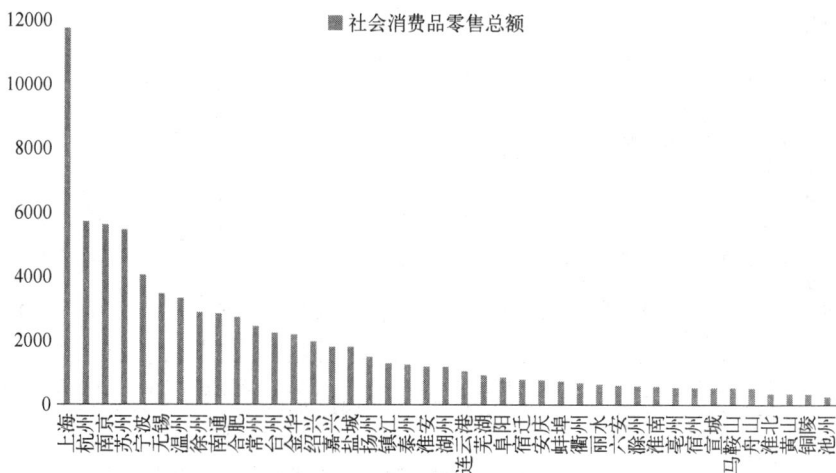

图 4-6　长三角 41 个城市社会消费零售总额一览图　单位:亿元

图 4-6 反映了上海市在居民生活水平、商品购买力和市场规模等方面在国内城市中具有无可比拟的综合优势。从整体上看,大多数城市社会消费品零售总额在 6 000 亿以下,不及上海的一半,表明除上海外长三角地级市的社会消费品零售业态还处于较弱的发展状态。此外,浙江、江苏的各地级市整体排名较为靠前,而安徽的各地级市整体排名比较靠后,如排名后四位的淮北、黄山、铜陵、池州均为安徽的城市,说明浙江、江苏在这方面与上海的差距十分明显,同时安徽与浙江、江苏的差距亦十分明显。

（四）住宿和餐饮业零售总额

城市住宿和餐饮业零售总额是社会消费品零售总额进行分类的一个统计。从居民日常休闲活动与游客各种形式的旅游活动看,或多或少都与住宿和餐饮服务业产生直接关系,所以从住宿和餐饮业零售总额入手,有助于进一步了解居民和游客在住宿与餐饮方面消费的状况。各城市统计数据见图 4-7。其中上海、宁波、杭州、南京、苏州名列前 5 名。

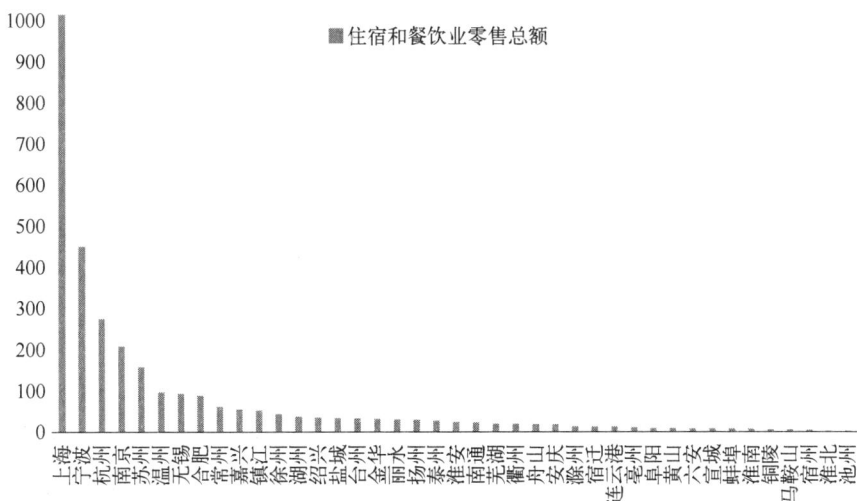

图 4-7　长三角 41 个城市住宿和餐饮业零售总额　单位:亿元

从总体上看,我国长三角城市限额以上住宿与餐饮业发展规模还比较弱,除宁波的销售总额数据占上海数据的三分之一规模之外,其他3个城市均低于上海数据的三分之一,其中更有12个城市的销售总额分别接近或低于上海数据的十分之一。

(五)批发、零售、住宿和餐饮业从业人数

批发、零售、住宿和餐饮业是第三产业的重要组成部分,也是吸纳劳动力就业的主要渠道之一。从近年来的发展可以看出,各大城市批发、零售、住宿和餐饮业日趋繁荣,行业结构日益优化,吸纳了大量的劳动力就业,成为促进城市经济稳定较快发展的重要力量,这也是城市居民休闲生活方式丰富、休闲消费能力提高的必然结果。各城市统计结果见图4-8。其中上海、杭州、南京、苏州和宁波位居前5位。

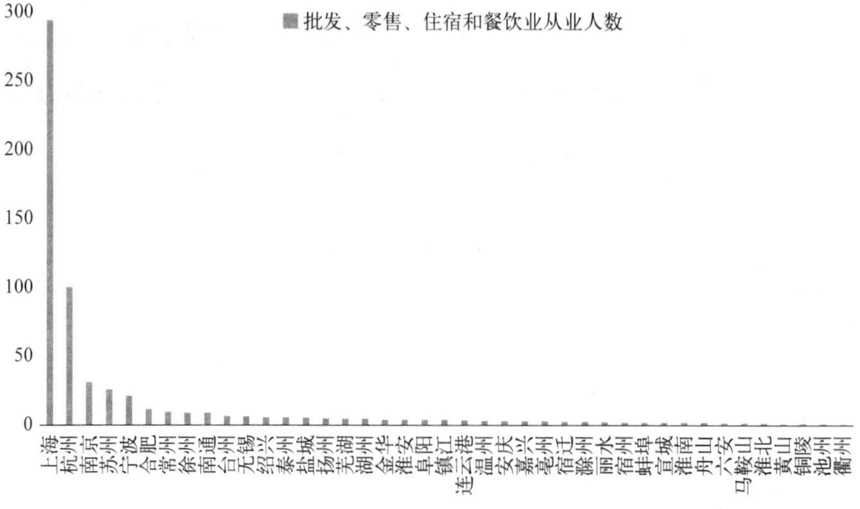

图4-8 长三角41个城市批发、零售、住宿和
餐饮业从业人数一览图 单位:万人

从数据分析看,各地级市发展非常不平衡。首先,上海在批发、零售、住宿和餐饮业方面的就业人数最高,这与上海服务产业发达,市场规模庞大,居民人口众多以及外来游客流量巨大等直接相关。其次,从层次看,

上海就业人数在 200 万以上，为第一层次，占总数的 48.14％。杭州就业人数在 100 万以上，为第二层次，占总数的 16.37％。南京、苏州、宁波、合肥 4 座城市就业人数在 10 万～100 万之间，为第三层次，占总数的 14.63％。常州、徐州等 35 座城市就业人数在 10 万以下，为第四层次，占总数的 20.86％。最后，最后，从差异看，排名首位的上海约为 294.82 万，位列末尾的衢州约为 0.71 万，两者之间相差高达 414 倍，表明不同规模的城市之间存在悬殊差异。

（六）限额以上批发、零售、住宿和餐饮业企业个数

限额以上批发、零售、住宿和餐饮业企业个数反映了一个城市商业服务经济发展的市场环境和产业态势，与城市本地居民休闲消费活动和外来游客的消费活动关系密切。限额以上的标准主要由表 4-1 中内容构成。

表 4-1　限额以上批发、零售业、住宿和餐饮业的划分标准

行业类别	统计指标名称	计量单位	限额以上企业
批发业	年主营业务收入	万元	2 000 及以上
	年末从业人员	人	20 及以上
零售业	年主营业务收入	万元	500 及以上
	年末从业人员	人	60 及以上
餐饮业	年主营业务收入	万元	200 及以上
	年末从业人员	人	40 及以上
住宿业	是否已评定星级	—	一星级及以上
	或是否为旅游饭店	—	或为旅游饭店

各城市限额以上批发、零售、住宿和餐饮业企业个数统计见图 4-9。其中上海、杭州、宁波、苏州和南京名列前 5 位。

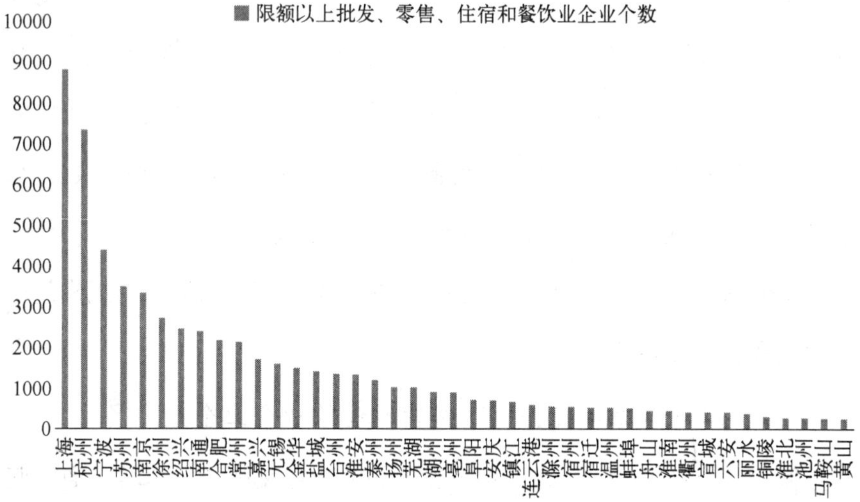

图 4-9　长三角 41 个城市限额以上批发、零售、
住宿和餐饮业企业数　单位:个

从图 4-9 看,上海和杭州在该项指标水平上遥遥领先,紧随其后的是宁波和苏州。宁波虽然不是省会城市,但近年来在城市商业服务业方面的发展比较突出,尤其是在休闲之都发展战略的引导下,居民休闲活动与游客度假活动均迅速发展,极大地推进了与休闲旅游相关的服务业的发展。从企业数量分析看,可以分成 5 个层次,上海、杭州企业数量超 5 000 个,在第一层次,占总数的 25.90%;宁波、苏州、南京在第二层次,占总数的 17.97%;徐州、绍兴、南通、合肥和常州在第三层次,占总数的 19%;嘉兴、无锡、金华等 9 个城市在第四层次,占总数的 19.46%;湖州、亳州、阜阳等其余 22 个城市企业数量均在 1 000 个以下,属于第五层次,占总数的 17.67%。

第二节　交通设施与安全

交通设施与安全指标主要反映城市内外交通的便捷程度和交通规

模,包括公共汽车、电车客运量,公路运输客运量。这一类指标是城市居民和外来游客开展休闲活动的前提,是城市休闲化发展的基础条件。

（一）公共汽车、电车客运量

公共汽车、电车是城市公共交通的主要方式。一个城市公共汽车、电车网络布局的完整性与运载量的有效性,不仅是城市内部交通发达与成熟的典型体现,而且更是城市居民外出从事休闲活动方式在频度上递增、空间上延伸以及在时间上节约的综合展现。根据对长三角41个城市公共汽车、电车客运量的统计,可以察觉各城市之间存在较大的差异性,具体排名见图4-10。其中上海、杭州、南京、苏州和合肥排名前5位。

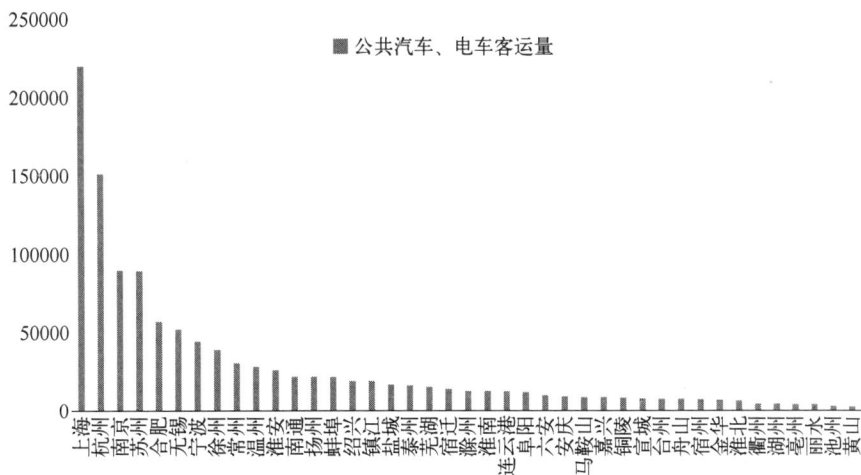

图 4-10　长三角 41 个城市公共汽车、电车客运量　单位:万人次/年

从统计数据看,上海每年的公共汽车、电车客运量高达 22 亿人次以上,在长三角所有 41 个城市中遥遥领先,也从一个侧面反映上海公共交通所承受的巨大压力。杭州年客运量维持在 15 亿人次左右。此外,南京、苏州、合肥、无锡 4 座城市年客运量也都保持在 5 亿人次以上。以上统计数据足以说明我国长三角地级市内部公共交通体系运转模式较为成

熟,同时也反映出内部公共交通运输任务的繁重。可以预计,随着城市休闲化程度的不断加快,城市内部公共交通的客运能力将会面临更大的挑战。

(二)公路运输客运量

如果说公共汽车、电车是城市内部的交通网络系统的话,那么公路运输就是城市通向外界的一种渠道和方式,体现的是开放空间条件下,同城化地区内部的城市乃至中远程以外地区的城市之间,旅客依靠交通大巴进行互相流通的状况。根据公路运输统计资料整理得出的指标,大致反映了长三角 41 个城市公路客运的基本情况,见图 4 - 11。其中苏州、温州、杭州、金华和徐州排名前 5 名。

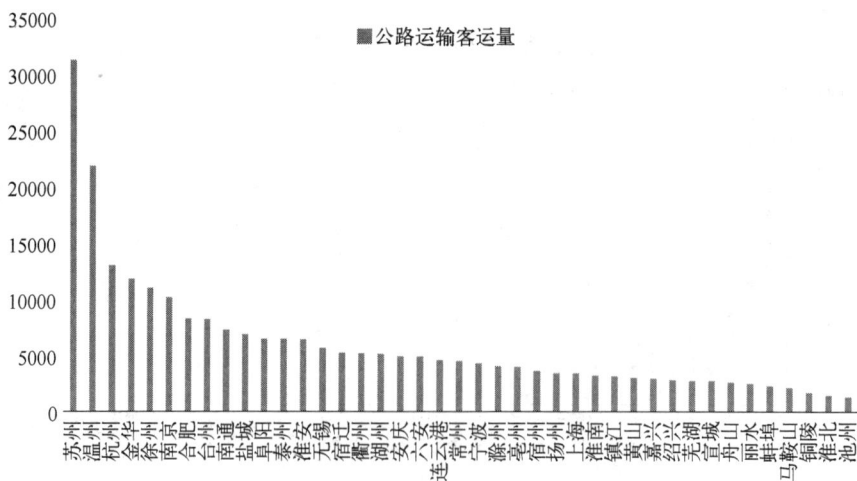

图 4 - 11 长三角 41 个城市公路运输客运量统计① 单位:万人次

从数据统计分析看,在公路交通运输客运量方面,各城市之间差别比较显著。苏州以 3 亿人次的公路运输客运量独居鳌头。与位列末尾的池州相比,相差 23 倍。温州的公路运输客运量位居第二名,这与温州密集

---

① 关于城市公路运输年客运量的统计,上海统计的是客运发送量,与全国其他城市的统计口径不一致,导致客运总量较低。

的公路网建设有关。此外,还可以看到,公路运输客运量较多的城市主要集中在社会经济发达和旅游业比较成熟的浙江省和江苏省,这是因为城市公路客运量有赖于城市周边公路系统的完善程度以及各种基础设施的配套与完备。从数据看到,作为全国超大城市的上海,在公路运输客运量方面排在第 28 名。这一情况与上海处在长三角地区,进出上海的交通设施十分完善有关,尤其是以高铁为代表的交通工具成为近年来人们出行的首选,而对公路交通的依赖程度大幅度下降,以至于上海公路交通运输量连续出现不断萎缩的趋势。

第三节　休闲服务与接待

一、文化设施

（一）每百人公共图书馆藏书

图书馆是城市休闲文化产业服务体系的组成部分,其收集了丰富的书籍,不但可以传承我国几千年的历史文明,也可以打开我们面向全球的视野。图书馆藏书有保存人类文化遗产、开发信息资源、参与社会教育等职能。长三角各地级市每百人公共图书馆藏书数量统计,见图 4－12。其中苏州、南京、嘉兴、杭州和舟山位居前 5 名,而宿州、淮南、阜阳、亳州和六安处于最后 5 名。

需要指出的是,社会经济高度发达的上海在图书馆数量配置方面却没能进入前五名,并且安徽省的省会城市合肥位列第 26 名,值得引起有关管理部门的高度重视。

（二）剧场、影剧院个数

剧场、影院是城市休闲文化产业服务体系的组成部分,也是城市居民

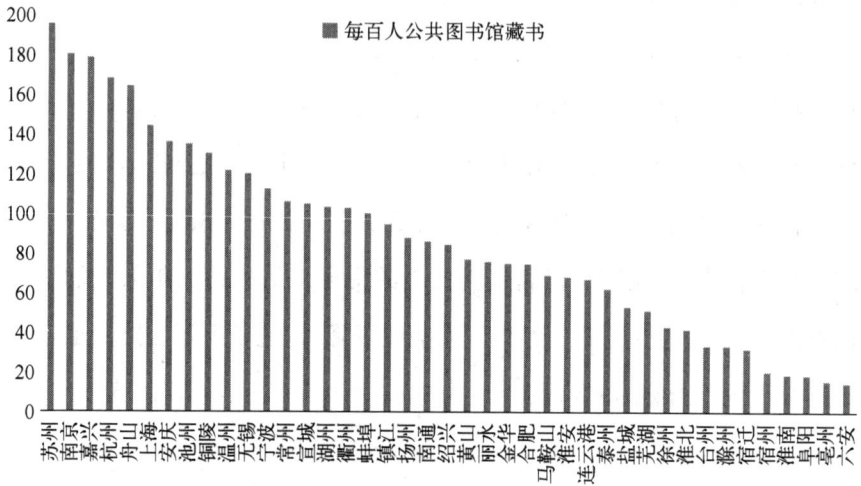

图 4-12 长三角 41 个城市每百人公共图书馆藏书一览图 单位:个

和外来游客从事文化娱乐活动的重要场所,还是多元文化沟通的载体与桥梁,而且在一定程度上代表了一个城市文化娱乐设施发展的水平,见图 4-13。通过梳理可以发现,上海、杭州、南京、宁波和合肥名列前 5 位,而镇江、马鞍山、池州、淮北和滁州则位居后 5 位。

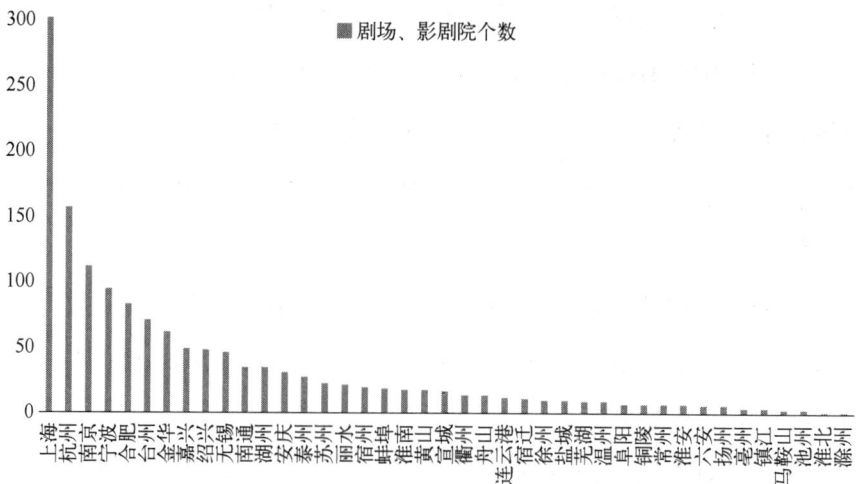

图 4-13 长三角 41 个城市剧场、影剧院个数一览图 单位:个

从统计数据看,上海以 302 的剧场、影剧院个数遥遥领先,杭州以 157 的个数紧随其后,南京以 112 个位列第 3 名。其余 38 个地级市的剧场、影剧院数量均低于 100 个,其中有 14 个城市的剧场/影院数量少于 10 个。对那些城市而言,今后围绕剧场、影剧院的建设工作还是相当繁重的。

（三）国家重点文物保护单位数量

我国历史悠久,拥有丰富的文化遗产,文物作为文化遗产的重要组成部分,对于社会主义精神文明建设具有深远的意义。根据 2002 年 10 月 28 日第九届全国人民代表大会常务委员会第三十次会议通过的《中华人民共和国文物保护法》第十三条的规定,中国国务院所属的文物行政部门（国家文物局）在省级、市、县级文物保护单位中,选择具有重大历史、艺术、科学价值者确定为全国重点文物保护单位,或者直接确定,并报国务院核定公布。因此,国家重点文物保护单位是具有重大历史、艺术、科学等价值的不可移动的文物,不仅是文化有形实体的体现,同时也传递了一座城市无形的历史文化,具有较高的价值内涵。一个城市国家重点文物保护单位的拥有量从一个方面客观地反映了该地区的历史文化资源的丰度,也从侧面体现了该地区的精神文化建设水平,这是城市休闲文化资源建设的重要基础。长三角各地级市国家重点文物保护单位统计数据,见图 4-14。苏州、南京、杭州、宁波和黄山名列前 5 名,宿迁、宿州、盐城、铜陵和阜阳位列最后 5 名。

数据显示,苏州以 59 家的绝对优势位列第 1 名,与苏州作为我国著名国家历史文化名城和风景旅游城市的历史地位高度吻合。此外,苏州是中国首批 24 座国家历史文化名城之一,有近 2 500 年历史,是吴文化的发祥地;苏州园林是中国私家园林的代表,被联合国教科文组织列为世界文化遗产;中国大运河苏州段入选世界遗产名录。其次是南京 49 家,南

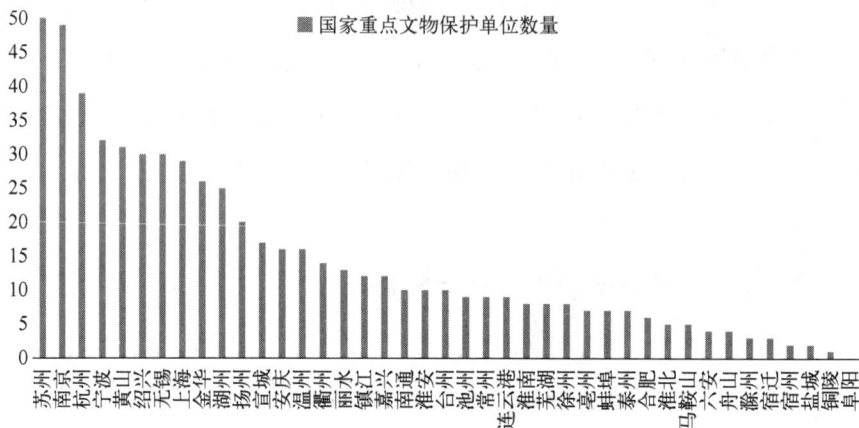

图 4-14　长三角 41 个城市国家重点文物保护单位数量　单位：个

京是中国四大古都、首批国家历史文化名城,长期是中国南方的政治、经济、文化中心。紧随其后的是杭州 39 家、宁波 32 家和黄山 31 家,这几个地级市也是我国不同历史时期发挥重要影响的地区,有着非常鲜明的历史文化积淀。

值得注意的是,上海作为一座国家历史文化名城,拥有深厚的近代城市文化底蕴和众多历史古迹,江南传统吴越文化与西方传入的工业文化相融合形成上海特有的海派文化,但上海的国家重点文物保护单位数量在长三角地区却排名第 8,居于黄山、绍兴、无锡之后,需要引起一定的重视。

二、休闲旅游接待

(一)星级饭店数量

星级饭店是指以夜为时间单位向旅游客人提供配有餐饮及相关服务的住宿设施(按不同习惯它也被称为宾馆、酒店、旅馆、旅社、宾舍、度假村、俱乐部、大厦、中心等),经由国家或省级文化和旅游管理部门评定达到一定的星级标准,通常分为五个等级。一个城市星级饭店的数量反映了当地旅游业的接待服务能力。长三角 41 个城市星级饭店数量统计,见图 4-15。其中上海、杭州、宁波、苏州和南京处于前 5 位,而滁州、阜阳、铜陵、宿州和淮北位列最后 5 位。

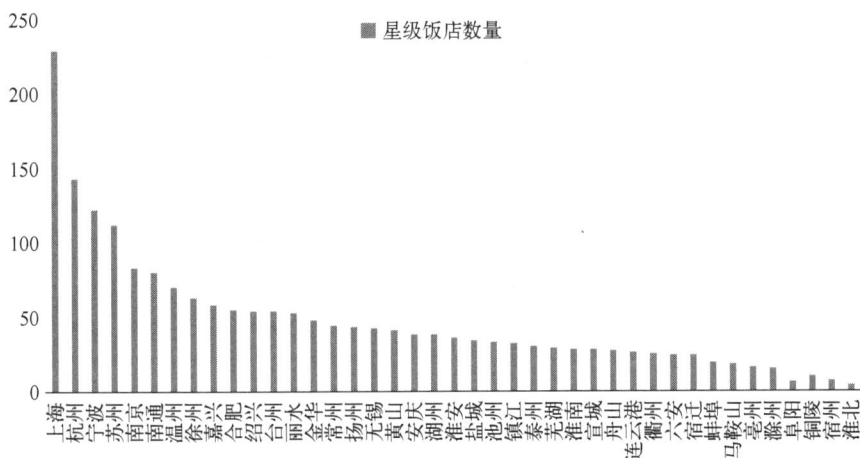

图 4-15　长三角 41 个城市星级饭店数量一览图　单位:个

数据显示,上海星级饭店数量遥遥领先,表明上海在长三角地区具有极强的中高档旅游接待能力,这一现状也符合上海作为我国重要的经济、交通、科技、工业、金融、会展和航运中心的地位,是世界上规模和面积最大的都会区之一,公务旅游、商务旅游、会奖旅游和其他各种形式的中高档次旅游活动相对发达的发展格局。在长三角 41 个城市中,有 28 座城市星级饭店数量在 50 家以下,表明这些城市与长三角相对发达的城市之间存在着很大差距,同时也蕴含着巨大的发展潜力。

（二）国家 4A 级及以上景区数量

在原国家旅游局颁布的《旅游景区水平等级的划分与评定》中规定,旅游景区是指具有参观游览、休闲度假、康乐健身等功能,具备相应旅游服务设施并提供相应旅游服务的独立管理区,该管理区应有统一的经营管理机构和明确的地域范围,包括风景区、文博院馆、寺庙观堂、旅游度假区、自然保护区、名胜古迹、主题公园、旅游度假村、森林公园、地质公园、湿地公园、游乐园、动物园、植物园及工业、农业、经贸、科教、军事、体育、文化艺术等各类旅游景区[①]。根据目前的相关规定,我国旅游景区采用 A 级划分标准,可分为五级,从高到低依次为 5A、4A、3A、2A 和 1A 级。在 4A 级及以上景区中,规定要求在旅游交通、游览条件与设施、旅游安全、邮电服务、旅游购物、经营管理、资源和环境保护、旅游资源吸引力、市场吸引力、接待能力以及游客满意度方面都具有较高的水准。对长三角 41 个城市有关 4A 级及以上景区统计数据整理,见图 4-16。其中上海、杭州、苏州、宁波和无锡名列前 5 名,滁州、舟山、淮北、阜阳和宿州居于后 5 名。

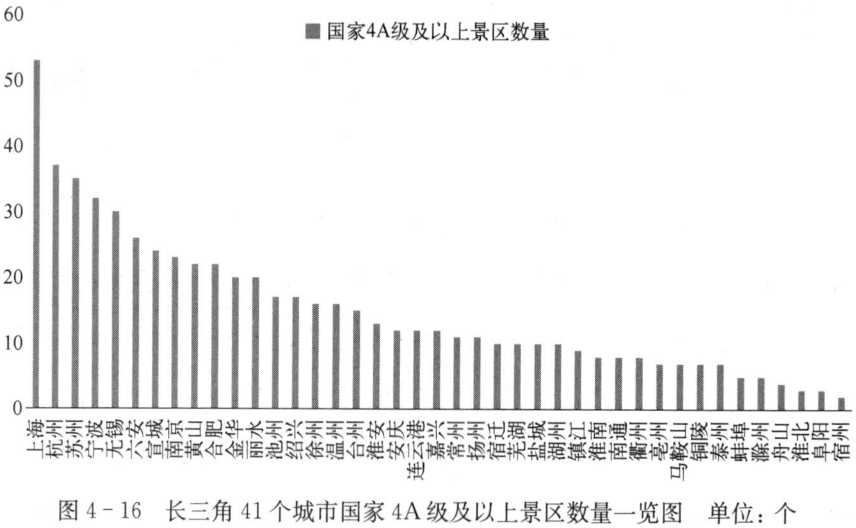

图 4-16　长三角 41 个城市国家 4A 级及以上景区数量一览图　单位:个

　　资料表明,在 4A 级及以上景区方面,位列前五名的 5 个地级市 4A 级景区均在 30 个以上,说明这五个地级市的旅游景区资源优势十分显著,也从一个侧面揭示上海市、江苏省和浙江省是我国重要的旅游目的地城

---

① 中华人民共和国国家旅游局.《旅游景区水平等级的划分与评定》(修订)(GB-T17775-2003).

市。六安、宣城、南京、黄山、合肥、金华和丽水各有 20 余家 4A 级及以上景区。特别需要关注的是,在所有城市中,江苏省省会城市南京仅有 23 个 4A 级及以上景区,安徽省省会城市合肥仅有 22 个 4A 级及以上景区,反映了该市在旅游业发展方面与其他城市相比存在着不小的差距。

（三）公园个数

城市公园一般是指由城市管理部门修建并经营的作为自然观赏区和供公众休息游玩的公共区域,具有改善城市生态、防火、避难等作用,体现公共属性。在城市休闲化发展中,城市公园已经成为当地居民从事户外游憩活动的主要场所,同时兼顾为外来游客提供旅游观光服务的功能,是城市休闲资源的重要组成部分。对长三角 41 个城市相关城市公园资料的统计,杭州、上海、苏州、南京和宁波位居前 5 名,而马鞍山、丽水、淮北、淮南和安庆位居后 5 名,见图 4-17。

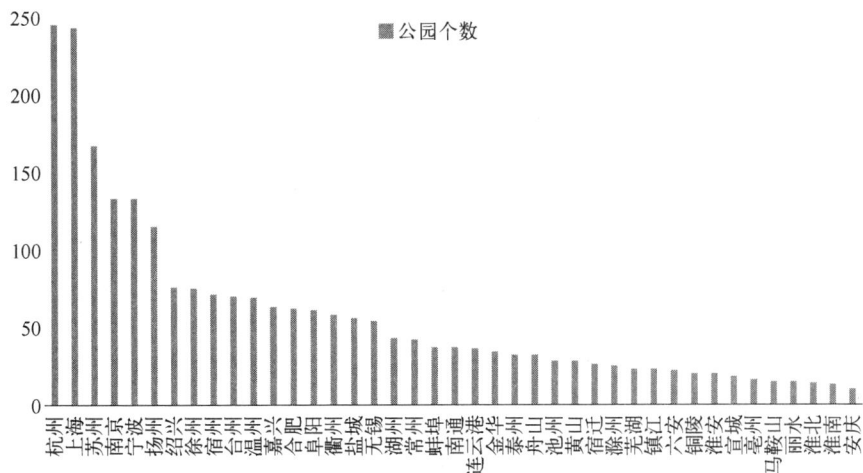

图 4-17　长三角 41 个城市公园个数一览表　单位：个

从数据看,排名首位的杭州城市公园个数为 245 个。杭州是浙江省的政治、经济、文化、教育、交通和金融中心,具有雄厚的经济基础,人文古迹众多,在城市生态文明建设方面也一直走在前列。该地区居民生活水平相对较高,居民日常休闲需求较为成熟,有助于推动城市公园的建设与发展。位居次席的是上海,公园个数也有243个。随后的苏州、南京、宁波和扬州也都有100余个。从整体上讲,安徽省各地级市在公园个数的排名上整体相对靠后,省会城市合肥的城市公园个数居于长三角各城市的第14位,前10位中仅有一个安徽省地级市宿州。一般而言,绝大多数城市公园从资源属性上讲属于人造性资源,是由政府管理部门出资建造的公共性休闲活动场所。因此,从一定程度上,城市公园个数的多少与当地经济发展水平、城市发展目标和居民的休闲需求等息息相关。随着人们的生活水平不断提高,休闲活动需求日益旺盛,以满足当地居民日常休闲活动为主的城市公园的建设也得到了应有的重视。

三、旅客接待规模

(一)国内旅游人数

国内旅游人数,是指我国大陆居民和在我国常住1年以上的外国人、华侨、港澳台同胞离开常住地,在境内其他地方的旅游设施内至少停留一夜,最长不超过6个月的人数。国内旅游者人数通常成为衡量一座城市接待国内旅游者能力的直接指标。各城市统计数据,见图4-18。其中上海、杭州、南京、苏州和合肥位列前5名,而亳州、宿州、宿迁、铜陵和淮北则位居后5名。

从各城市接待国内旅游人数规模看,大致可以分成以下几个层次:第一层次是上海,年接待国内旅游者人数在3亿人次以上,遥遥领先于长三角其他城市;第二层次是杭州、南京、苏州、合肥、宁波、湖州、金华、台州、温州,年接待国内旅游者人数在1亿人次以上;第三层次是绍兴、无锡、嘉兴、丽水、常州、衢州、扬州、池州安庆、镇江、黄山、舟山和徐州,年接待国

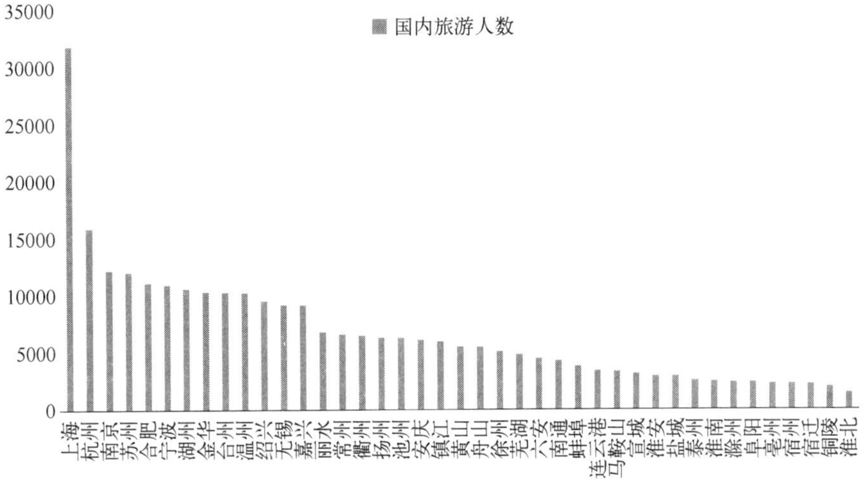

图 4-18　长三角 41 个城市国内旅游人数一览图　单位：万人次/年

内旅游者人数在 5 000 万人次以上。其余 18 座城市为第四层次，年接待国内旅游者人数低于 5 000 万人次。

（二）入境旅游人数

入境旅游人数是指来中国（大陆）观光、度假、探亲访友、就医疗养、购物、参加会议或从事经济、文化、体育、宗教活动，且在中国（大陆）的旅游住宿设施内至少停留一夜的外国人、港澳台同胞等游客。入境旅游人数是反映一座城市接待国外旅游者能力的直接指标。从城市休闲功能的外向型特征出发，综合反映了城市休闲产业能力满足外来游客的观光及其他相关需求。各城市接待入境旅游者人数统计，见图 4-19。其中，上海、杭州、黄山、宁波和苏州位列前 5 位，而淮安、淮北、阜阳、衢州和宿迁则居于后 5 位。

从总体上看，上海市以 873 万的入境旅游者接待人数遥遥领先于长三角其他城市，这与上海是我国重要的经济、交通、科技、工业、金融、会展和航运中心城市高度契合，同时揭示了上海作为国内最大的工商业城

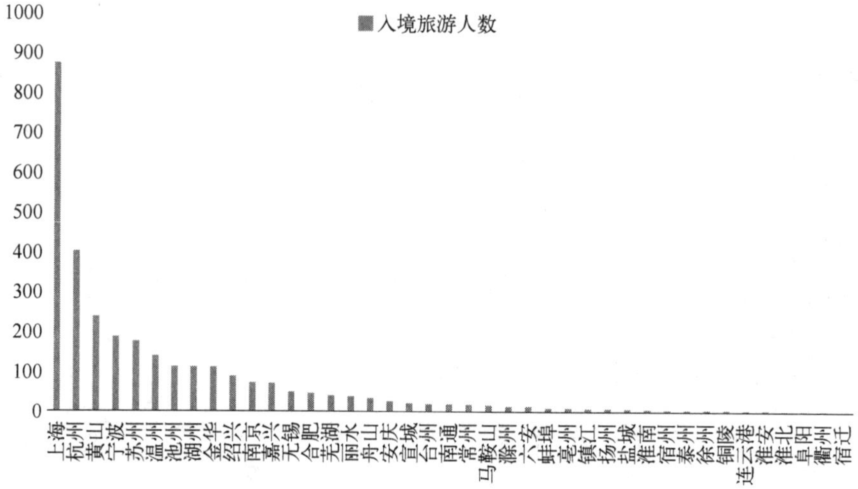

图4-19 长三角41个城市入境旅游人数一览图 单位:万人次/年

市和亚太地区重要的经济中心城市在旅游市场中的影响力。浙江省省会城市以402万的入境旅游者接待人数紧随其后,而江苏省省会南京和安徽省省会合肥分别位居11和14名。并且江苏省的宿迁市以低于1万的入境旅游接待人次居于长三角各地级市的末位,与上海相差1000多倍。

从各城市接待入境旅游者人数分布看,城市之间差异比较大,需要关注的是安徽省的黄山市和池州市。安徽省黄山市优势比较明显,以年接待入境旅游者237万的规模位居第三。当然,这与黄山是世界自然和文化双遗产、世界地质公园、中国十大名胜古迹之一和国家5A级旅游景区直接相关。池州的情形在相当大程度上与黄山相似。池州是长江南岸重要的滨江港口城市、省级历史文化名城、皖江城市带承接产业转移示范区城市、全国双拥模范城市、国家森林城市、中国第一个国家生态经济示范区,也是安徽省"两山一湖"(黄山、九华山、太平湖)旅游区的重要组成部分,皖南国际文化旅游示范区核心区域。这也是池州入境旅游接待人次在长三角城市中排名前十的重要原因。排名第四的宁波虽然不是省会城市，但作为首批沿海开放城市、中国海滨城市、中国大陆综合竞争力前15强城市、长三角五大区域中心之一、长三角南翼经济中心、浙江省经济中心、现代化国际港口城市、国家历史文化名城、全国文明城市、中国著名的院士之乡，凭借丰厚的人文积淀和悠久的历史文化，吸引了大量的入境游客。苏州则以自身独特的人文和自然资源优势，不断扩大在国际旅游市场中的影响力。

第四节　休闲空间与环境

一、城市绿化

（一）城市（建成区）绿化覆盖率

这里的城市（建成区）绿化覆盖率，是指城市建成区内各单位管理的一切用于绿化乔灌木和多年生草本植物的垂直投影面积，包括园林绿地以外的道路绿化覆盖面积（即道路的隔离带、中心绿岛和林荫道及行道树的覆盖面积）和单林树木的覆盖面积占城市总面积的百分比。它是反映城市休闲环境质量的重要组成部分，也是居民和游客从事户外游憩活动的基础条件。城市休闲化水平的提升离不开城市户外休闲环境的改善和优化，一个城市绿化覆盖率的高低，一定程度上反映了该地区人居环境质量和户外活动场地舒适性的程度，也体现了一座城市休闲环境质量的发展水平。从数据看，南京、黄山、湖州、台州和淮南位列前5位，而上海、嘉兴、温州、阜阳和亳州则处于后5位，见图4-20。

从实际情况看，长三角41个城市的城市（建成区）绿化覆盖率相差并不悬殊，居于首位的南京和居于末位的亳州仅相差12.16％。可以看

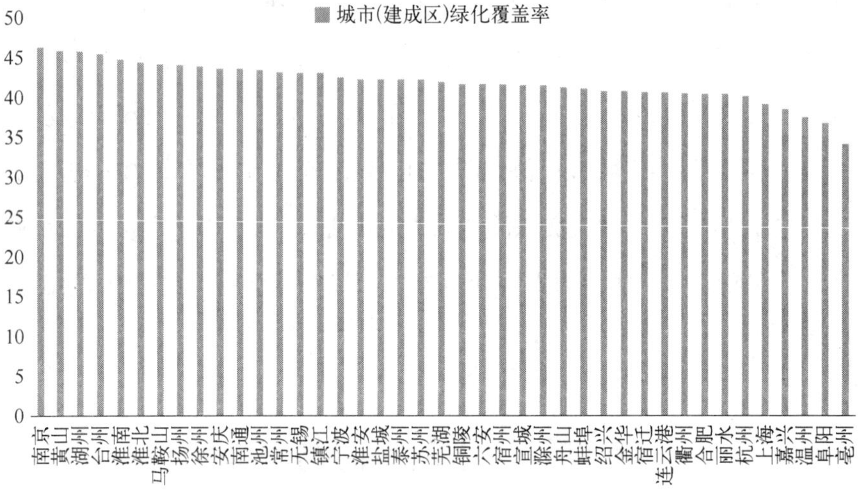

图4-20 长三角41个城市的城市(建成区)绿化覆盖率 单位:%

出长三角41个城市的城市绿化覆盖率建设工作均较为可观。其中,绿化覆盖率在40%~50%之间的城市有36座,在30%~40%之间的城市有5座。需要指出的是,在绿化覆盖率方面,上海的排名极其靠后。20世纪90年代开始,上海建立了大量的林地、绿地,从21世纪初十年,绿化覆盖率每年都在增长,公共绿地面积有明显的增长,但与长三角其他地级市横向比较,差距仍然较大,值得引起相关部门的关注和重视。

(二)城市绿地面积

城市绿地面积是指用作绿化的各种绿地面积,包括公园绿地、单位附属绿地、居住区绿地、生产绿地、防护绿地和风景林地的总面积。城市绿地面积对于优化城市人居环境与户外休闲活动场地起着举足轻重的作用。从统计数据分析看,长三角41个城市绿地面积拥有量差异悬殊,见图4-21。其中上海、南京、宁波、苏州和杭州位列前5名,而宣城、亳州、六安、宿州和池州位居后5名。

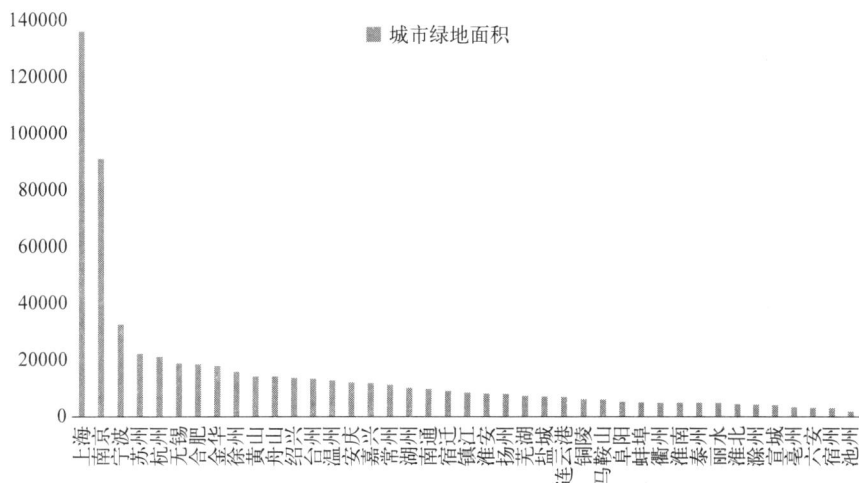

图 4-21　长三角 41 个城市的城市绿地面积一览　单位:公顷

一是从总体上看,城市绿地面积规模参差不齐且相差较大,绝对拥有量相对较低。从统计数据分析可以看出,长三角地区拥有 10 万公顷以上绿地面积的仅有上海市;拥有 1 万~10 万公顷绿地面积的城市有 18 座;多达 22 个城市的城市绿地面积在 1 万公顷之下。二是长三角各城市之间在城市绿地面积发展方面差异悬殊。上海城市绿地面积拥有量最高,约有 14 万公顷,池州最低,不足 2 000 公顷,两者相差近 70 倍。

(三)公园绿地面积

公园绿地是城市中向公众开放的、以游憩为主要功能,有一定的游憩设施和服务设施,同时兼有健全生态、美化景观、防灾减灾等综合作用的绿化用地,是城市建设用地、城市绿地系统和城市市政公用设施的重要组成部分,是展示城市整体环境水平和居民生活质量的一项重要指标,其规模可大可小。公园绿地面积越大,则人均公园绿地面积越大,在城市发展过程中,公园绿地面积大小,是衡量政府作为的一种尺度,考核的是政府对公共绿地资源进行再分配的能力。长三角各城市的统计数据,见图

4-22。其中上海、南京、杭州、苏州和宁波位列前 5 名,连云港、黄山、南通、池州和宣城名列后 5 位。

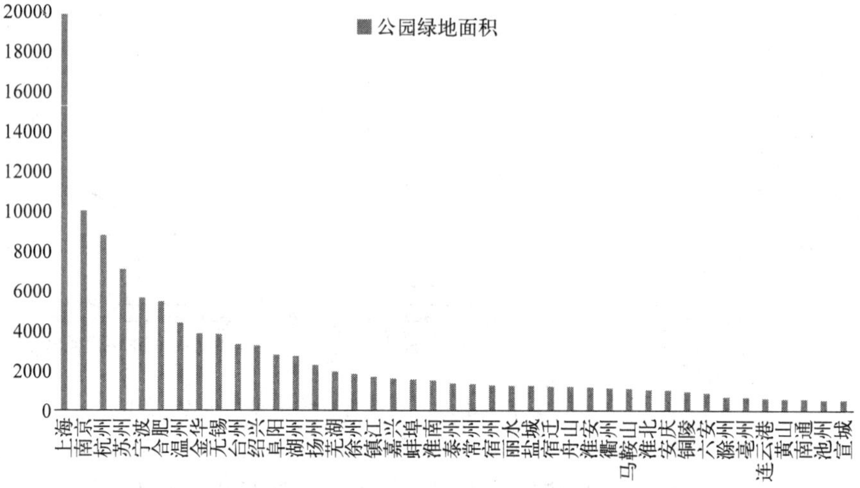

图 4-22　长三角 41 个城市的公园绿地面积　单位:平方米

从统计数据看,长三角 41 个城市在公园绿地面积拥有量方面呈现出比较明显的不平衡现象。首先,公园绿地面积拥有量最高者为上海,接近 2 万公顷,也是长三角各地级市中唯一公园绿地面积过万的城市;二是上海公园绿地面积拥有量高,位居长三角各地级市的第一位;三是分摊在 2 418 余万常住人口这一庞大的市民群体身上,数量就明显偏低,由此说明上海公园绿地面积拥有量虽然相对可观,但从人均公园绿地面积这一指标来看仍然挑战严峻,任重道远。此外,公园绿地面积在 5 000~10 000 公顷之间的城市有 5 座;在 1 000~5 000 公顷之间的有 26 座城市;在 1 000 公顷以下的有 9 座城市。其次,公园面积最大的城市与最低者之间相差 37 倍有余,说明长三角各地级市之间发展的不平衡比较明显。

二、环境荣誉

在城市"国家荣誉称号数"类目中,包含了国家历史文化名城、全国文明城市、国家卫生城市、国家园林城市、国家环境保护模范城市以及中国优秀旅游城市等六个方面的内容。对城市而言,这些荣誉称号不仅是一个城市文化精神和形象特征的映射,也是城市休闲资源多面性的体现。

(一)国家历史文化名城,城市称号之一

根据《中华人民共和国文物保护法》,历史文化名城是指"保存文物特别丰富,具有重大历史文化价值和革命意义的城市"。国家历史文化名城称号是一座城市具有独特历史积淀与魅力的体现,是一种特殊的休闲旅游资源。

(二)全国文明城市,城市称号之一

全国文明城市是指:"在全面建设小康社会,推进社会主义现代化建设新的发展阶段,坚持科学发展观,经济和社会各项事业全面进步,物质文明、政治文明、精神文明与生态文明建设协调发展,精神文明建设取得显著成就,市民整体素质和文明程度较高的城市。全国文明城市称号是反映我国城市整体文明水平的综合性荣誉称号"[1]。1995 年 9 月,党的十四届六中全会通过的《中共中央关于加强社会主义精神文明建设若干重要问题的重要决议》明确提出,"要以提高市民素质和城市文明程度为目标,开展创建文明城市活动""各省、自治区、直辖市要制定规划,到 2010 年建成一批具有示范性作用的文明城市和文明城区"。2004 年 9 月,中央文明委公布了《全国文明城市测评体系(试行)》。全国文明城市每三年评选表彰一次。全国文明城市是国家给予一个城市的最高综合性荣誉称号。它反映了一个城市整体文明、和谐程度,是一个城市非常有价值的无形资产和影响力的品牌。城市休闲化是建立在较高城市文明水平基础之

---

[1]　全国文明城市创建有关知识.中国城市低碳经济网,[2012 - 09 - 20].http://www.cusdn.org.cn/news_detail.php? id=216605.

上的一个发展过程,城市的文明水平是城市综合发展条件的体现,在为本地居民提供良好的工作和生活文明环境的同时,也成为吸引外来旅游者的重要因素。

（三）国家卫生城市,城市称号之一

国家卫生城市是指：各项指标均已达到《国家卫生城市标准》要求,由各省、市、自治区爱卫会向全国爱卫会推荐,并经过中国全国爱国卫生运动委员会办公室考核组验收鉴定,而评选出的卫生优秀城市。申报的城市必须同时具备以下5个基本条件：① 城市生活垃圾无害化处理率≥80%;② 城市生活污水处理率≥30%;③ 建成区绿化覆盖率≥30%,人均绿地面积≥5平方米;④ 大气总悬浮微粒年日平均值(TSP)：北方城市≤0.350毫克/立方米,南方城市≤0.250毫克/立方米;⑤ 城市除四害有三项达到全国爱卫会规定的标准。显然,国家卫生城市建设与城市休闲质量提升紧密相关,良好的卫生状况是构成城市名片和形象的主要内容。因此,将国家卫生城市荣誉称号纳入休闲特色资源体系中,也是兼顾了当地居民与外来游客对于城市休闲卫生环境资源的特定需求。

（四）国家园林城市,城市称号之一

国家园林城市是我国住房和城乡建设部为鼓励城市绿化而设立的城市称号。具体是根据中华人民共和国住房和城乡建设部的《国家园林城市标准》,评选出分布均衡、结构合理、功能完善、景观优美,人居生态环境清新舒适、安全宜人的城市。1992年开始第一批评审工作。国家园林城市称号是综合判断一座城市园林休闲环境资源建设的一种方式,能够获得这一称号的城市,无论是在城市园林结构分布还是园林景观环境建设方面,都能为居民与游客提供较为理想的园林环境的休闲条件。

（五）国家环境保护模范城市，城市称号之一

国家环境保护模范城市是原国家环保局根据《国家环境保护"九五"计划和2010年远景目标》提出的21世纪城市建设目标，是我国城市环境保护的最高荣誉。国家环境保护模范城市是全国城市科学发展的杰出代表，是国际社会可持续发展城市的优秀典范，是在强化城市环境保护工作、推动经济发展方式转变、构建和谐社会等方面发挥了积极示范作用的模范①。根据评选规定，一个城市只有在已具备全国卫生城市、城市环境综合整治定量考核和环保投资达到一定标准的基础上才能有条件创建。国家环境保护模范城市的创建工作有利于城市遵循可持续发展原则，积极推进城市生态文明的和谐发展，有助于提升城市生态休闲环境的发展质量。

（六）中国优秀旅游城市，城市称号之一

中国优秀旅游城市评选工作自1998年开始，依据《创建中国优秀旅游城市工作管理暂行办法》和《中国优秀旅游城市检查标准》，由原国家旅游局（现为文化与旅游部）进行评选的城市称号。根据《中国优秀旅游城市检查标准》，包含了对于城市旅游发展水平、城市旅游定位与规模、旅游产业投入和支持、城市旅游业发展机制、城市旅游业管理体系、城市旅游业文明建设、城市的生态自然环境、城市的现代旅游功能、城市旅游交通、城市旅游开发管理、旅游促销与产品开发、城市旅游住宿设施等20个项目的综合评定情况，能够全面地反映城市旅游发展情况。旅游城市建设是城市休闲化过程的重要组成部分，在休闲特色资源评价中，优秀旅游城市荣誉称号能够在一定程度上反映出城市休闲资源特点与资源发展及保护的状况。

---

① 关于进一步强化国家环境保护模范城市示范带头作用的通知［EB/OL］.中国城市低碳经济网［2012－09－10］.http：//www.cusdn.org.cn/news_detail.php？id＝214255.

　　从总体上看,长三角 41 个城市的国家荣誉称号数呈明显的阶梯状分布。在合计 6 个相关的荣誉称号中,拥有所有称号的有上海、南京、杭州等 10 个城市;拥有 5 个荣誉称号的有连云港、镇江、嘉兴、绍兴 4 座城市;拥有 4 个荣誉称号的有马鞍山、徐州、泰州等 6 个城市;拥有 3 个荣誉称号的有铜陵、安庆、黄山等 6 个城市;拥有 2 个荣誉称号的有亳州、淮南、六安等 9 个城市。拥有 1 个荣誉称号的有淮北、宿州、蚌埠、温州 4 个城市。其中,阜阳、滁州两个城市的荣誉称号为零,见图 4 - 23。

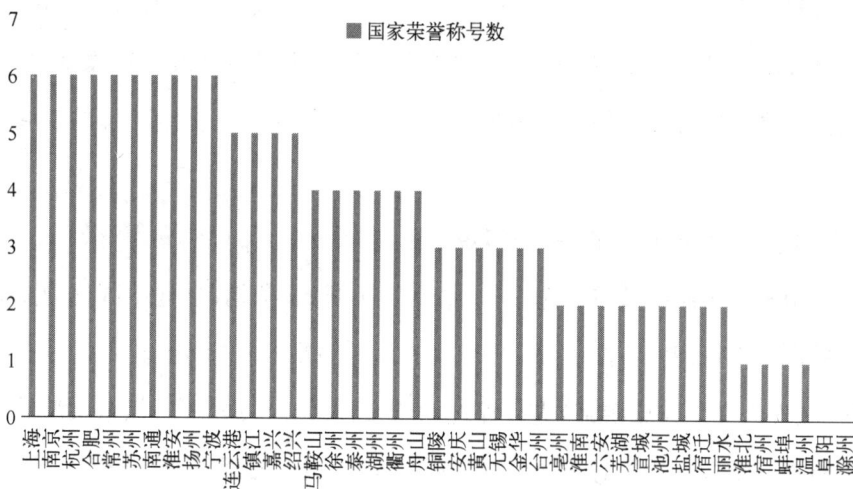

图 4 - 23　长三角 41 个城市的国家荣誉称号数一览图　单位:个

　　尽管 6 项荣誉称号在整体上与城市休闲环境建设密切相关,但是在城市现实发展中的作用也呈现出差异性,除优秀旅游城市和历史文化名城建设相对来说与外来游客关系较为紧密以外,其他如文明城市、卫生城市、园林城市与环境保护模范城市等 4 项称号主要与本地居民的日常生活环境或休闲娱乐环境相关。长三角 41 个城市获得的各种荣誉称号的比例高低,也一定程度上折射出当今城市综合环境建设所呈现出的价值导向与努力和改善的方向。

第五节　休闲生活与消费

一、居民消费

（一）城镇居民家庭恩格尔系数

恩格尔系数主要揭示了居民家庭收入和食品支出之间的演变关系，系数越大，家庭生活越贫困；反之，生活越富裕。联合国根据恩格尔系数的大小，制定了一个划分生活水平的标准，即一个国家平均家庭恩格尔系数大于 60％ 为贫穷；50％～60％ 为温饱；40％～50％ 为小康；30％～40％ 属于相对富裕；20％～30％ 为富足；20％以下为极其富裕。改革开放以来，我国城市居民家庭恩格尔系数持续下降，一定程度上体现出我国城市居民生活质量在提高，消费结构逐步升级。因此对一个城市来讲，居民家庭平均恩格尔系数也就成为衡量其富裕程度的主要标准之一。在本报告中，恩格尔系数作为负向指标。根据长三角 41 个城市的统计数据，城镇居民家庭恩格尔系数排列，见图 4-24。上海、宁波、南京、金华和苏州依次为最低的 5 位，而蚌埠、安庆、六安、宿迁和淮南依次为最高的 5 位。

根据联合国的划分标准，在长三角 41 个城市中，有蚌埠、安庆、六安等 22 座城市的城镇居民家庭恩格尔系数在 30％～40％ 之间，处于相对富裕的发展阶段，占总数的 53.66％。徐州、淮安、淮北等 18 个地级市低于 30％ 的标准，处于富足的发展阶段。上海市的城镇居民家庭恩格尔系数为 15％，处于极其富裕的发展阶段。其中，安徽省有两个地级市淮北、宿州处于富足发展阶段，而其省会城市合肥市却仍处于相对富足的发展阶段，一定程度上折射出安徽省相对其他二省一市的短板所在和努力方向。

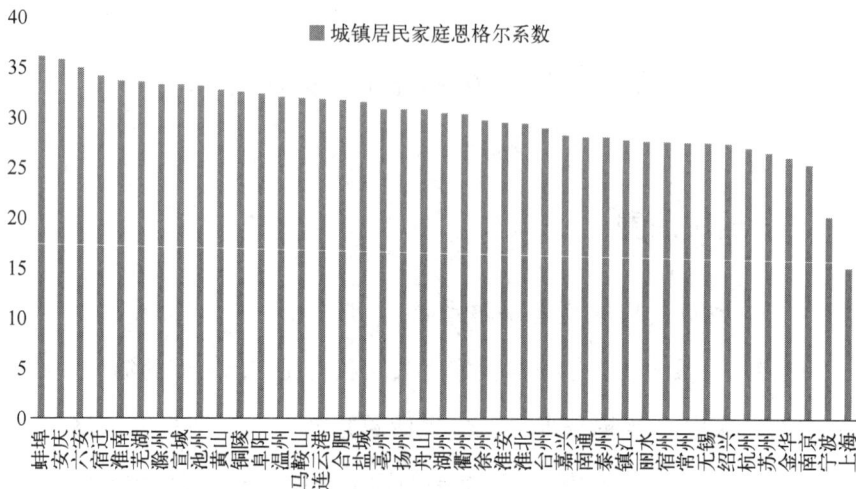

图 4-24 长三角 41 个城市的城镇居民家庭
恩格尔系数排名一览图 单位:%

总的看来,经过 40 年来改革开放的发展,我国长三角城市居民生活水平已经获得极大提高,也为居民休闲生活质量的提升奠定了重要的经济物质基础。

(二)城市居民人均可支配收入

城市居民人均可支配收入是指反映居民家庭全部现金收入能用于安排家庭日常生活的那部分收入。一般认为,人均可支配收入是影响居民休闲消费最重要的因素。一个城市的人均可支配收入往往可以体现这个城市居民的消费水平,从而对居民休闲消费的购买倾向和消费喜好形成影响。从统计数据看,长三角各城市之间居民可支配收入的差距依旧比较明显,见图 4-25。其中,上海、苏州、台州、杭州和宁波名列前 5 名,而亳州、六安、宿迁、安庆和淮北则位列后 5 名。

从具体数据可见,长三角所有城市的人均可支配收入均在 2 000 元以上。其中上海以 62 000 余元的人均可支配收入位居首位。处于 50 000 至 6 000 元之间的城市有苏州、台州、杭州等 8 个;处于 40 000 至 5 000 元之

64

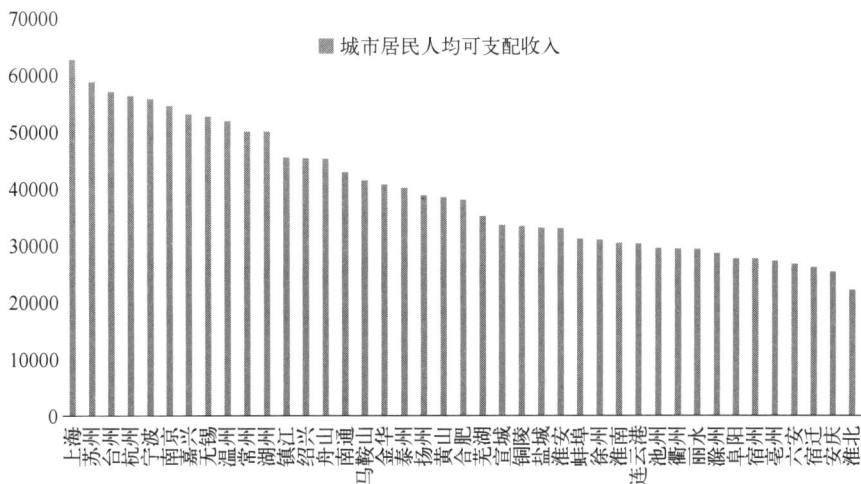

图 4-25　长三角 41 个城市的城市居民人均可支配收入一览图　单位：元

间的城市有常州、湖州、镇江等 9 个；处于 3 000～4 000 元之间的城市有扬州、黄山、合肥等 12 个；处于 2 000～3 000 元之间的城市有 11 个。

（三）城市居民消费价格指数

城市居民消费价格指数作为衡量宏观经济表现的重要指标，一般可以用作判断现实经济生活的通货膨胀水平。城市居民消费价格指数通常包括食品、烟酒及用品、衣着、家庭设备用品及维修服务、医疗保健和个人用品、交通和通讯、娱乐教育文化用品及服务、居住等八大类商品及服务项目价格。根据统计数据，长三角 41 个城市的城市居民消费价格指数排名，见图 4-26。杭州、温州、嘉兴、台州和镇江排名前 5 位，而宣城、淮北、蚌埠、淮南和铜陵则居于后 5 位。

由于消费价格指数反映了城市居民家庭所购买的生活消费品价格和服务项目价格变动趋势和程度的相对数。通过观察价格指数的变化，一定程度上可以表明价格波动对居民休闲生活的影响程度。值得注意的是，上海市的居民消费价格指数由 2016 年的 103.2 降至 2017 年的

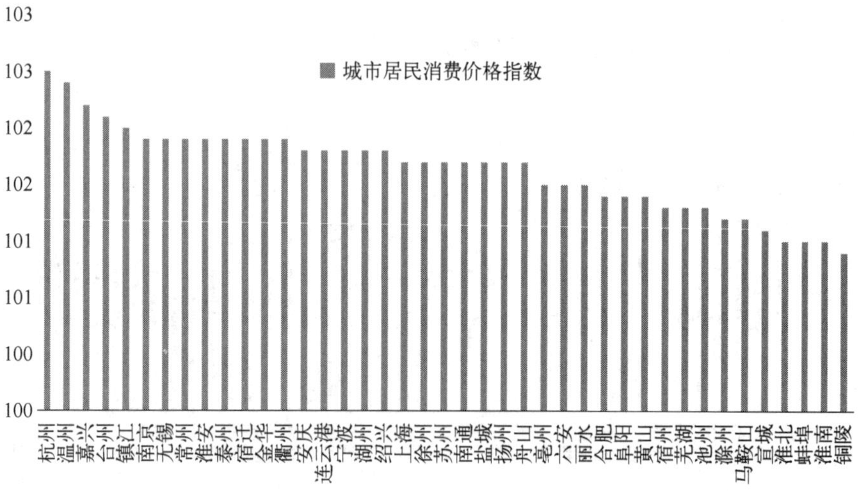

图4-26 长三角41个城市的城市居民消费价格指数统计一览图 单位：%

101.7,在长三角各地级市中排在第19名,表明上海市的价格波动对居民休闲生活的影响程度明显减小,侧面反映出上海市居民的消费水平明显提高。

（四）城市居民家庭人均消费性支出

城市居民家庭人均消费性支出是指居民用于满足家庭日常生活消费的全部支出,包括购买实物支出和服务性消费支出。人均消费支出既是衡量居民生活水平和生活质量的重要指标,也是推动城市经济增长的直接因素。城市居民家庭人均消费性支出包括了用于休闲消费支出的内容,因此居民人均消费支出的高低,在相当大的程度上也体现了居民休闲生活水平与质量的高低,见图4-27。从统计数据可以发现,上海、苏州、杭州、温州和宁波名列前5位,而六安、蚌埠、宿州、宿迁和安庆则位居后5位。

一般而言,城市居民人均收入较高,通常消费支出也较大。所以总体上看,居民人均消费的分布曲线大致与收入曲线保持相似性,只是有

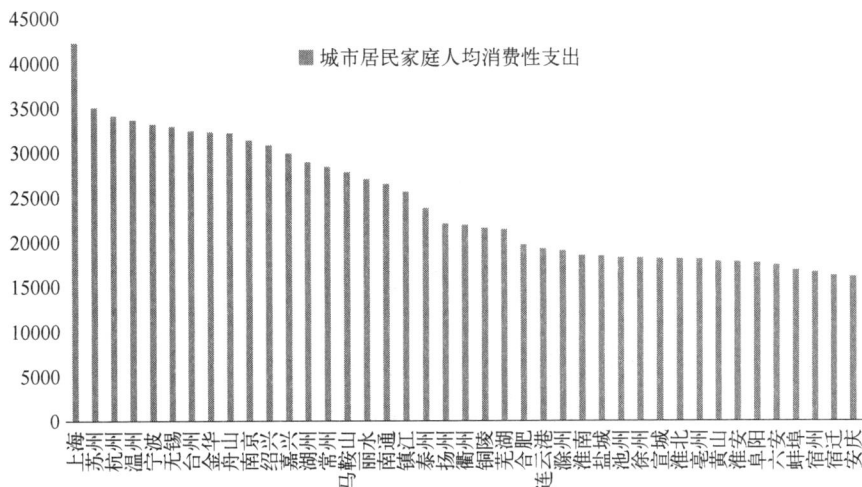

图 4 - 27　长三角 41 个城市的城市居民家庭人均
消费性支出一览图　单位：元

个别城市会出现微小变化。如在居民收入排序方面,台州市位居第三,
温州位居第九,而在居民消费性支出排名上,台州市则退居第七,温州
则位列第四。值得注意的是,无论是人均可支配收入排名,还是人均消
费支出排名,江苏省省会城市南京在长三角各地级市中均排在 5 名之
后,安徽省省会城市合肥均排在 20 名之后,需要引起一定的关注和
重视。

（五）城市居民人均家庭设备用品及服务消费支出

城市居民人均家庭设备用品及服务性消费水平的高低是反映居民生
活质量的重要标志。随着居民家庭收入水平的不断提高,居民对发展型、
享受型消费资料的需求也同步增加,而发展型与享受型生活在提高居民
日常生活质量的同时,也极大地丰富了居民休闲生活。今天服务性消费
已逐步成为了居民生活领域的一个消费热点,也成为揭示我国居民休闲
消费需求逐步高涨的一个缩影,见图 4 - 28。从统计数据看,台州、杭州、

上海、南京和无锡位居前 5 位,而宿州、淮北、安庆、六安和池州则位居后
5 位。

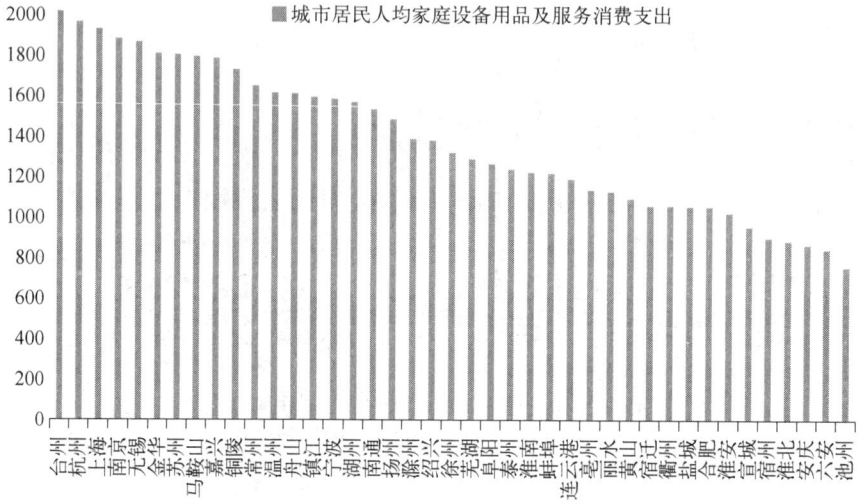

图 4 - 28 长三角 41 个城市的城市居民人均家庭设备
用品及服务消费支出一览图 单位:元

值得注意的是,浙江省台州市超过长三角三个省会城市和上海市,以
唯一一个居民人均家庭设备用品及服务消费支出超 2 000 元的城市稳居
第一,反映出台州市居民对发展型、享受型消费资料的需求得到了较大程
度的满足,居民的日常生活质量提高,休闲生活也愈加丰富。此外,安徽
省省会城市合肥在长三角 41 个城市中排在 34 名,作为一个省会城市,合
肥市的发展任务十分艰巨,也表明合肥市以及安徽省的整体发展潜力仍
然非常大。

(六)城市居民人均医疗保健消费支出

从城市居民的生活角度出发,相对于衣、食、住、行等基本生活消费而
言,医疗保健消费从一定程度上讲是一种弹性较小的消费品。当然,在当
前家庭收入水平普遍提高的情况下,居民对身体保健的观念已经发生很

大转变,无病防病的观念已进入百姓家庭,保健和养生已引起居民的广泛重视,从而使保健消费成为当今时代居民家庭一种层次较高的消费,支出比重也不断提高,见图4-29。从统计数据看,丽水、上海、金华、杭州和舟山名列前5位,而淮安、六安、蚌埠、安庆和阜阳则居于后5位。

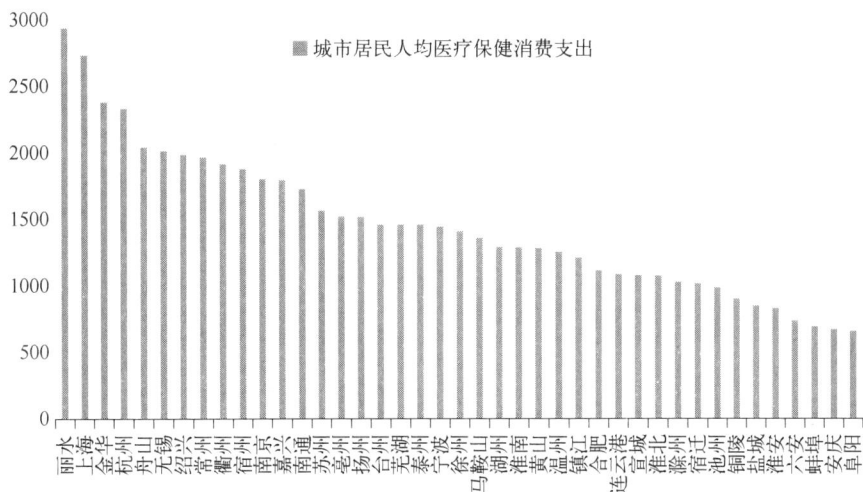

图4-29　41个城市的城市居民人均医疗保健消费支出一览图　单位:元

显而易见,浙江省的部分城市居民在人均医疗保健消费支出方面具有明显优势,如丽水以2 941元的城市人均医疗保健消费支出超过上海稳居第一位,其他指标排名不占优势的金华市在城市人均家庭医疗保健消费支出方面却仅次于上海,排在第三位。而在收入和支出等许多方面都占据相对优势的苏州、宁波和南京等城市在这方面的排名却明显靠后。安徽省省会城市合肥市的该项指标排名仍然在30名左右。在近年来,这一构成已形成一种常态,值得引起有关方面的重视。

（七）城市居民人均交通通信消费支出

在当代城市中,交通和通信消费已经成为人们日常休闲生活中不可或缺的部分。尤其是随着人们社会交往的日益频繁、信息观念的普遍加强,以及现代交通工具和高科技信息产品的迅速发展,城市居民人均交通和通信消费支出已经日渐增长。从统计数据看,苏州、台州、嘉兴、宁波和金华排名前 5 位,而宿州、六安、连云港、淮安和宿迁则排在后 5 位,见图 4 - 30。

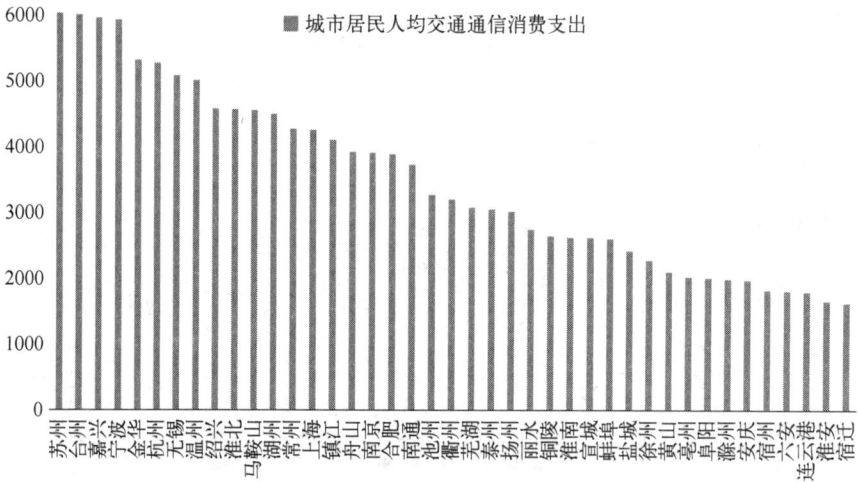

图 4 - 30 长三角 41 个城市的城市居民人均交通
通信消费支出一览图   单位:元

图 4 - 30 显示,我国城市居民用于交通和通信消费的层次性还是比较清晰,大致可以分为三个层次:苏州、台州、嘉兴、宁波、金华、杭州、无锡和温州 8 个地级市居民人均交通和通信消费突破 5 000 元,其中苏州最高,达到 6 025 余元,台州市也以 6 003 元的绝对优势紧随其后。其次,绍兴、淮北、马鞍山、湖州、常州、上海和镇江 8 个地级市城镇居民的消费在 4 000~5 000 元之间。两者合计有 15 座城市,为第一层次,占总数的 36.59%。消费在 2 000~4 000 元之间的城市有 19 座,为第二层次,占总数的 46.34%。在 1 000~2 000 元之间的有 7 座城市,占总数的 17.07%。此外,排名第一的苏州和位居末位的宿迁居民的消费相差接近 4 倍,说明不同城市间居民的消费支出差距还比较严重。

（八）城市居民人均教育文化娱乐服务消费支出

教育文化娱乐服务消费支出,包括文化娱乐用品、文化娱乐服务、教育三类消费,是反映居民生活消费结构变化的一个重要指标,也是反映居民休闲生活质量,甚至休闲生活方式变化的一个重要指标。近年来,随着政府管理部门加大了对教育乱收费问题的治理,一定程度上使教育支出费用比重有所降低,而与居民休闲生活高度相关的文化娱乐服务消费支出不断增加,比重不断提高。当然,各城市的经济发展程度不同,消费支出也有差异,见图4-31。从统计数据看,南京、苏州、上海、宁波和杭州位居前5位,而阜阳、池州、蚌埠、淮北和安庆则位列后5位。

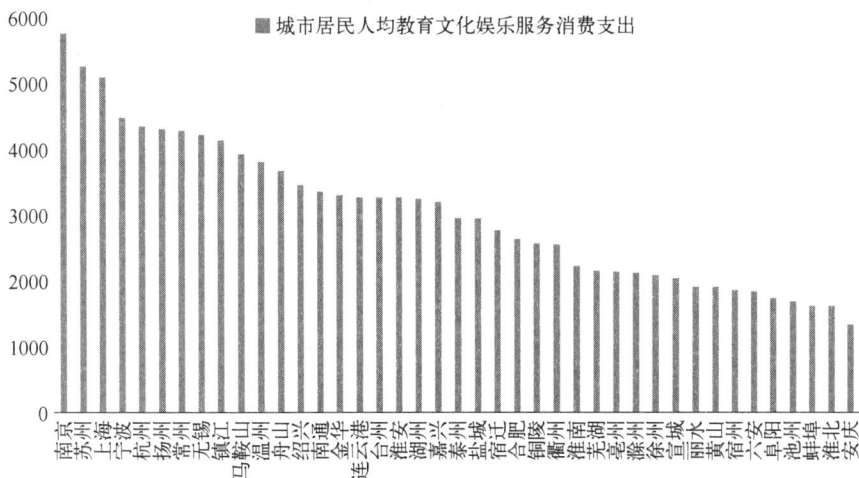

图4-31　长三角41个城市的城市居民人均教育文化
娱乐服务消费支出一览图　单位:元

数据显示,南京市城镇居民在教育文化娱乐服务消费方面的支出最高,约为5 700元,独占鳌头,高于苏州、上海和其他城市。这一现象也与南京娱乐文化设施众多、娱乐夜生活丰富,以及相关休闲产业成熟的大环境相关。当然,各城市发展不平衡,据统计,约有51%的城市居民人均教育文化娱乐服务消费低于2 000元,且主要分布在安徽省的地级市。

第五章　41 个城市的休闲化指数分析

　　2014 年 11 月 20 日,国务院发布了《关于调整城市规模划分标准的通知》(以下简称《通知》),对原有城市规模划分标准进行了调整,明确了新的城市规模划分标准。与原有城市规模划分标准相比,新标准有四点重要调整:一是城市类型由四类变为五类,增设了超大城市;二是将小城市和大城市分别划分为两档,细分小城市主要为满足城市规划建设的需要,细分大城市主要是实施人口分类管理的需要;三是人口规模的上下限普遍提高;四是将统计口径界定为城区常住人口。根据最新标准将城市划分为五类七档:城区常住人口 50 万以下的城市为小城市,其中 20 万以上 50 万以下的城市为 I 型小城市,20 万以下的城市为 II 型小城市;城区常住人口 50 万以上 100 万以下的城市为中等城市;城区常住人口 100 万以上 500 万以下的城市为大城市,其中 300 万以上 500 万以下的城市为 I 型大城市,100 万以上 300 万以下的城市为 II 型大城市;城区常住人口 500 万以上 1 000 万以下的城市为特大城市;城区常住人口 1 000 万以上的城市为超大城市。

　　《通知》指出,改革开放以来,伴随着工业化进程加速,我国城镇化取得了巨大成就,城市数量和规模都有了明显增长,原有的城市规模划分标准已难以适应城镇化发展等新形势要求。当前,我国城镇化正处于深入发展的关键时期,调整城市规模划分标准,有利于更好地实施人口和城市分类管理,满足经济社会发展需要。

依据这一划分标准,可以将本研究对象的长三角 41 个城市划分为五种类型,见表 5-1。

表 5-1　长三角 41 个城市人口规模类型

城市	城区人口(万人)	综合水平排名	城市等级分档	城市等级分类
上海	2 418.33	1	超大型城市	超大型城市
南京	608.62	3	特大城市	特大型城市
杭州	370.91	2	Ⅰ型大城市	
苏州	269.78	4	Ⅱ型大城市	
无锡	221.97	7	Ⅱ型大城市	
合肥	219.93	6	Ⅱ型大城市	
徐州	197.41	15	Ⅱ型大城市	
宁波	192.49	5	Ⅱ型大城市	
常州	159.70	12	Ⅱ型大城市	
温州	152.28	10	Ⅱ型大城市	大城市
淮安	130.35	20	Ⅱ型大城市	
盐城	121.97	25	Ⅱ型大城市	
南通	116.26	11	Ⅱ型大城市	
扬州	105.85	16	Ⅱ型大城市	
淮南	105.80	34	Ⅱ型大城市	
芜湖	105.21	24	Ⅱ型大城市	
绍兴	102.91	9	Ⅱ型大城市	
台州	99.87	13	中等城市	
连云港	93.90	26	中等城市	
泰州	84.11	23	中等城市	
蚌埠	80.77	35	中等城市	
镇江	79.65	19	中等城市	中等城市
阜阳	79.14	39	中等城市	
宿迁	70.90	32	中等城市	
安庆	65.89	30	中等城市	

（续表）

城市	城区人口（万人）	综合水平排名	城市等级分档	城市等级分类
淮北	62.43	41	中等城市	
马鞍山	58.75	22	中等城市	
金华	57.11	8	中等城市	中等城市
湖州	54.20	17	中等城市	
舟山	51.02	21	中等城市	
宿州	50.04	36	中等城市	
嘉兴	47.46	14	Ⅰ型小城市	
六安	43.90	37	Ⅰ型小城市	
铜陵	43.89	29	Ⅰ型小城市	
滁州	38.75	40	Ⅰ型小城市	
亳州	32.00	38	Ⅰ型小城市	小城市
衢州	29.76	28	Ⅰ型小城市	
黄山	28.52	18	Ⅰ型小城市	
池州	27.56	33	Ⅰ型小城市	
宣城	26.56	31	Ⅰ型小城市	
丽水	20.69	27	Ⅰ型小城市	

第一节　超大型城市休闲化指数分析

超大型城市的常住人口规模在 1 000 万以上，长江三角洲 41 个城市中符合这一标准的城市只有上海。从城市所属区域看，上海市为东部沿海城市；从城市行政级别看，上海市为直辖市。一般来说，城市人口规模与城市的活力和品质高度相关，人口规模越大，城市的休闲娱乐设施的供给度越高，相关休闲娱乐资源和业态的丰富度也更高。本部分接下来将分析上海这一超大型城市在 31 个指标属性方面呈现出来的特征。

　　上海是我国的经济、交通、科技、工业、金融、贸易、会展和航运中心，首批沿海开放城市，长江经济带的龙头城市，世界上规模和面积最大的都会区之一。其作为一座国家历史文化名城，拥有深厚的近代城市文化底蕴和众多历史古迹。一方面，发达的经济水平为城市商业的繁荣、交通的完善提供了坚实的基础；另一方面，上海多元的文化风格为上海休闲文化设施的多样性发展奠定了良好的文化基础，也为市民与游客提供了丰富多彩的休闲消费方式。从数据分析看，上海31个指标水平值区间在0～13，均值水平是3.020。高于均值水平的指标有13个，占指标总数的42%。主要有批发、零售、住宿和餐饮业从业人数，住宿和餐饮业零售总额，国内旅游人数，入境旅游人数，剧场、影剧院个数，城市绿地面积，公共汽车、电车客运量，公园绿地面积，限额以上批发、零售、住宿和餐饮业企业个数，地区生产总值，社会消费品零售总额，公园个数，星级饭店数量。其中，指标水平值最高的是批发，零售、住宿和餐饮业从业人数（12.584），其次是住宿和餐饮业零售总额（8.115）。从中可以看出，上海的住宿餐饮业从业人员和零售规模、旅游基础服务设施和景区规模等指标水平较高，表明上海的住宿餐饮业态的丰富度、住宿餐饮业的优质化服务和游客吸引力对城市休闲化进程作用显著。此外，上海市交通网络通达性、游憩设施多样性以及休闲商业的稳步快速发展等，对上海市休闲功能的提升、休闲空间的融合和休闲活力的激发起到助推作用。

　　低于均值水平的指标有18个，占指标总数的58%。具体为国家4A级及以上景区数量，国家荣誉称号数，国家重点文物保护单位数量，每百人公共图书馆藏书，人均生产总值，城市居民人均医疗保健消费支出，城市居民人均教育文化娱乐服务消费支出，城市居民家庭人均消费性支出，城市居民人均可支配收入，城市居民人均交通通信消费支出，第三产业占地区生产总值比重，城市居民人均家庭设备用品及服务消费支出，第三产业就业人数占全部就业人数的比重,城市化率,城镇居民家庭恩格尔系数,公路运输客运量,城市(建成区)绿化覆盖率,城市居民消费价格指数。其中,指标水平值最低的是居民消费价格指数(0.014),其次是城市(建成区)绿化覆盖率(0.190)。从中可以发现,上海市低于均值水平的各项指标主要体现在人均意义上的指标,这与上海市的人口规模直接相关。其次还体现在文化设施规模和城市休闲化经济指标方面。这说明上海目前的文化设施规模与供给状况、休闲旅游接待、城市环境绿化、客运交通规模和居民消费方面均存在很大的改进空间,尚无法与上海这座城市在全球的地位相匹配,无法满足不同人群的休闲需求,表明上海的城市休闲品质和休闲文化建设水平还有待提升,见图 5-1。

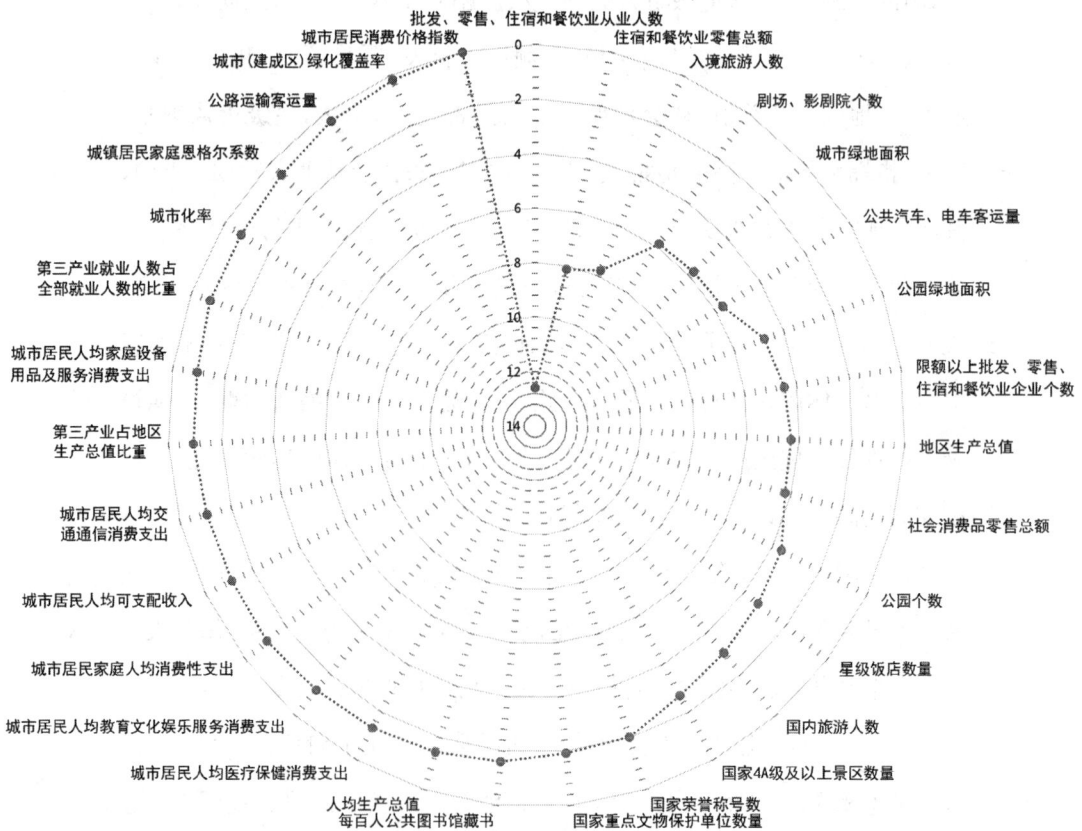

图 5-1 上海 31 个指标水平排列图

第二节　特大城市休闲化
指数分析

特大城市的常住人口规模在 500 万以上 1 000 万以下,符合这一标准的只有江苏省的省会南京市。对南京这一特大型城市 31 个指标属性的特征分析如下。

南京享有"六朝古都"美誉,是我国首批国家历史文化名城,是中华文明的重要发祥地,长期是中国南方的政治、经济、文化中心,历史文化资源也非常丰厚。而今随着国家经济的飞速发展,南京的现代化建设逐渐加快,现已成为长三角辐射带动中西部地区发展的国家重要门户城市。从数据分析看,南京 31 个指标的区间值在 0~4 之间,均值水平为 1.404。高于均值水平的指标有 14 个,占指标总数的 45%。具体包括城市绿地面积,国家重点文物保护单位数量,公园绿地面积,公共汽车、电车客运量,剧场、影剧院个数,国家荣誉称号数,社会消费品零售总额,每百人公共图书馆藏书,公园个数,限额以上批发、零售、住宿和餐饮业企业个数,地区生产总值,住宿和餐饮业零售总额和人均生产总值等。其中,指标水平值最高的是城市绿地面积(3.859),其次是国家重点文物保护单位数量(3.227)。从中可以看出,南京城市休闲化进程中的城市绿化,住宿餐饮业规模,城市市内交通规模,文化娱乐设施规模发展较好;表明南京城市的休闲生活服务业整体发展状况良好。

低于均值水平的指标有 17 个,占指标总数的 55%。具体是城市居民人均教育文化娱乐服务消费支出,星级饭店数量,国家 4A 级及以上景区数量,国内旅游人数,公路运输客运量,城市居民人均交通通信消费支出,城市居民人均可支配收入,城市居民人均家庭设备用品及服务消费支出,城市居民人均医疗保健消费支出,批发、零售、住宿和餐饮业从业人数,第三产业占地区生产总值比重,城市居民家庭人均消费性支出,城市化率,第三产业就业人数占全部就业人数的比重,入境旅游人数,城镇居民家庭恩格尔系数,城市(建成区)绿化覆盖率和城市居民消费价格指数。从中可以看出,南京城市休闲化进程中发展较弱的指标主要体现在人均意义上的各项指标、城际交通客运规模、旅游服务接待设施和规模、城市绿化环境等方面,反映出南京在城市休闲化进程中,居民的休闲消费水平还相对较低,同时城市的文化服务设施供给存在不充分性现象,城市对外吸引力比较薄弱,见图 5 - 2。

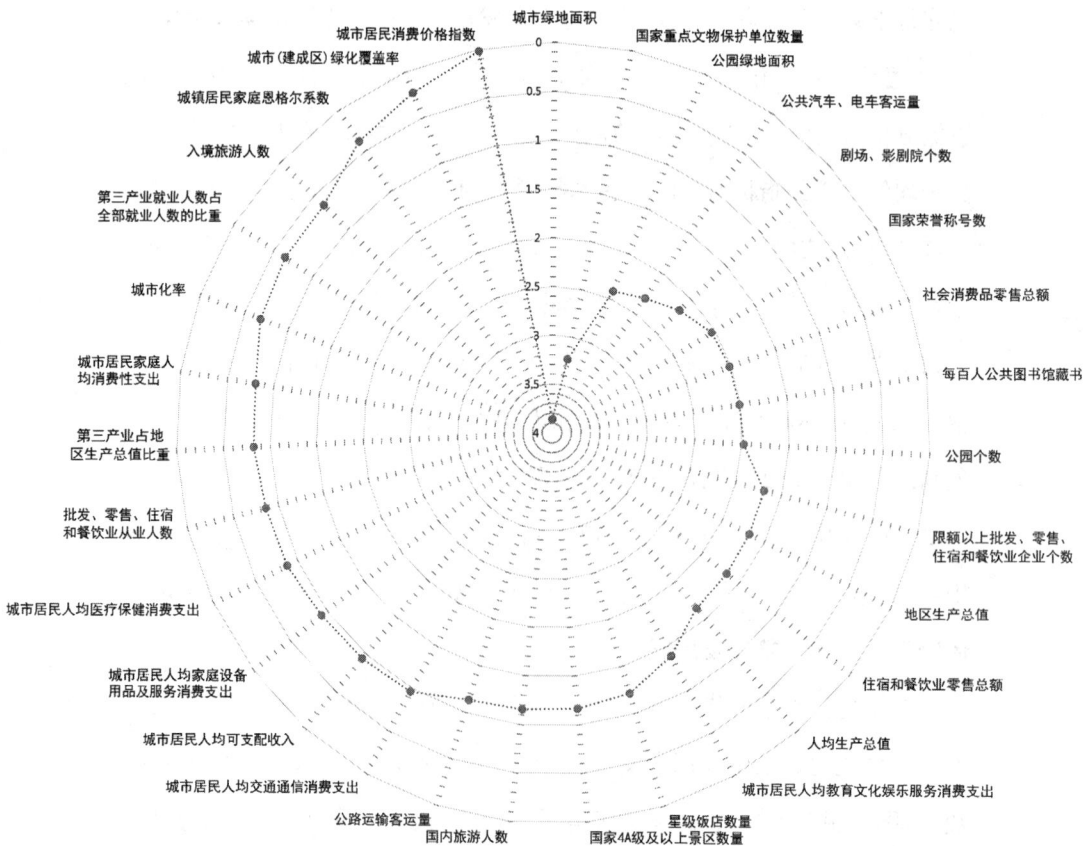

图 5 - 2　南京 31 个指标水平排列图

第三节 Ⅰ型大城市休闲化
指数分析

常住人口规模在 300 万以上 500 万以下的城市为Ⅰ型大城市,符合这一标准的只有杭州市。从城市行政级别看,杭州市为浙江省的省会城市。对杭州这一Ⅰ型大城市 31 个指标属性的特征分析如下。

杭州地处长三角区域,是长三角重要的中心城市和中国东南部的交通枢纽,是浙江省的政治、经济、文化、教育、交通和金融中心。杭州人文古迹众多,西湖及其周边有大量的自然及人文景观遗迹。其中主要代表性的独特文化有西湖文化、良渚文化、丝绸文化、茶文化,以及流传下来的许多故事传说成为杭州文化代表。从数据分析看,杭州 31 个指标水平值区间在 0~5 之间,均值为 1.780。高于均值水平的指标有 15 个,占指标总数的 48%。具体为批发、零售、住宿和餐饮业从业人数,公共汽车、电车客运量,限额以上批发、零售、住宿和餐饮业企业个数,公园个数,入境旅游人数,剧场、影剧院个数,国家重点文物保护单位数量,住宿和餐饮业零售总额,公园绿地面积,星级饭店数量,社会消费品零售总额,国家荣誉称号数,国家 4A 级及以上景区数量,每百人公共图书馆藏书和地区生产总值。其中,批发、零售、住宿和餐饮业从业人数水平最高(4.821),其次是公共汽车、电车客运量(3.896)。从中可以看出,杭州在城市休闲化进程中,比较重视消费类商业和第三产业的发展,市内交通客运规模、文化娱乐设施和旅游接待设施的建设均较为可观。

低于均值水平的指标有 16 个,占指标总数的 52%。具体为人均生产总值,国内旅游人数,公路运输客运量,城市居民人均交通通信消费支出,

城市居民人均医疗保健消费支出,城市居民人均教育文化娱乐服务消费
支出,城市居民人均可支配收入,城市居民人均家庭设备用品及服务消费
支出,城市绿地面积,城市居民家庭人均消费性支出,第三产业占地区生
产总值比重,城市化率,第三产业就业人数占全部就业人数的比重,城镇
居民家庭恩格尔系数,城市(建成区)绿化覆盖率和城市居民消费价格指
数。从中可以看出,杭州城市休闲化进程中发展较弱的指标主要集中在
经济发展程度、城际交通客运规模、城市生态环境建设、城市居民人均各
项支出等方面,说明杭州的交通通达能力、城市生态文明建设和经济发展
程度都需要一定程度地加强,见图5-3。

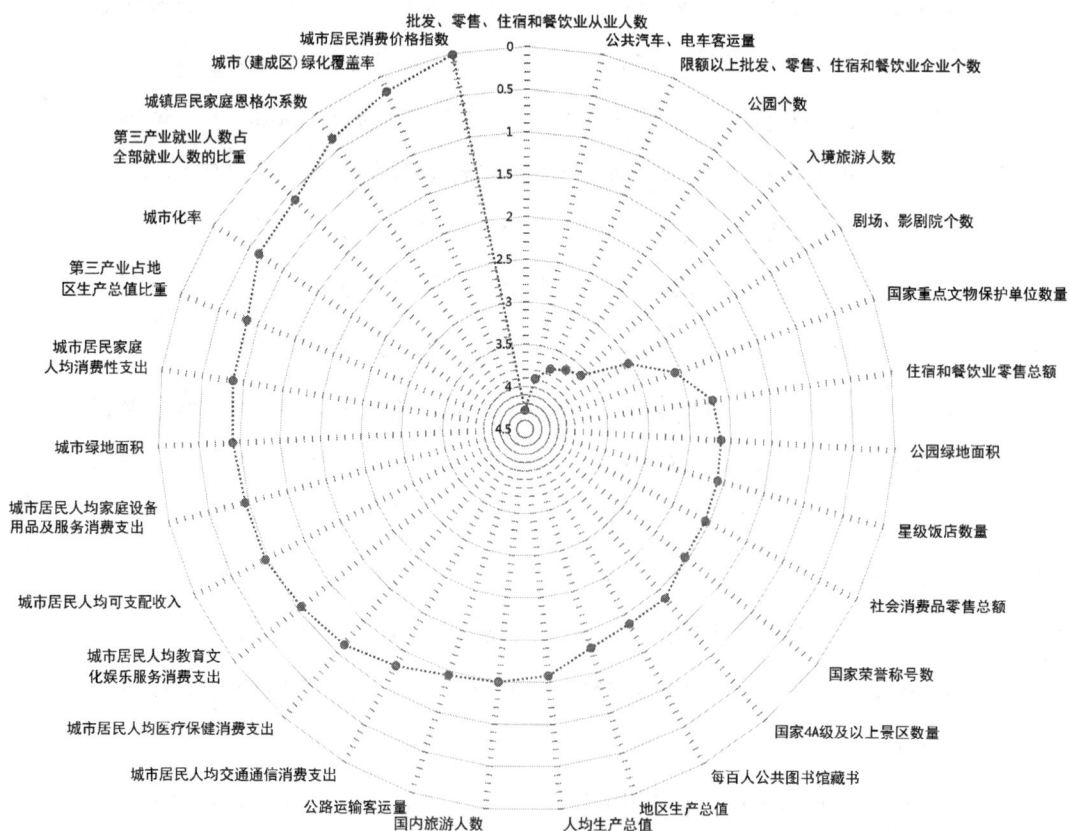

图5-3 杭州31个指标水平排列图

第四节 Ⅱ型大城市休闲化指数分析

根据相关规定,城市的城区常住人口规模在 100 万以上 300 万以下的城市为Ⅱ型大城市,符合这一标准的有苏州、无锡、合肥、徐州、宁波、常州、温州、淮安、盐城、南通、扬州、淮南、芜湖和绍兴 14 个城市。从城市区域分布看,浙江省有宁波、温州、扬州、绍兴 4 个城市,江苏省有苏州、无锡、徐州、常州、淮安、盐城、南通 7 个城市,安徽省有合肥、淮南、芜湖 3 个城市。从城市行政级别看,16 个Ⅱ型大城市中只有合肥为省会城市,对长三角 16 个Ⅱ型大城市 31 个指标属性的特征分析如下。

一、苏州

苏州是江苏长江经济带重要组成部分,是风景旅游城市和我国首批 24 座国家历史文化名城之一,有近 2 500 年历史。苏州园林是中国私家园林的代表,被联合国教科文组织列为世界文化遗产,中国大运河苏州段入选世界遗产名录,2017 年苏州被评为首批"中国旅游休闲示范城市"之一。从数据分析看,苏州 31 个指标水平区间在 0～3.5 之间,均值水平为1.316。高于均值水平的指标有 14 个,占指标总数的 45%。具体为公路运输客运量,公园个数,地区生产总值,公共汽车、电车客运量,每百人公共图书馆藏书,国家荣誉称号数,社会消费品零售总额,人均生产总值,国家 4A 级及以上景区数量,限额以上批发、零售、住宿和餐饮业企业个数,公园绿地面积,星级饭店数量,入境旅游人数和城市居民人均交通通信消费支出。其中,公路运输客运量指标的水平值最高(3.479),其次是公园个数指标(2.490)。从中可以看出,苏州的城际交通客运规模,文化设施规模,旅游服务接待设施与规模,住宿餐饮业规模等指标发展较好,表明苏州旅游和文化资源吸引力较强,文化休闲功能突出,生活性服务业发展态势良好,城市内外的交通便捷度较强,彰显了苏州作为我国历史文化名城和风景旅游城市的气质和魅力。

低于均值水平的指标有 17 个,占指标总数的 54%,具体为住宿和餐饮业零售总额,城市居民人均教育文化娱乐服务消费支出,国内旅游人数,城市居民人均可支配收入,城市绿地面积,城市居民家庭人均消费性支出,城市居民人均家庭设备用品及服务消费支出,城市居民人均医疗保健消费支出,国家重点文物保护单位数量,第三产业占地区生产总值比重,城市化率,剧场、影剧院个数,第三产业就业人数占全部就业人数的比重,城镇居民家庭恩格尔系数,批发、零售、住宿和餐饮业从业人数,城市(建成区)绿化覆盖率和城市居民消费价格指数。从中可以看出,苏州城市休闲化进程中表现较弱的指标主要集中在人均休闲消费水平,城市环境绿化建设,住宿餐饮业服务规模等指标。可见苏州的人均休闲供给和休闲消费都处于较低的发展状态,苏州的城市休闲产业完善度、城市休闲环境和谐度和城市生态文明建设都需要大力加强,见图 5-4。

二、无锡

无锡是我国南方地区重要的历史文化名城,有鼋头渚、灵山大佛、无锡中视影视基地(三国城、水浒城、唐城)等诸多景点,是我国优秀旅游城市,积淀了深厚的历史文化底蕴,休闲旅游文化资源丰富。从数据分析看,无锡 31 个指标水平区间在 0~2 之间,均值水平为 0.849。高于均值水平的指标有 15 个,占指标总数的 48%。具体为人均生产总值,国家 4A 级及以上景区数量,地区生产总值,公共汽车、电车客运量,每百人公共图书馆藏书,城市居民人均交通通信消费支出,社会消费品零售总额,城市居民人均教育文化娱乐服务消费支出,国家荣誉称号数,城市居民人均医

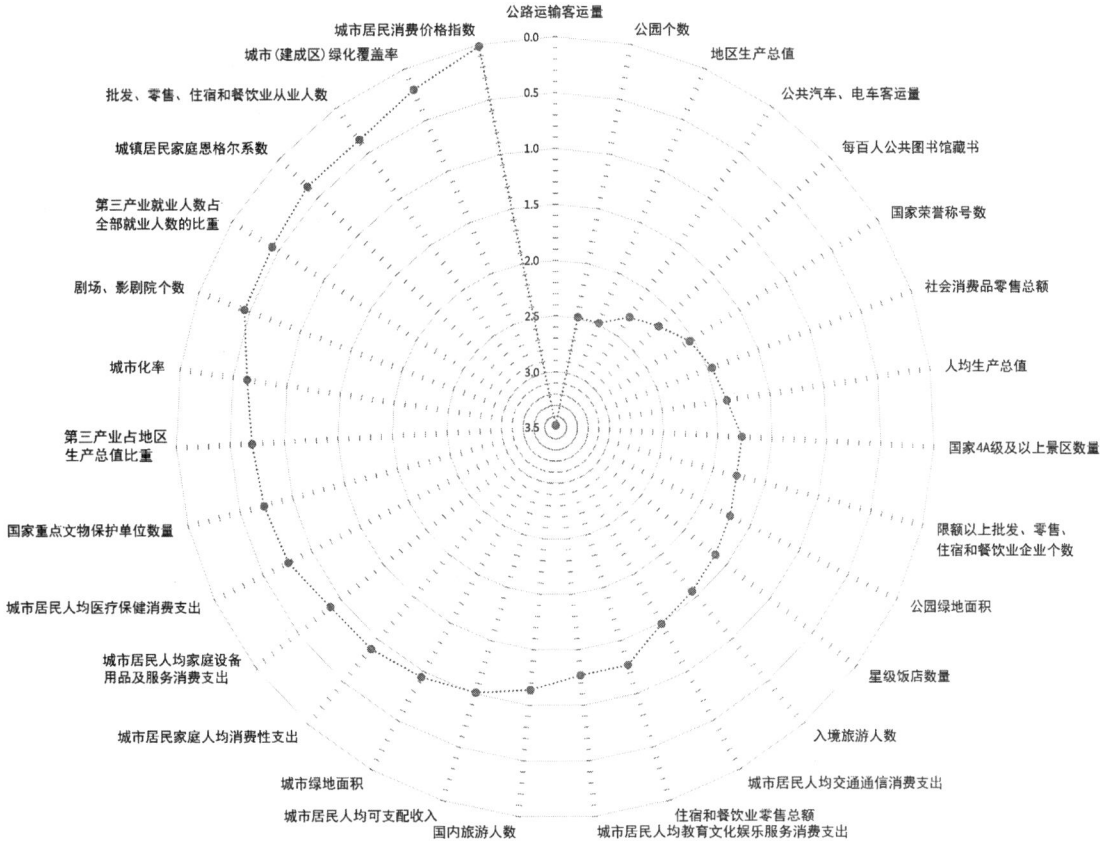

图5-4　苏州31个指标水平排列图

疗保健消费支出,公园绿地面积,城市居民人均家庭设备用品及服务消费支出,城市居民人均可支配收入,剧场、影剧院个数和国内旅游人数。其中,人均生产总值的指标水平值最高(1.878),其次是国家4A级及以上景区数量(1.524)。从高于均值水平的指标看,无锡城市休闲化进程中发展较好的指标主要集中在城市的文化设施规模、旅游休闲设施与游客接待规模、市内交通客运规模和旅游接待设施规模等,充分反映出无锡的资源优势和地理位置优势,也映射出无锡的休闲娱乐产业供给和居民消费需求以及游客休闲消费需求之间的匹配度相对较好。

低于均值水平的指标有 16 个,占指标总数量的 52%。具体为城市居民家庭人均消费性支出,限额以上批发、零售、住宿和餐饮业企业个数,城市绿地面积,公园个数,住宿和餐饮业零售总额,第三产业占地区生产总值比重,公路运输客运量,城市化率,星级饭店数量,第三产业就业人数占全部就业人数的比重,入境旅游人数,国家重点文物保护单位数量,城镇居民家庭恩格尔系数,批发、零售、住宿和餐饮业从业人数,城市(建成区)绿化覆盖率和城市居民消费价格指数。从中可以发现,无锡城市休闲化进程中,表现较弱的指标主要是住宿餐饮业规模、城市环境绿化规模和城际交通客运规模等,说明无锡面向本地城市居民的商业零售业态供给和第三产业服务业供给还不够强,此外城市生态文明建设和交通通达能力建设仍有待进一步加强。根据我国首套休闲城市评价标准体系,无锡休闲结构体系理论中的环境休闲力、基础休闲力、核心休闲力均存在一定的发展空间,见图 5-5。

三、合肥

合肥,是安徽省省会、国家历史文化名城、合肥都市圈中心城市,综合性国家科学中心,"一带一路"和长江经济带战略双节点城市,具有国际影响力的创新之都,皖江城市带核心城市,是国务院批准确定的中国东部地区重要中心城市、全国重要的科研、教育基地和综合交通枢纽。从数据分析看,合肥 31 个指标水平区间在 0~2.5 之间,均值水平为 0.809。高于均值的指标有 13 个,占指标总数的 42%。具体为国家荣誉称号数,剧场、影剧院个数,公共汽车、电车客运量,公园绿地面积,国家 4A 级及以上景区数量,限额以上批发、零售、住宿和餐饮业企业个数,人均生产总值,国内旅游人数,地区生产总值,社会消费品零售总额,城市居民人均交通通信消费支出和公园个数。其中,国家荣誉称号数的指标水平值最高(2.039),

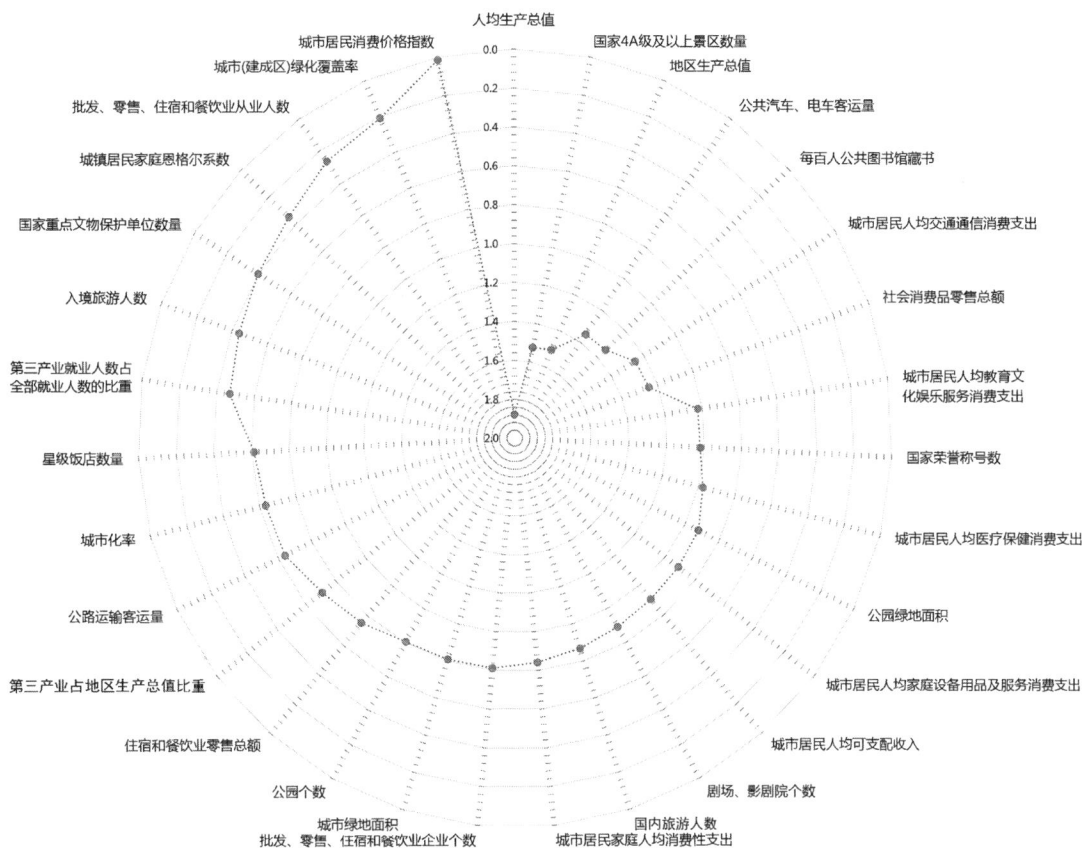

图 5-5　无锡31个指标水平排列图

其次是剧场、影剧院个数(1.607)。从高于均值水平的指标看,合肥城市休闲化进程中发展较好的主要是文化设施规模、市内交通客运规模、旅游服务设施和旅游接待规模等。这说明合肥的休闲产业供给和本地居民休闲消费需求之间相对协调。

低于均值水平的指标有18个,占指标总数的58%。具体为星级饭店数量,城市绿地面积,每百人公共图书馆藏书,住宿和餐饮业零售总额,城市居民人均可支配收入,城市居民人均教育文化娱乐服务消费支出,第三产业占地区生产总值比重,城市化率,第三产业就业人数占全部就业人数的比重,城市居民人均医疗保健消费支出,城市居民人均家庭设备用品及服务消费支出,城市居民家庭人均消费性支出,批发、零售、住宿和餐饮业从业人数,入境旅游人数,国家重点文物保护单位数量,城镇居民家庭恩格尔系数,城市(建成区)绿化覆盖率和城市居民消费价格指数。从中可以看出,合肥城市休闲化进程中发展较弱的指标主要集中在住宿餐饮等商业规模、入境旅游接待规模和水平,以及人均休闲消费水平等方面,说明合肥的城市对外吸引力还不够强,同时商业业态不够丰富,城市居民休闲消费水平还有很大的发展潜力和空间。这可能与合肥本身的城市规模有一定的关系,见图 5-6。

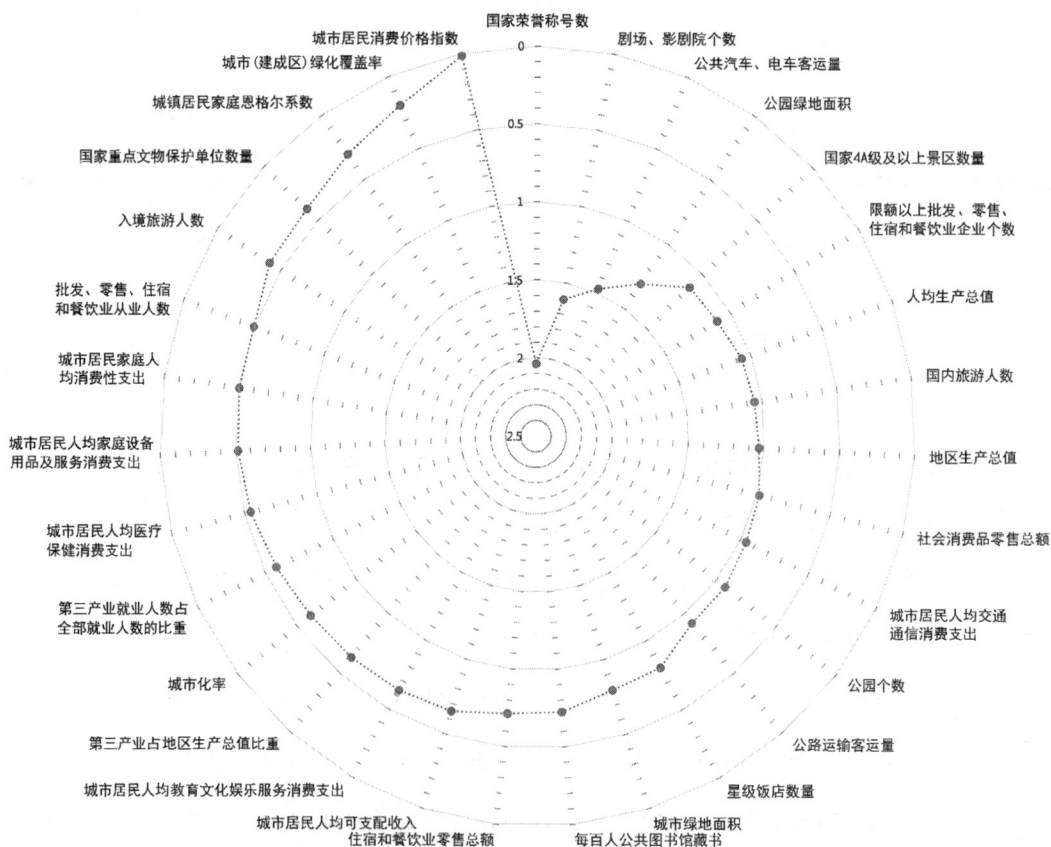

图 5-6　合肥 31 个指标水平排列图

四、徐州

徐州是华东地区重要的科教、文化、金融、旅游、医疗、会展中心,也是江苏省重要的经济、商业和对外贸易中心。因其拥有大量文化遗产、名胜古迹和深厚的历史底蕴,也被称作"东方雅典"。从数据分析看,徐州 31 个指标水平区间在 0~1.5 之间,均值水平为 0.638。高于均值水平的指标有 14 个,占指标总数的 45%。具体为限额以上批发、零售、住宿和餐饮业企业个数,国家荣誉称号数,公路运输客运量,公园个数,社会消费品零售总额,公共汽车、电车客运量,地区生产总值,星级饭店数量,人均生产总值,国家 4A 级及以上景区数量,城市绿地面积,城市居民人均医疗保健消费支出,第三产业占地区生产总值比重和城市居民人均家庭设备用品及服务消费支出。其中,指标水平最高的是限额以上批发、零售、住宿和餐饮业企业个数(1.377),其次是国家荣誉称号数(1.359)。这充分说明徐州在城市休闲化建设进程中,发展较好的指标主要集中在住宿餐饮业规模、经济发展水平和交通客运规模、休闲旅游服务与接待设施规模等方面。这说明徐州的第三产业发展相对发达休闲娱乐产业供给和居民消费需求之间匹配度相对较好。

低于均值水平的指标有 16 个,占指标总数的 55%。具体为城市居民人均交通通信消费支出,城市居民人均可支配收入,城市化率,国家重点文物保护单位数量,城市居民人均教育文化娱乐服务消费支出,国内旅游人数,每百人公共图书馆藏书,城市居民家庭人均消费性支出,第三产业就业人数占全部就业人数的比重,公园绿地面积,批发、零售、住宿和餐饮业从业人数,住宿和餐饮业零售总额,城镇居民家庭恩格尔系数,城市(建成区)绿化覆盖率,剧场、影剧院个数,入境旅游人数和城市居民消费价格指数。从中可以看出,徐州城市休闲化进程中表现较弱的指标主要是人均休闲消费水平、文化设施规模、城市绿化环境、交通运输规模和休闲旅游接待规模等。这反映出徐州在文化设施的投入、生态文明建设、城市交通的通达性和城市吸引力打造方面还存在不足，见图 5 - 7。

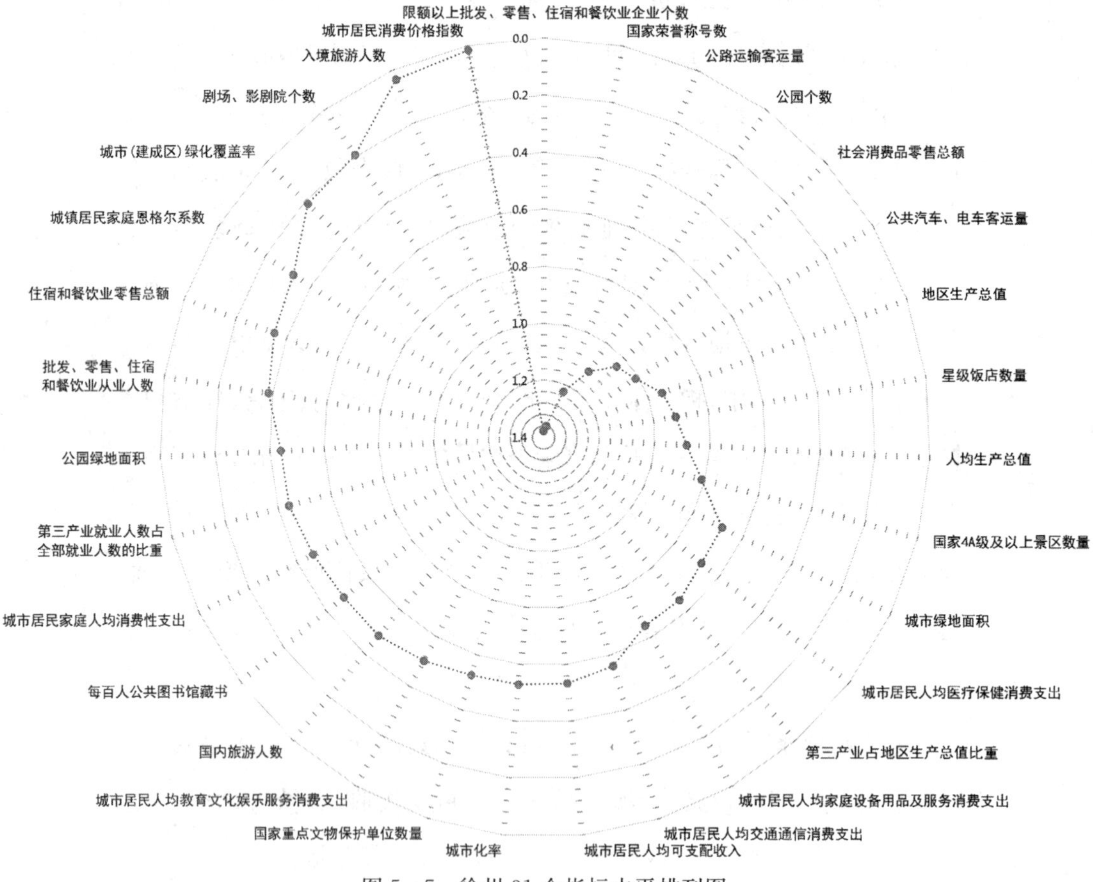

图 5 - 7　徐州 31 个指标水平排列图

五、宁波

　　宁波是中国五大计划单列市之一、首批沿海开放城市,中国海滨城市,中国大陆综合竞争力前 15 强城市,长三角五大区域中心之一,长三角南翼经济中心,浙江省经济中心,现代化国际港口城市,国家历史文化名城,连续四次蝉联全国文明城市,中国著名的院士之乡,地理位置优势,历史文化悠久,人文底蕴积淀浓厚。从数据分析看,宁波 31 个指标水平区间在 0～4 之间,均值水平为 1.252。高于均值水平的指标有 16 个,占指标总数的 52%。具体为住宿和餐饮业零售总额,限额以上批发、零售、住宿和餐饮业企业个数,国家重点文物保护单位数量,国家荣誉称号数,公园个数,剧场、影剧院个数,星级饭店数量,入境旅游人数,国家 4A 级及以上景区数量,城市居民人均交通通信消费支出,社会消费品零售总额,人均生产总值,地区生产总值,城市绿地面积,公园绿地面积和每百人公共图书馆藏书。其中,住宿和餐饮业零售总额的指标水平值最高(3.608),其次是批发、零售、住宿和餐饮业企业个数(2.234),这充分说明宁波的经济发展水平和第三产业发展相对发达。从高于均值水平的指标看,宁波城市休闲化进程中发展较好的指标主要集中在住宿餐饮业规模、休闲旅游接待设施规模、文化娱乐设施规模和城市环境绿化建设等方面。这说明宁波的休闲娱乐产业供给相对充足,相关硬件建设较为可观。

低于均值水平的指标有 15 个,占指标总数的 48%。具体为公共汽车、电车客运量,城市居民人均教育文化娱乐服务消费支出,国内旅游人数,城市居民人均可支配收入,批发、零售、住宿和餐饮业从业人数,城市居民家庭人均消费性支出,城市居民人均家庭设备用品及服务消费支出,城市居民人均医疗保健消费支出,第三产业占地区生产总值比重,第三产业就业人数占全部就业人数的比重,公路运输客运量,城镇居民家庭恩格尔系数,城市化率,城市(建成区)绿化覆盖率和城市居民消费价格指数。从中可以看出,宁波城市休闲化进程中发展较弱的指标主要集中在国内旅游和入境旅游的接待规模和水平、城际和市内交通客运规模和人均休闲消费水平等方面,说明宁波的城市对外吸引力有待提升,交通通达性也有待改善,同时商业业态不够丰富,供给结构和发展规模都存在短板,见图 5-8。

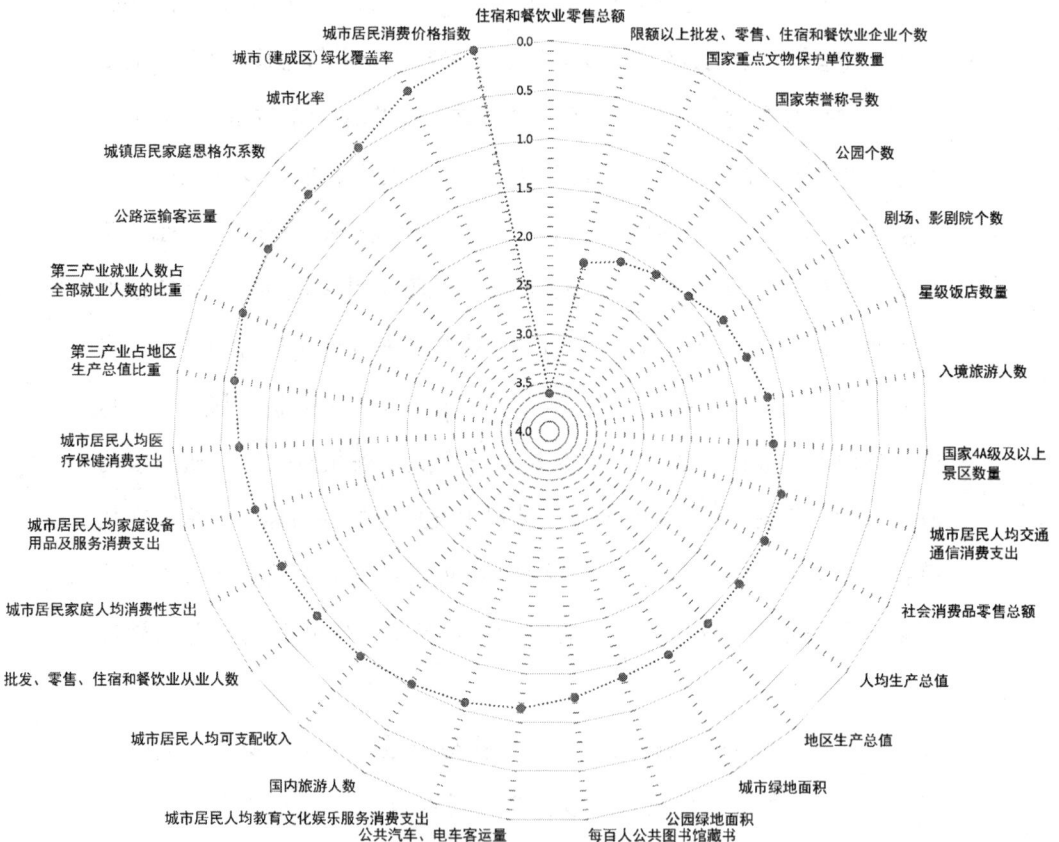

图 5-8　宁波 31 个指标水平排列图

六、常州

常州是一座有着 3 200 多年历史的文化古城,境内风景名胜、历史古迹众多,历史文化名人荟萃。从数据分析看,常州 31 个指标水平区间在 0~2.5 之间,均值水平为 0.704。高于均值水平的指标有 13 个,占指标总数的 42%。具体为国家荣誉称号数,人均生产总值,每百人公共图书馆藏书,限额以上批发、零售、住宿和餐饮业企业个数,城市居民人均交通通信消费支出,城市居民人均教育文化娱乐服务消费支出,城市居民人均医疗保健消费支出,地区生产总值,社会消费品零售总额,城市居民人均可支配收入,城市居民人均家庭设备用品及服务消费支出,公共汽车、电车客运量和城市居民家庭人均消费性支出。其中,国家荣誉称号数的指标水平值最高(2.039),其次是人均生产总值(1.641)。从高于均值水平的指标看,福州城市休闲化进程中表现良好的指标主要集中在住宿餐饮业规模,文化设施规模,市内交通和人均休闲消费水平等方面,表明常州本地居民休闲消费需求较为旺盛,且消费水平相对较高。

低于均值水平的指标有 18 个,占指标总数的 58%,具体为第三产业占地区生产总值比重,星级饭店数量,公园个数,国内旅游人数,城市化率,国家重点文物保护单位数量,国家 4A 级及以上景区数量,公路运输客运量,住宿和餐饮业零售总额,城市绿地面积,第三产业就业人数占全部就业人数的比重,批发、零售、住宿和餐饮业从业人数,城镇居民家庭恩格尔系数,公园绿地面积,城市(建成区)绿化覆盖率,入境旅游人数,剧场、影剧院个数和城市居民消费价格指数。从中可以看出,常州城市休闲化进程中表现较弱的指标主要是国内外旅游接待规模,休闲娱乐设施规模,城际交通运输规模,城市绿化建设水平等。这说明常州在城市对外吸引力和城市交通建设方面存在一定的劣势,城市的环境建设仍存在很大的发展空间,并且休闲产业和休闲设施的供给与城市居民的休闲消费需求缺乏一定的匹配度,见图 5-9。

七、温州

温州历史悠久,是国家历史文化名城,有丰富的文化遗存,有深厚的

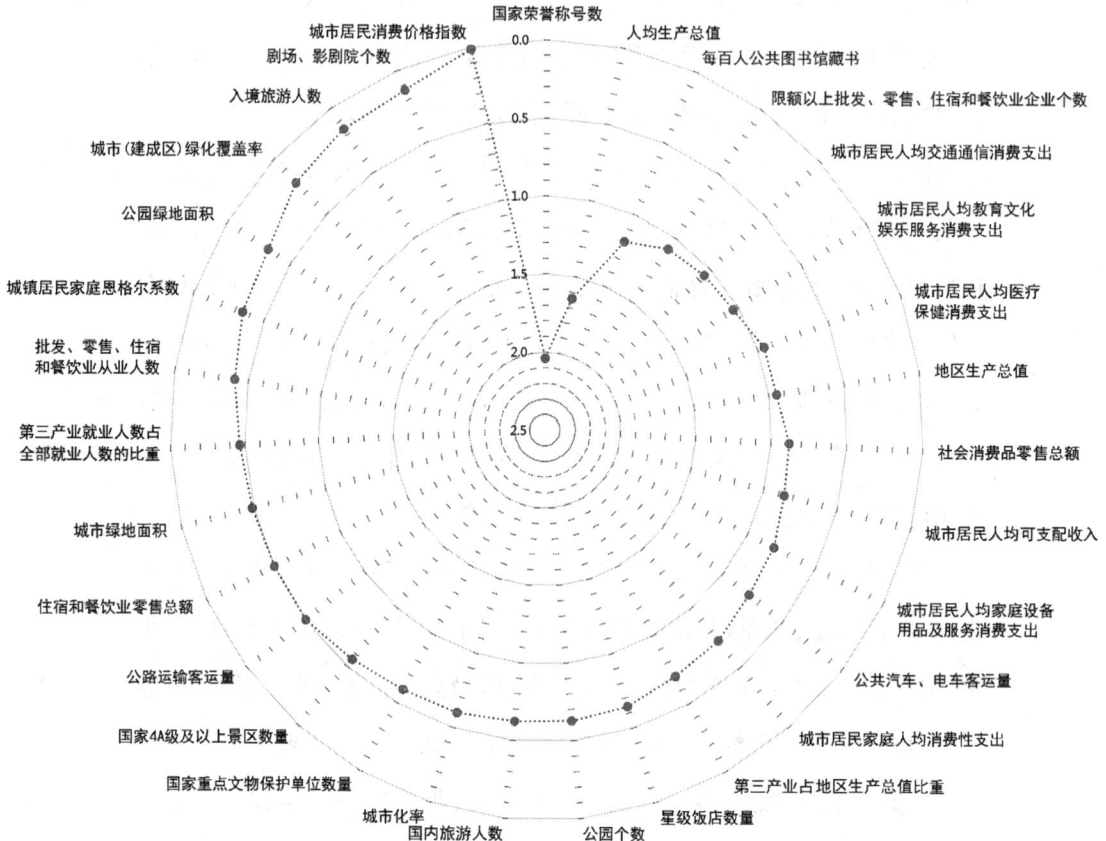

图 5-9　常州 31 个指标水平排列图

文化底蕴和独特的自然资源,非物质文化遗产资源十分丰富。从数据分析看,温州 31 个指标水平区间在 0~2.5 之间,均值水平为 0.776。高于均值水平的指标有 18 个,占指标总数的 58%。具体为公路运输客运量,每百人公共图书馆藏书,入境旅游人数,城市居民人均交通通信消费支出,社会消费品零售总额,公园绿地面积,国家重点文物保护单位数量,公园个数,星级饭店数量,国内旅游人数,城市居民人均教育文化娱乐服务消费支出,城市居民人均可支配收入,城市居民家庭人均消费性支出,国家 4A 级及以上景区数量,第三产业占地区生产总值比重,城市居民人均家庭设备用品及服务消费支出,住宿和餐饮业零售总额,地区生产总值。其中,公路运输客运量的指标水平值最高(2.430),其次是每百人公共图书馆藏书(1.358)。从中可以看出,温州城市休闲化进程中表现良好的指标主要是城际交通、人均休闲消费水平和休闲旅游服务接待设施与规模等方面,这与该市较小的人口规模有关,同时说明温州的城市居民休闲消费需求较高,生活相对舒适,休闲需求与休闲供给较为匹配。

低于均值水平的指标有 13 个,占指标总数的 42%。具体为公共汽车、电车客运量,人均生产总值,城市居民人均医疗保健消费支出,城市绿地面积,第三产业就业人数占全部就业人数的比重,城市化率,国家荣誉称号数,城镇居民家庭恩格尔系数,限额以上批发、零售、住宿和餐饮业企业个数,城市(建成区)绿化覆盖率,剧场、影剧院个数,批发、零售、住宿和餐饮业从业人数,城市居民消费价格指数。从中可以看出,温州城市休闲化进程中表现较弱的指标主要是住宿餐饮业等商业零售规模、市内交通客运规模和城市绿化建设,这说明温州的休闲相关产业发展略微滞后,休闲产业结构单一,城市生态文明建设存在一定的不足,制约了城市的吸引力和竞争力,见图 5-10。

八、淮安

淮安是我国历史文化名城、国家卫生城市、国家园林城市、国家环境保护模范城市、国家低碳试点城市、中国优秀旅游城市,与扬州等为淮扬菜的主要发源地,是江淮流域古文化发源地之一。从数据分析看,淮安 31个指标水平区间在 0~2.5 之间,均值水平为 0.510。高于均值水平的指标有 13 个,占指标总数的 42%。具体为国家荣誉称号数,第三产业就业人数占全部就业人数的比重,人均生产总值,城市居民人均教育文化娱乐服

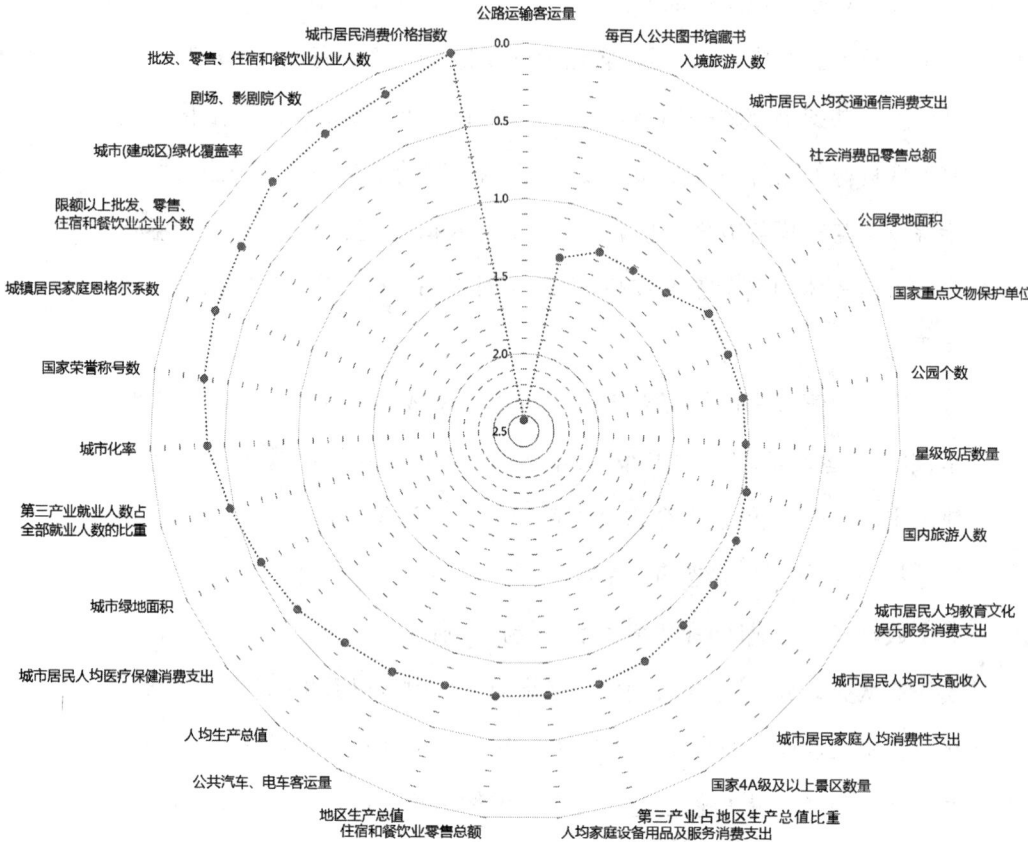

图 5-10　温州 31 个指标水平排列图

务消费支出,每百人公共图书馆藏书,公路运输客运量,限额以上批发、零售、住宿和餐饮业企业个数,公共汽车、电车客运量,国家 4A 级及以上景区数量,国家重点文物保护单位数量,第三产业占地区生产总值比重,城市居民人均可支配收入和星级饭店数量。其中,国家荣誉称号数指标的水平值最高(2.039),其次是第三产业就业人数占全部就业人数的比重(0.895)。可以看出,淮安第三产业的整体发展状况良好。从高于均值水平的指标看,淮安城市休闲化进程中表现较好的指标主要集中在人均休闲文娱消费水平、文娱设施规模、城市交通客运规模和住宿餐饮等休闲产业规模,说明淮安城市居民休闲娱乐需求比较旺盛,且休闲娱乐产业及其相关配套设施的供给与居民的休闲娱乐需求适配度较高。

低于均值水平的指标有18个,占指标总数的58%,具体为城市化率,城市居民人均家庭设备用品及服务消费支出,地区生产总值,城市居民家庭人均消费性支出,社会消费品零售总额,城市居民人均交通通信消费支出,城市居民人均医疗保健消费支出,城市绿地面积,城镇居民家庭恩格尔系数,公园个数,公园绿地面积,国内旅游人数,城市(建成区)绿化覆盖率,住宿和餐饮业零售总额,批发、零售、住宿和餐饮业从业人数,剧场、影剧院个数,入境旅游人数和城市居民消费价格指数。从中可以看出,淮安城市休闲化进程中表现较弱的指标主要是零售业规模及其运营状况,城市绿化环境,国内外旅游服务设施水平和游客接待规模等。这表明淮安的城市对外吸引力较弱,生态文明城市建设进程有待进一步加快,第三产业相关商业业态的丰富度有待进一步提高,见图5-11。

九、盐城

盐城是江苏省面积最大的地级市,全市地势平坦,河渠纵横,物产富饶,素有"鱼米之乡"的美称,是江苏沿海地区新兴的工商业城市,也是长江三角洲重要的区域性中心城市。拥有江苏省最长的海岸线、最大的沿海滩涂、最广的海域面积,同时也是丹顶鹤的家园、麋鹿的故乡,被誉为"东方湿地之都,仙鹤神鹿世界"。从数据分析看,盐城的31个指标水平区间在0～1之间,均值水平为0.474。高于均值水平的指标有17个,占指标总数的55%。具体为公园个数,人均生产总值,第三产业就业人数占全部就业人数的比重,公路运输客运量,地区生产总值,限额以上批发、零售、住宿和餐饮业企业个数,城市居民人均教育文化娱乐服务消费支出,国家荣誉称号数,社会消费品零售总额,第三产业占地区生产总值比重,城市居民人均交通通信消

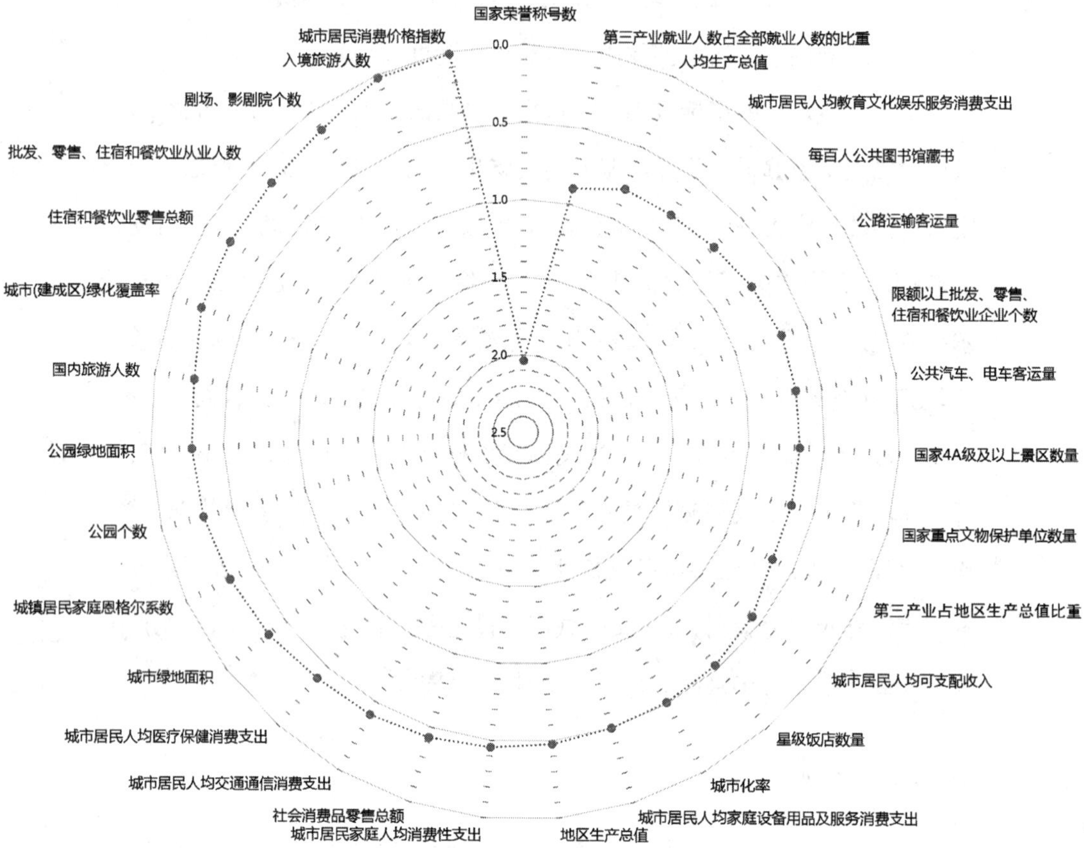

图 5-11　淮安 31 个指标水平排列图

费支出,每百人公共图书馆藏书,城市居民人均可支配收入,城市化率,城市居民人均家庭设备用品及服务消费支出,国家 4A 级及以上景区数量和星级饭店数量。其中,公园个数(0.835),其次是人均生产总值(0.821)。从高于均值水平的指标看,盐城在城市休闲化进程中表现较好的指标主要是经济发展状况、人均休闲消费水平、城际交通客运规模和休闲娱乐设施规模,充分体现了盐城本地居民休闲娱乐需求的旺盛。

低于均值水平的指标有 14 个,占指标总数的 45%,具体为城市居民家庭人均消费性支出,公共汽车、电车客运量,城市居民人均医疗保健消费支出,城市绿地面积,城镇居民家庭恩格尔系数,公园绿地面积,国内旅游人数,住宿和餐饮业零售总额,批发、零售、住宿和餐饮业从业人数,城市(建成区)绿化覆盖率,剧场、影剧院个数,国家重点文物保护单位数量,入境旅游人数和城市居民消费价格指数。从中可以看出,盐城在城市休闲化进程中表现较弱的指标主要是住宿餐饮业等商业零售规模、市内交通客运规模、休闲旅游接待规模和城市环境绿化等方面,这说明,尽管盐城居民的休闲娱乐需求旺盛,但相应的休闲娱乐产业供给相对单一,同时城市的对外吸引力较弱、市内交通通达性不高,城市绿化建设也存在一定的短板和劣势,见图 5 - 12。

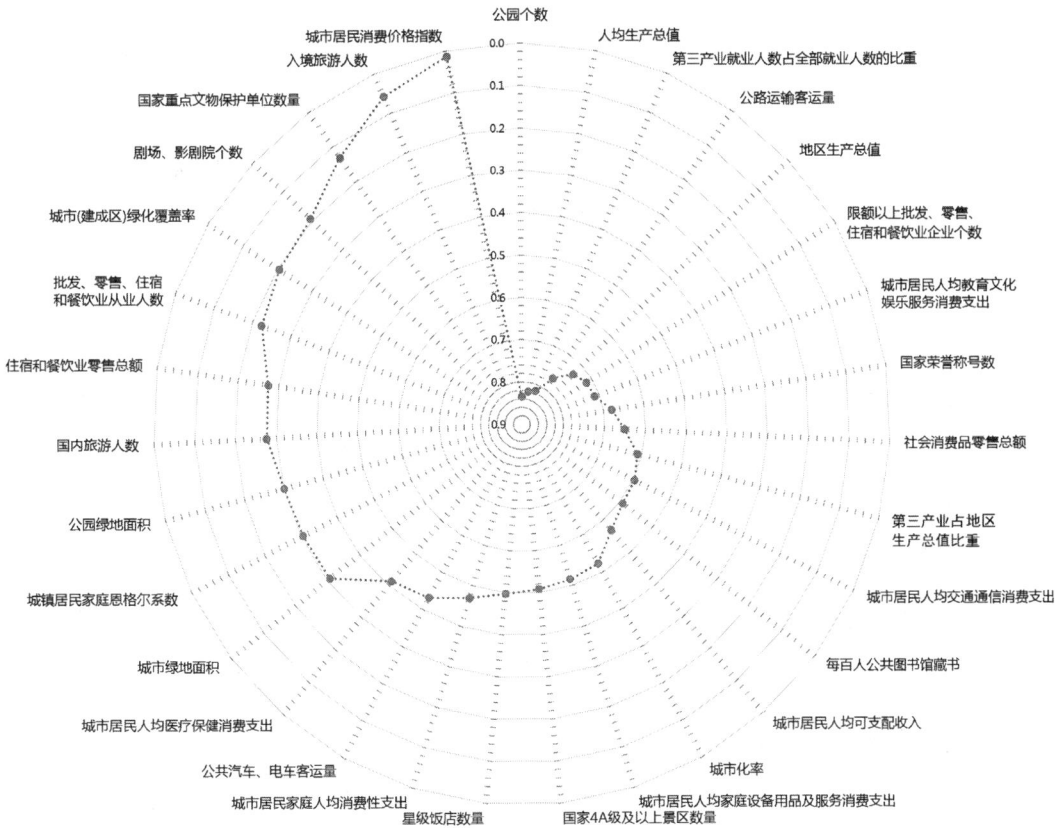

图 5 - 12 盐城 31 个指标水平排列图

十、南通

南通位于江苏东南部,长江三角洲北翼,简称"通",别称静海、崇州、崇川、紫琅、北上海,古称通州,中国首批对外开放的 14 个沿海城市之一,东抵黄海,南望长江,与上海、苏州灯火相邀,西、北与泰州、盐城接壤,"据江海之会、扼南北之喉",被誉为"北上海",集"黄金海岸"与"黄金水道"优势于一身,拥有长江岸线 226 千米,区位优势明显。从数据分析看,南通的 31 个指标水平区间在 0~2.5 之间,均值水平为 0.734。高于均值水平的指标有 14 个,占指标总数的 45%。具体为国家荣誉称号数,住宿和餐饮业零售总额,人均生产总值,限额以上批发、零售、住宿和餐饮业企业个数,星级饭店数量,地区生产总值,社会消费品零售总额,每百人公共图书馆藏书,城市居民人均交通通信消费支出,城市居民人均医疗保健消费支出,公路运输客运量,城市居民人均教育文化娱乐服务消费支出,城市居民人均家庭设备用品及服务消费支出和城市居民人均可支配收入。其中,国家荣誉称号数的水平值最高(2.039),其次是住宿和餐饮业零售总额(1.977)。从中可以看出,南通城市休闲化进程中表现较好的指标主要是整体经济发展状况、各项人均消费水平、批发零售住宿餐饮业规模等方面。这说明南通比较注重城市经济发展,与其自身滨江临海的区位优势转化为社会经济发展优势有关,使得社会生产力获得空前的发展活力。城市居民的人均消费水平相对较高,休闲文化娱乐消费需求旺盛,住宿餐饮业规模和水平较为可观。

低于均值水平的指标有 17 个,占指标总数的 55%。具体为剧场、影剧院个数,城市居民家庭人均消费性支出,第三产业占地区生产总值比重,国家重点文物保护单位数量,公共汽车、电车客运量,公园个数,城市化率,城市绿地面积,国家 4A 级及以上景区数量,国内旅游人数,第三产业就业人数占全部就业人数的比重,批发、零售、住宿和餐饮业从业人数,城镇居民家庭恩格尔系数,城市(建成区)绿化覆盖率,入境旅游人数,公园绿地面积和城市居民消费价格指数。从中可以看出,南通城市休闲化进程中表现较弱的主要是第三产业发展规模、文化娱乐接待设施规模、休闲旅游业接待规模和水平、城市环境绿化建设等方面,这进一步说明了南通休闲娱乐相关产业的供给状况相对不足,难以匹配居民旺盛的消费需求。此外城市生态环境建设、城市对外吸引力等方面存在一定的短板,尚具有很大的发展空间和改善潜力,见图 5-13。

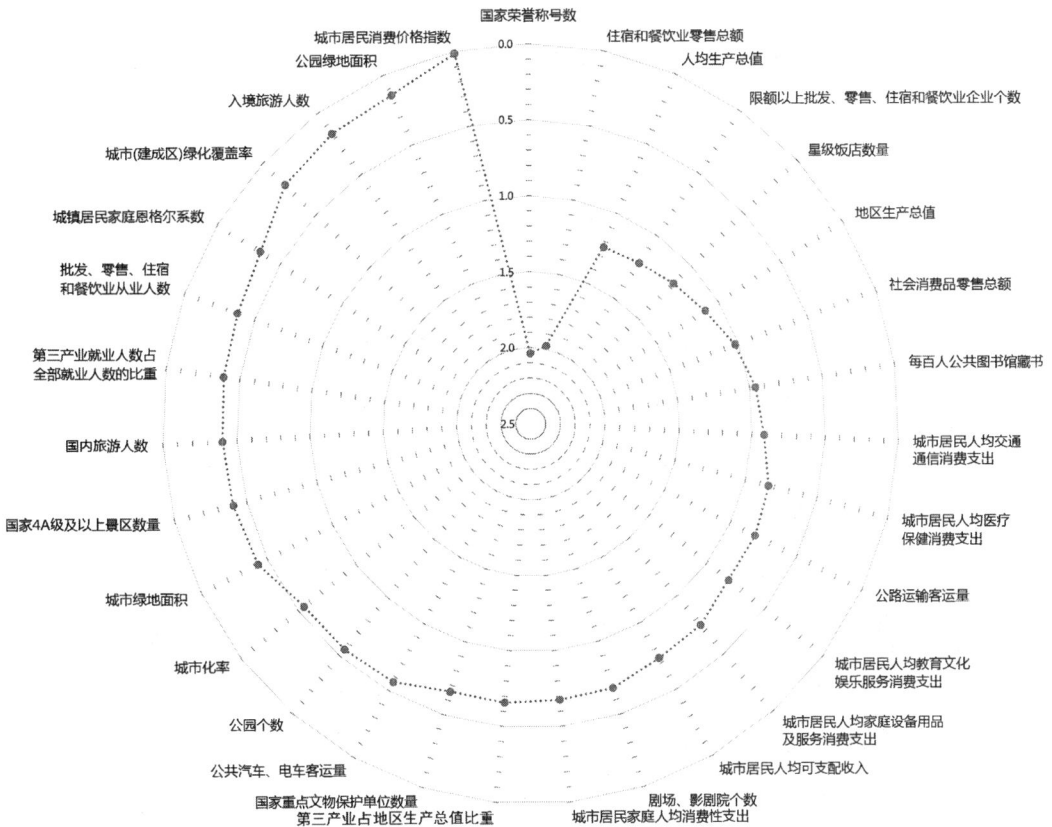

图 5-13　南通 31 个指标水平排列图

十一、扬州

扬州历史悠久,文化璀璨,商业昌盛,人杰地灵。地处江苏省中部,长江与京杭大运河交汇处,是南京都市圈紧密圈城市和长三角城市群城市,国家重点工程南水北调东线水源地,有着"淮左名都,竹西佳处"之称;又有着中国运河第一城的美誉,也是中国首批历史文化名城,具有独特的地理位置和优越的自然环境。从数据分析看,扬州 31 个指标水平区间在 0~2.5 之间,均值水平为 0.646。高于均值水平的指标有 11 个,占指标总数的 35%。具体为国家荣誉称号数,公园个数,国家重点文物保护单位数量,人均生产总值,城市居民人均教育文化娱乐服务消费支出,每百人公共图书馆藏书,城市居民人均交通通信消费支出,城市居民人均医疗保健消费支出,地区生产总值,城市居民人均家庭设备用品及服务消费支出和城市居民人均可支配收入。其中,指标水平最高的是国家荣誉称号数 (2.039),其次是公园个数(1.747)。从中可以看出,扬州城市休闲化进程中表现较好的指标主要是城市经济发展状况和人均休闲消费水平,这充分说明扬州对经济发展的重视,以及良好的经济状况所带来的人均可支配收入较高,从而使得其休闲消费水平较高,休闲消费需求旺盛。

低于均值水平的指标有 20 个,占指标总数的 65%,具体为第三产业占地区生产总值比重,星级饭店数量,国内旅游人数,城市居民家庭人均消费性支出,公共汽车、电车客运量,国家 4A 级及以上景区数量,公园绿地面积,城市化率,社会消费品零售总额,限额以上批发、零售、住宿和餐饮业企业个数,第三产业就业人数占全部就业人数的比重,公路运输客运量,城市绿地面积,城镇居民家庭恩格尔系数,住宿和餐饮业零售总额,城市(建成区)绿化覆盖率,批发、零售、住宿和餐饮业从业人数,剧场、影剧院个数,入境旅游人数和城市居民消费价格指数。从中可以看出,扬州城市休闲化进程中表现较弱的指标主要是第三产业及其相关配套产业的发展状况、住宿餐饮等商业零售规模、休闲文化娱乐设施规模、旅游接待规模和水平、城市交通客运规模和城市绿化建设。由此说明扬州城市休闲相关产业供给体系的发展还存在一些不足,与居民的消费需求适配度不高。此外扬州的交通通达性和城市环境的绿化建设等方面存在较大的短板,一定程度上制约了城市的对外吸引力和竞争力,导致其休闲旅游接待规模劣势明显,见图 5 - 14。

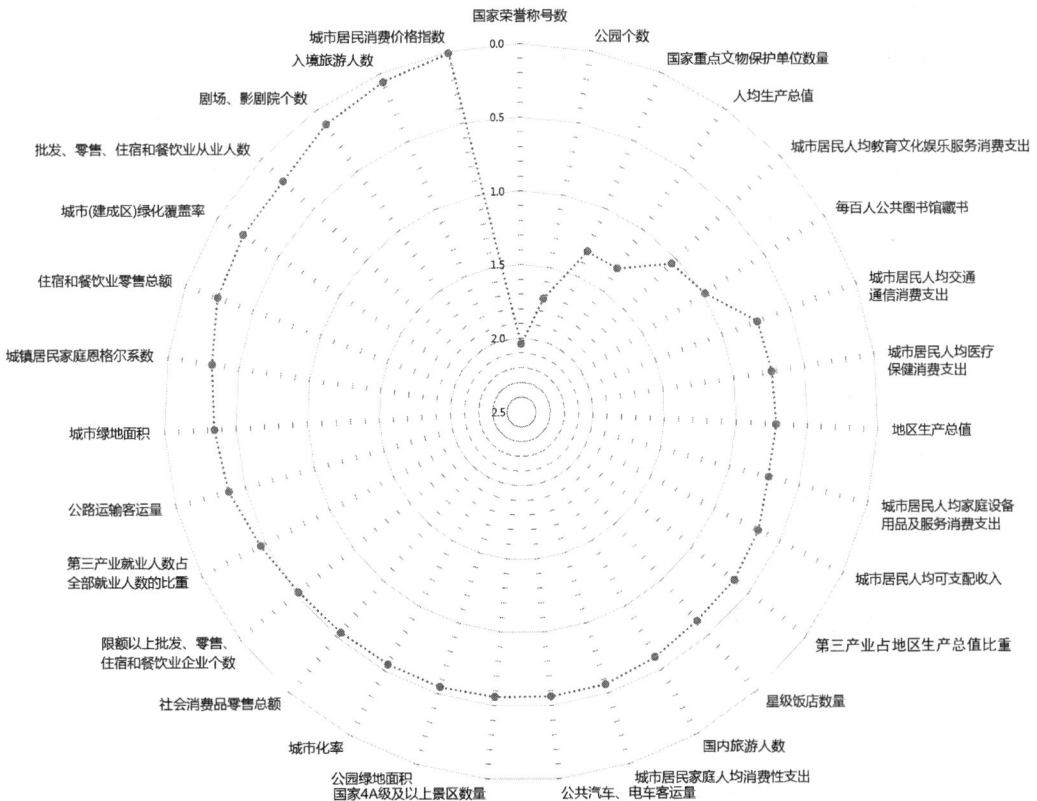

图 5 - 14 扬州 31 个指标水平排列图

十二、淮南

淮南位于安徽省中北部,地处长江三角洲腹地,淮河之滨,素有"中州咽喉,江南屏障""五彩淮南"之称,是沿淮城市群的重要节点,合肥经济圈成员之一。其历史悠久,文化底蕴深厚,获得中国优秀旅游城市、全国百个宜居城市、全国绿化模范城市、国家园林城市、国家首批试点智慧城市、中国最佳投资城市、中国最具幸福感城市等荣誉。从数据分析看,淮南 31 个指标水平区间在 0～1 之间,均值水平为 0.349。高于均值水平的指标有 17 个,占指标总数的 55%。具体为国家荣誉称号数,城市居民人均交通通信消费支出,城市居民人均医疗保健消费支出,城市居民人均家庭设备用品及服务消费支出,第三产业占地区生产总值比重,城市居民人均教育文化娱乐服务消费支出,城市化率,国家重点文物保护单位数量,城市居民人均可支配收入,城市居民家庭人均消费性支出,第三产业就业人数占全部就业人数的比重,星级饭店数量,国家 4A 级及以上景区数量,人均生产总值,公园绿地面积,公路运输客运量和剧场、影剧院个数。其中,国家荣誉称号数的水平值最高(0.680),其次是城市居民人均交通通信消费支出指标(0.646),这与淮南重视交通通达性建设有关。从中可以看出,淮南城市休闲化进程中表现较好的指标主要集中在各项人均休闲消费水平、城际交通客运规模、休闲文娱接待设施和规模等方面,这说明淮南居民人均消费水平较高,与其较小的人口规模有一定关系,也一定程度上表明淮南的休闲产业供给状况与居民消费需求较为匹配。

低于均值水平的指标有 14 个,占指标总数的 45%。具体为公共汽车、电车客运量,城镇居民家庭恩格尔系数,国内旅游人数,限额以上批发、零售、住宿和餐饮业企业个数,城市(建成区)绿化覆盖率,每百人公共图书馆藏书,城市绿地面积,社会消费品零售总额,公园个数,地区生产总值,批发、零售、住宿和餐饮业从业人数,住宿和餐饮业零售总额,入境旅游人数和城市居民消费价格指数。从中可以看出,淮南城市休闲化进程中表现较弱的指标主要集中在市内交通客运规模、住宿餐饮业等商业零售规模和城市环境绿化建设,充分体现出淮南休闲产业结构和供给体系的单一性,同时市内交通体系建设和生态文明城市建设存在一定的滞后性,见图5-15。

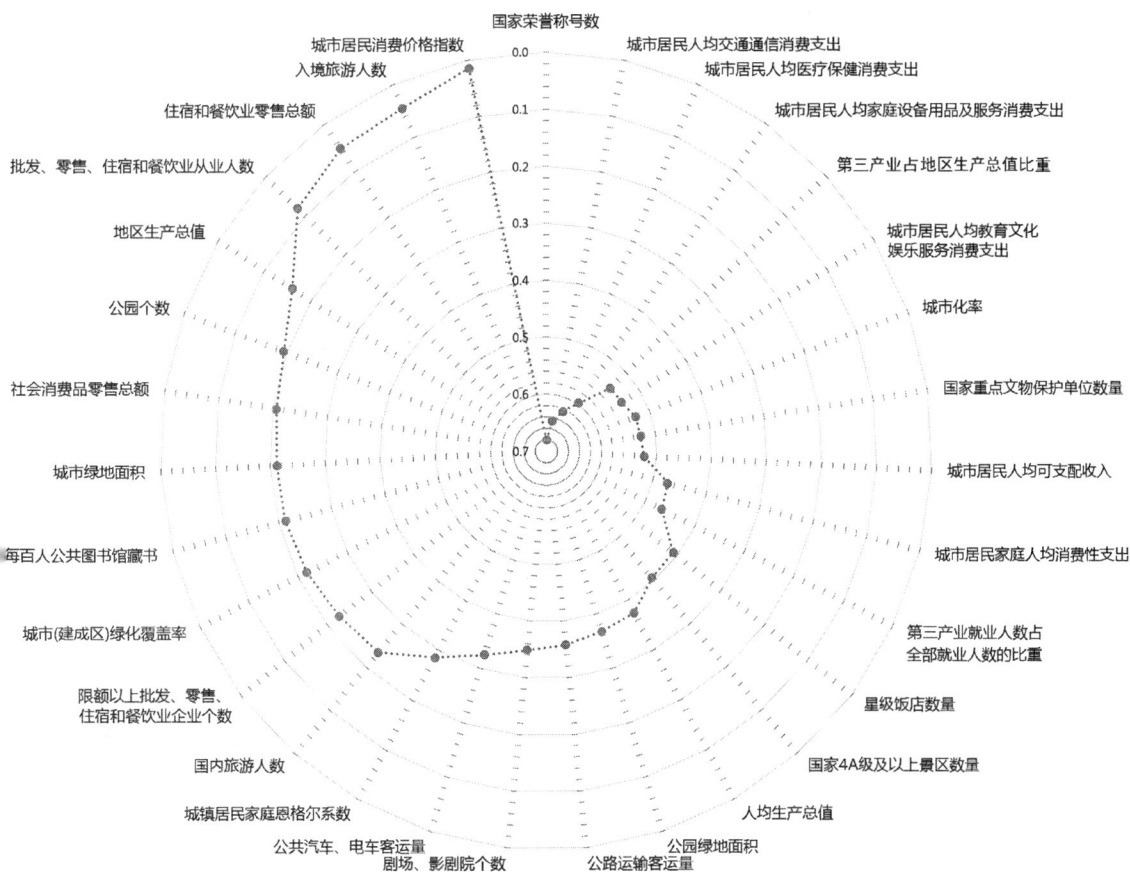

图5-15 淮南31个指标水平排列图

十三、芜湖

芜湖是安徽省地级市、双核城市。地处长三角西南部,是华东重要的工业基地、科教基地和综合交通枢纽。素有"江东名邑""吴楚名区"之美誉,是国家历史文化名城。从数据分析看,芜湖 31 个指标水平区间在 0~1 之间,均值水平为 0.444。高于均值水平的指标有 16 个,占指标总数的52%。具体为人均生产总值,城市居民人均交通通信消费支出,城市居民人均医疗保健消费支出,国家荣誉称号数,城市居民人均家庭设备用品及服务消费支出,城市居民人均可支配收入,每百人公共图书馆藏书,第三产业就业人数占全部就业人数的比重,城市居民家庭人均消费性支出,城市化率,国家重点文物保护单位数量,城市居民人均教育文化娱乐服务消费支出,限额以上批发、零售、住宿和餐饮业企业个数,国家 4A 级及以上景区数量,公园绿地面积和国内旅游人数。其中,指标水平值最高的是人均生产总值(0.940),其次是城市居民人均交通通信消费支出(0.758)。从中可以看出,芜湖城市休闲化进程中表现良好的指标主要集中在城市居民人均休闲消费水平和休闲文娱设施规模方面,说明芜湖的历史文化资源相对丰富,居民的休闲消费需求相对旺盛,休闲产业供给状况与居民的消费需求一定程度上相互匹配。

低于均值水平的指标有 15 个,占指标总数的 48%。具体为地区生产总值,星级饭店数量,公共汽车、电车客运量,入境旅游人数,公园个数,社会消费品零售总额,城市绿地面积,第三产业占地区生产总值比重,公路运输客运量,城镇居民家庭恩格尔系数,城市(建成区)绿化覆盖率,批发、零售、住宿和餐饮业从业人数,剧场、影剧院个数,住宿和餐饮业零售总额和城市居民消费价格指数。从中可以看出,芜湖城市休闲化进程中表现较弱的指标主要是城市交通客运规模、住宿餐饮业等商业零售规模和城市绿化环境建设等方面,说明芜湖有关休闲娱乐产业的供给结构和发展规模都存在短板,休闲产业结构体系的单一性、较差的城市交通通达性和滞后的城市生态文明建设等在一定程度上制约了该市的城市对外吸引力和竞争力,见图 5-16。

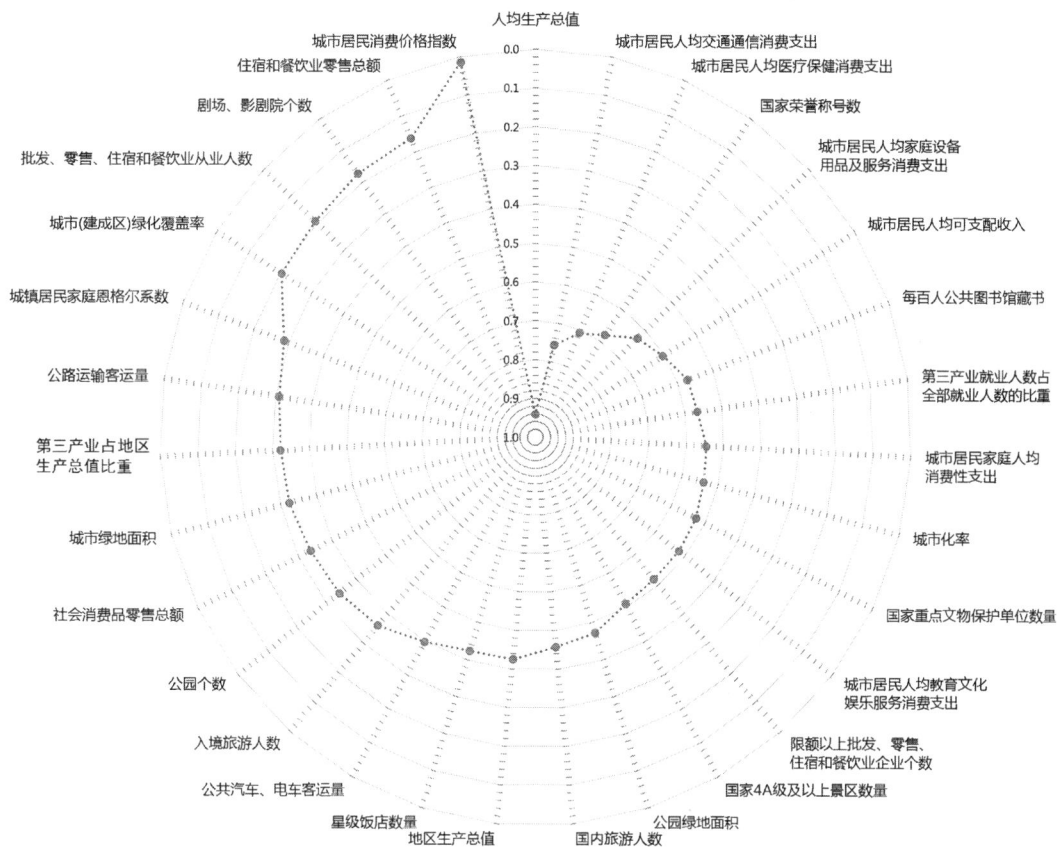

图 5-16　芜湖 31 个指标水平排列图

十四、绍兴

绍兴文化资源丰富,历史底蕴浓厚,是我国历史文化名城、中国优秀旅游城市、国家环境保护模范城市、国家卫生城市、国家园林城市、中国十大魅力城市、中国品牌之都、联合国人居奖城市、中国最幸福城市。从数据分析看,绍兴 31 个指标水平值区间在 0～2 之间,均值水平为 0.771。高于均值的指标有 17 个,占指标总数的 55%。具体为国家重点文物保护单位数量,国家荣誉称号数,限额以上批发、零售、住宿和餐饮业企业个数,人均生产总值,公园个数,城市居民人均交通通信消费支出,城市居民人均医疗保健消费支出,每百人公共图书馆藏书,剧场、影剧院个数,国内旅游人数,国家 4A 级及以上景区数量,城市居民人均教育文化娱乐服务消费支出,入境旅游人数,星级饭店数量,城市居民家庭人均消费性支出,公园绿地面积和城市居民人均可支配收入。其中,国家重点文物保护单位数量的水平值最高(1.975),其次是国家荣誉称号数(1.699)。从中可以看出,绍兴城市休闲化进程中表现较好的指标主要集中在旅游接待规模、人均休闲消费水平和文化文娱设施规模等方面,说明绍兴的旅游业发展相对较好,居民的休闲消费需求相对旺盛,这与绍兴悠久的历史文化与丰富的人文资源直接相关。

低于均值水平的指标有 14 个,占指标总数的 45%。具体为地区生产总值,社会消费品零售总额,城市居民人均家庭设备用品及服务消费支出,第三产业占地区生产总值比重,城市绿地面积,城市化率,公共汽车、电车客运量,第三产业就业人数占全部就业人数的比重,城镇居民家庭恩格尔系数,公路运输客运量,住宿和餐饮业零售总额,批发、零售、住宿和餐饮业从业人数,城市(建成区)绿化覆盖率和城市居民消费价格指数。从中可以看出,绍兴在城市休闲化进程中表现较弱的指标主要集中在交通客运规模、第三产业发展状况、住宿餐饮业等商业零售规模以及城市环境绿化建设,说明绍兴的休闲相关产业供给能力还不足,市内和城际交通的通达性有待提高,休闲产业产品结构体系呈单一性特征,城市生态文明建设有待进一步加快,见图 5 - 17。

综合来看,上述 14 个城市的共同特点是城市内部的各项人均休闲消费类指标水平要整体高于各项规模类指标水平,这一方面是因为这些II型大城市的人口规模较小,导致人均水平较高;另一方面,说明这些城市居民休闲娱乐需求空间和休闲娱乐产业的发展潜力还很大。此外城市交通客运规模和城市环境绿化建设指标整体偏低,政府应该继续完善休闲产业供给体系,丰富休闲产品层次性和休闲产业服务类型,更好地满足居民的休闲需求。

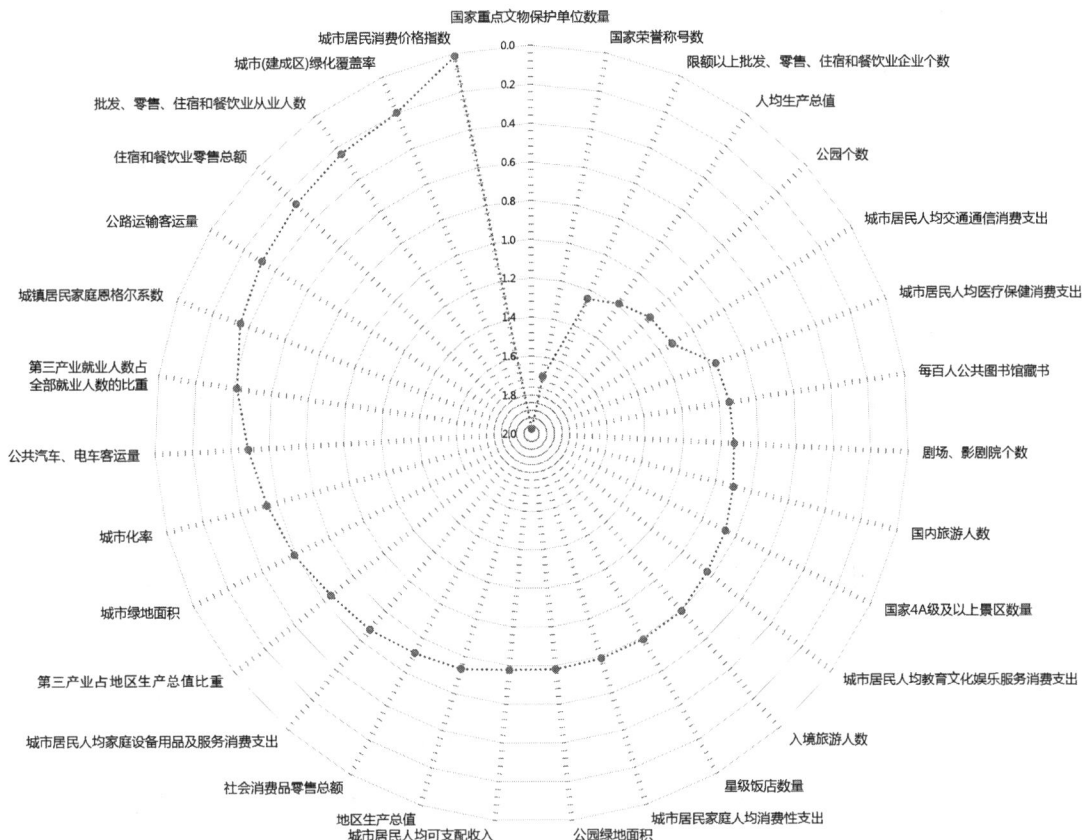

图 5-17 绍兴 31 个指标水平排列图

第五节 中等城市休闲化指数分析

城区常住人口规模在 50 万以上 100 万以下的城市为中等城市,符合这一标准的有台州、连云港、泰州、蚌埠、镇江、阜阳、宿迁、安庆、淮北、马鞍山、金华、湖州、舟山和宿州 14 个城市。从城市区域分布看,浙江省有台州、金华、湖州、舟山 4 个城市,江苏省有连云港、泰州、镇江、宿迁 4 个城市,安徽省有蚌埠、阜阳、安庆、淮北、马鞍山、宿州 6 个城市。从城市行政级别看,14 个中等城市均不是省会城市,对长三角 14 个中等城市 31 个指标属性的特征分析如下。

一、台州

台州市是浙江省省辖地级市,位于中国浙江省沿海中部,台州市自然风光雄奇秀丽、古朴庄严、玄远清幽;人文景观源远流长、内涵丰富、独放异彩。台州旅游以"佛、山、海、城、洞"五景最具特色,拥有国家重点风景名胜区天台山、长屿硐天和国家级历史文化名城临海。台州是我国优秀旅游城市、最具魅力城市金融生态城市、全国科技进步先进市。从数据分析看,台州 31 个指标水平区间在 0~1.5 之间,均值水平为 0.680。高于均值水平的指标有 18 个,占指标总数的 58%。具体为城市居民人均交通通信消费支出,剧场、影剧院个数,公园个数,国家荣誉称号数,城市居民人均家庭设备用品及服务消费支出,城市居民人均可支配收入,国内旅游人数,公路运输客运量,人均生产总值,城市居民家庭人均消费性支出,社会消费品零售总额,公园绿地面积,城市居民人均教育文化娱乐服务消费支出,星级饭店数量,国家 4A 级及以上景区数量,城市居民人均医疗保健消费支出,限额以上批发、零售、住宿和餐饮业企业个数和第三产业占地区生产总值比重。其中,城市居民人均交通通信消费支出的水平值最高(1.481),其次是剧场、影剧院个数(1.375)。从高于均值水平的指标看,台州表现良好的指标主要是人均休闲消费水平、休闲文娱基础设施规模和国内休闲旅游接待规模,说明台州居民的消费水平和消费需求均较高,这与台州的人口规模、城市环境资源有关,同时休闲文娱设施的供给状况与居民需求具有一定的适配度。

低于均值水平的指标有 13 个,占指标总数的 42%。具体为国家重点文物保护单位数量,地区生产总值,城市绿地面积,城市化率,第三产业就业人数占全部就业人数的比重，每百人公共图书馆藏书，城镇居民家庭恩格尔系数，批发、零售、住宿和餐饮业从业人数，住宿和餐饮业零售总额，城市（建成区）绿化覆盖率，公共汽车、电车客运量，入境旅游人数和城市居民消费价格指数。从中可以看出，台州城市休闲化进程中表现较弱的指标主要是住宿餐饮业等商业零售规模、城市环境绿化、市内交通客运规模和入境旅游接待规模等方面。这些指标都是制约台州城市休闲产业规模化发展的重要因素，城市整体环境的优化和提升，城市休闲配套体系的完善，城市休闲功能的全面发展均是台州城市休闲化发展的重要着力点，见图 5 - 18。

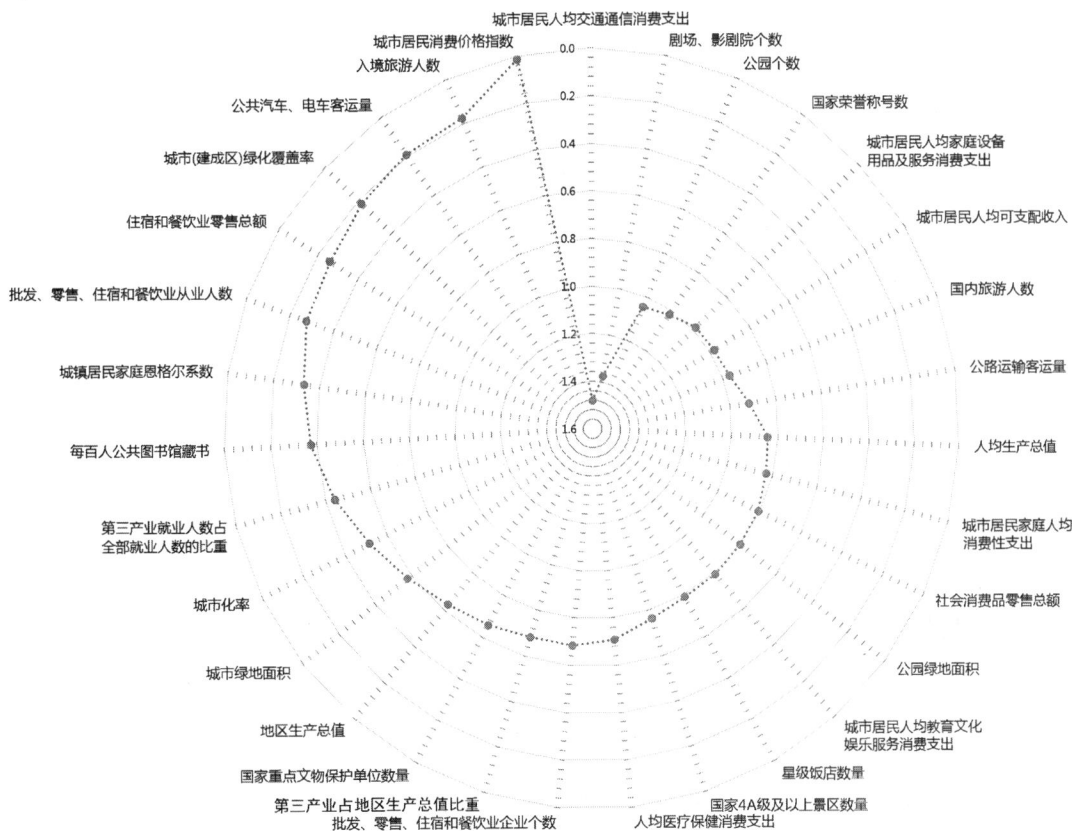

图 5 - 18 台州 31 个指标水平排列图

二、连云港

连云港位于中国大陆东部沿海，长江三角洲北翼，江苏省东北部，山东丘陵与苏北平原结合部，是我国首批 14 个沿海开放城市之一、中国十大幸福城市、江苏沿海大开发的中心城市、国家创新型城市试点城市、国家东中西区域合作示范区、长三角区域经济一体化成员、国际性港口城市、中国十大海港之一。从数据分析看，连云港 31 个指标水平区间在 0～2 之间，均值水平为 0.465。高于均值水平的指标有 15 个，占指标总数的 48%。具体为国家荣誉称号数，城市绿地面积，城市居民人均教育文化娱乐服务消费支出，每百人公共图书馆藏书，人均生产总值，国家 4A 级及以上景区数量，第三产业占地区生产总值比重，国家重点文物保护单位数量，城市居民人均家庭设备用品及服务消费支出，公园个数，城市居民人均医疗保健消费支出，城市居民人均可支配收入，公路运输客运量，城市化率和城市居民家庭人均消费性支出。其中，国家荣誉称号数的水平值最高（1.699），其次是城市绿地面积（0.957）。从高于均值水平的指标看，连云港表现良好的指标主要是人均休闲消费水平和休闲文娱设施规模方面，这与连云港较小的人口规模有关，使得当地的休闲文娱基础设施的供给状况和城际交通通达性状况与城市居民的休闲消费需求相匹配。

低于均值水平的指标有 16 个，占指标总数的 52%。具体为城市居民人均交通通信消费支出，第三产业就业人数占全部就业人数的比重，星级饭店数量，地区生产总值，社会消费品零售总额，公共汽车、电车客运量，国内旅游人数，限额以上批发、零售、住宿和餐饮业企业个数，城镇居民家庭恩格尔系数，剧场、影剧院个数，城市（建成区）绿化覆盖率，公园绿地面积，批发、零售、住宿和餐饮业从业人数，住宿和餐饮业零售总额，入境旅游人数和城市居民消费价格指数。从中可以看出，连云港城市休闲化进程中表现较弱的指标主要是住宿餐饮业等商业规模、休闲旅游接待规模、市内交通客运规模和城市绿化建设规模,说明连云港休闲产业的产品供给丰富度不够,城市对外吸引力有待提高,市内交通通达性有待改善,城市绿化和生态文明建设进程有待进一步加快,见图 5-19。

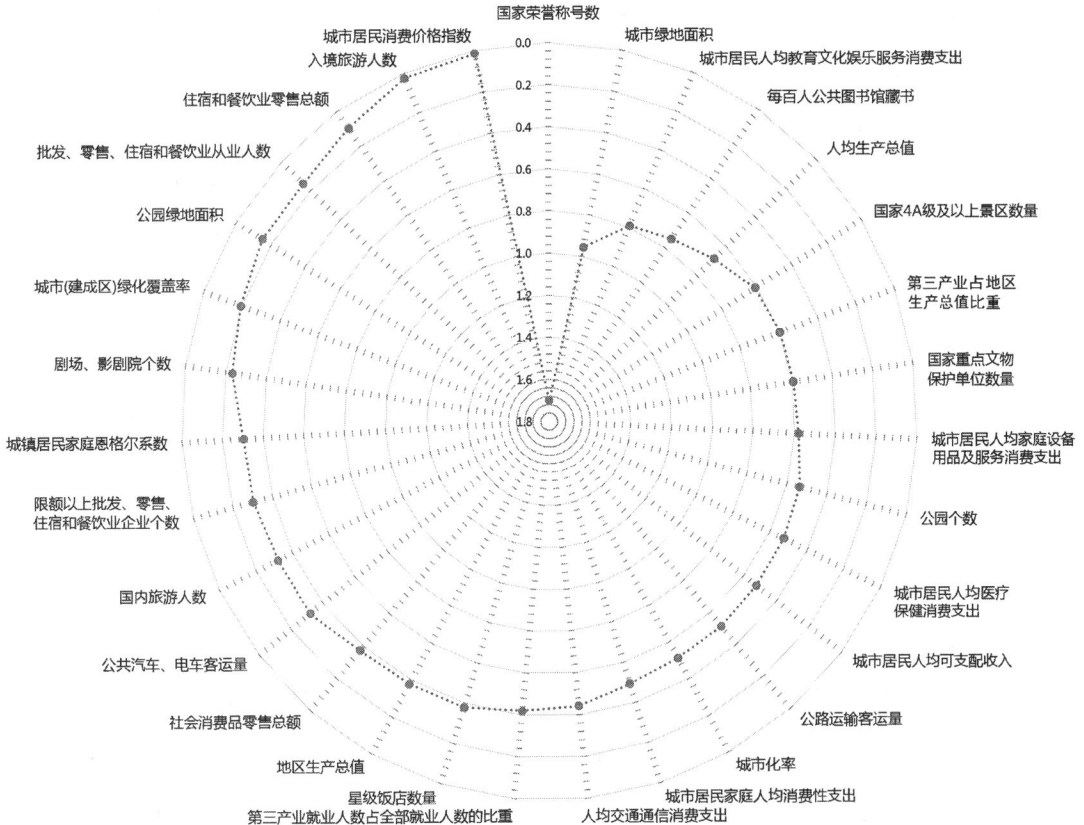

图 5-19　连云港 31 个指标水平排列图

三、泰州

泰州是中国历史文化名城,地处长江下游北岸、长江三角洲北翼,是江苏长江经济带重要组成部分,是上海都市圈的中心城市之一。其人文荟萃、名贤辈出,是我国文明城市、国家环保模范城市、国家园林城市、中国优秀旅游城市、全国科技进步先进市。从数据分析看，泰州 31 个指标水平区间在 0～1.5 之间，均值水平为 0.504。高于均值水平的指标有 15 个，占指标总数的 48%。具体为国家荣誉称号数，人均生产总值，城市居民人均交通通信消费支出，公路运输客运量，城市居民人均教育文化娱乐服务消费支出，城市居民人均医疗保健消费支出，每百人公共图书馆藏书，城市居民人均可支配收入，地区生产总值，第三产业占地区生产总值比重，限额以上批发、零售、住宿和餐饮业企业个数，城市居民家庭人均消费性支出，城市居民人均家庭设备用品及服务消费支出和剧场、影剧院个数。其中，国家荣誉称号数的水平值最高（1.359），其次是人均生产总值（1.193）。从高于均值水平的指标看，泰州表现良好的指标主要是经济发展状况和人均休闲消费水平。二者有内在的因果关系，经济发展状况良好，则居民人均可支配收入较高，从而人均休闲消费水平和消费需求较高。

低于均值水平的指标有 16 个，占指标总数的 52%。具体为公园个数，国家重点文物保护单位数量，社会消费品零售总额，第三产业就业人数占全部就业人数的比重，星级饭店数量，公共汽车、电车客运量，国家 4A 级及以上景区数量，城镇居民家庭恩格尔系数，公园绿地面积，城市化率，国内旅游人数，批发、零售、住宿和餐饮业从业人数，住宿和餐饮业零售总额，城市绿地面积，城市（建成区）绿化覆盖率，入境旅游人数和城市居民消费价格指数。从中可以看出，泰州城市休闲化进程中表现较弱的指标主要是住宿餐饮业等商业规模、休闲旅游接待规模、交通运输规模和城市绿化建设，说明该城市的休闲产业相关产品供给存在一定的滞后性。此外市内的交通状况不够可观，生态环境绿化建设进程有待加快，以上因素制约了城市的对外吸引力和竞争力，一定程度上导致了旅游接待规模较小，见图 5-20。

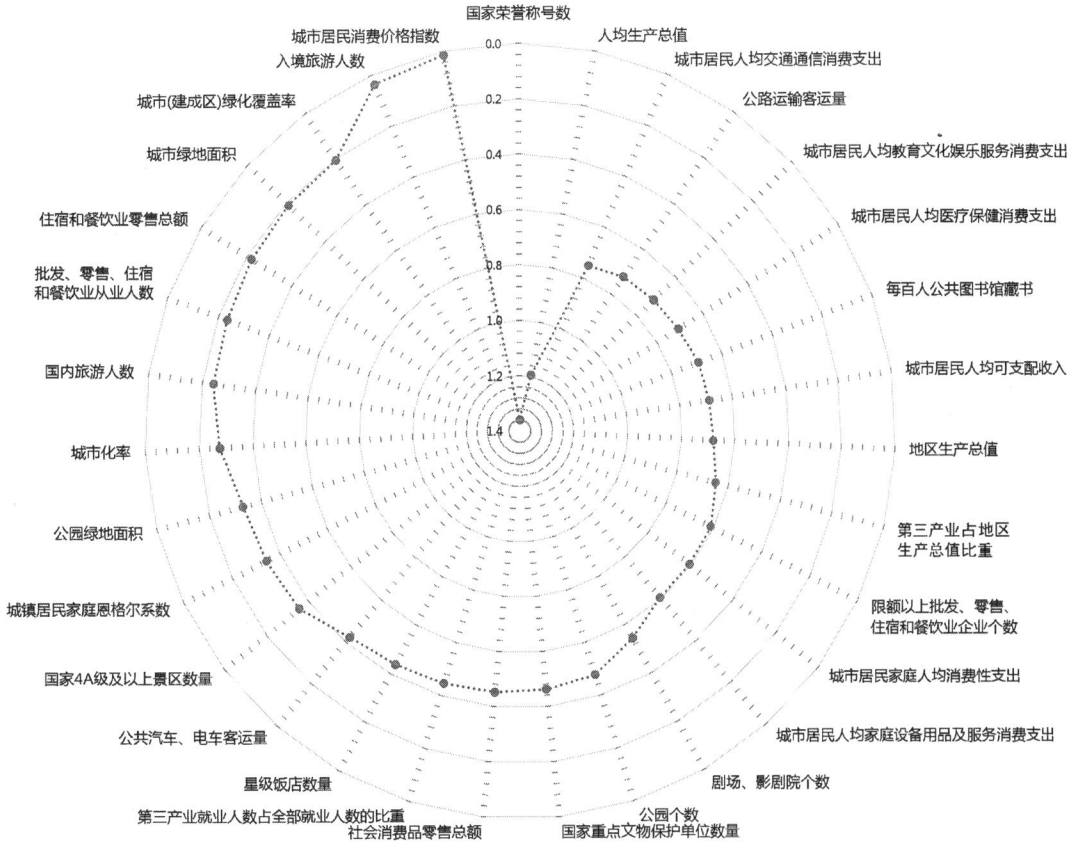

图 5-20　泰州 31 个指标水平排列图

四、蚌埠

蚌埠地处安徽省东北部、淮河中游,京沪铁路、淮南铁路的交汇点,同时也是京沪高铁、京福高铁、哈沪高铁、京台高铁的交汇点。全国重要的综合交通枢纽,长三角城市群成员城市,宿淮蚌都市圈城市,被称为皖北中心城市、淮畔明珠。有着悠久的历史和灿烂的文化。从数据分析看,蚌埠 31 个指标水平区间在 0~1.5 之间,均值水平为 0.366。高于均值水平的指标有 14 个,占指标总数的 45%。具体为每百人公共图书馆藏书,城

113

市居民人均交通通信消费支出,城市居民人均家庭设备用品及服务消费支出,第三产业占地区生产总值比重,公共汽车、电车客运量,公园个数,人均生产总值,城市居民人均可支配收入,国家重点文物保护单位数量,城市居民家庭人均消费性支出,第三产业就业人数占全部就业人数的比重,城市居民人均教育文化娱乐服务消费支出,公园绿地面积,剧场、影剧院个数。其中,每百人公共图书馆藏书的水平值最高(1.117),远超其他指标,说明该市的文化产品供给状况良好;其次是城市居民人均交通通信消费支出(0.642)。从高于均值水平的指标看,蚌埠表现良好的指标主要是第三产业发展状况、人均休闲消费水平和市内交通运输状况,说明该市居民的休闲消费需求旺盛,第三产业经营状况良好。

低于均值水平的指标有 17 个,占指标总数的 55%。具体为国内旅游人数,国家荣誉称号数,城市居民人均医疗保健消费支出,城市化率,星级饭店数量,城镇居民家庭恩格尔系数,限额以上批发、零售、住宿和餐饮业企业个数,社会消费品零售总额,公路运输客运量,国家 4A 级及以上景区数量,城市绿地面积,地区生产总值,城市(建成区)绿化覆盖率,批发、零售、住宿和餐饮业从业人数,入境旅游人数,住宿和餐饮业零售总额,城市居民消费价格指数。从中可以看出,蚌埠城市休闲化进程中表现较弱的指标主要是住宿餐饮业等商业规模、旅游接待规模、城市绿化建设状况和城际交通运输规模等。说明该市的第三产业虽然经营状况良好,但是休闲相关的产品结构层次性不够丰富,休闲文娱产品的供给状况不能匹配居民的消费需求。此外该市的生态文明绿化建设和城际交通通达性建设有待进一步改善,见图 5-21。

五、镇江

镇江是中国江苏省所辖地级市,是长江三角洲北翼中心、南京都市圈核心层城市和国家级苏南现代化建设示范区重要组成部分,是全国闻名

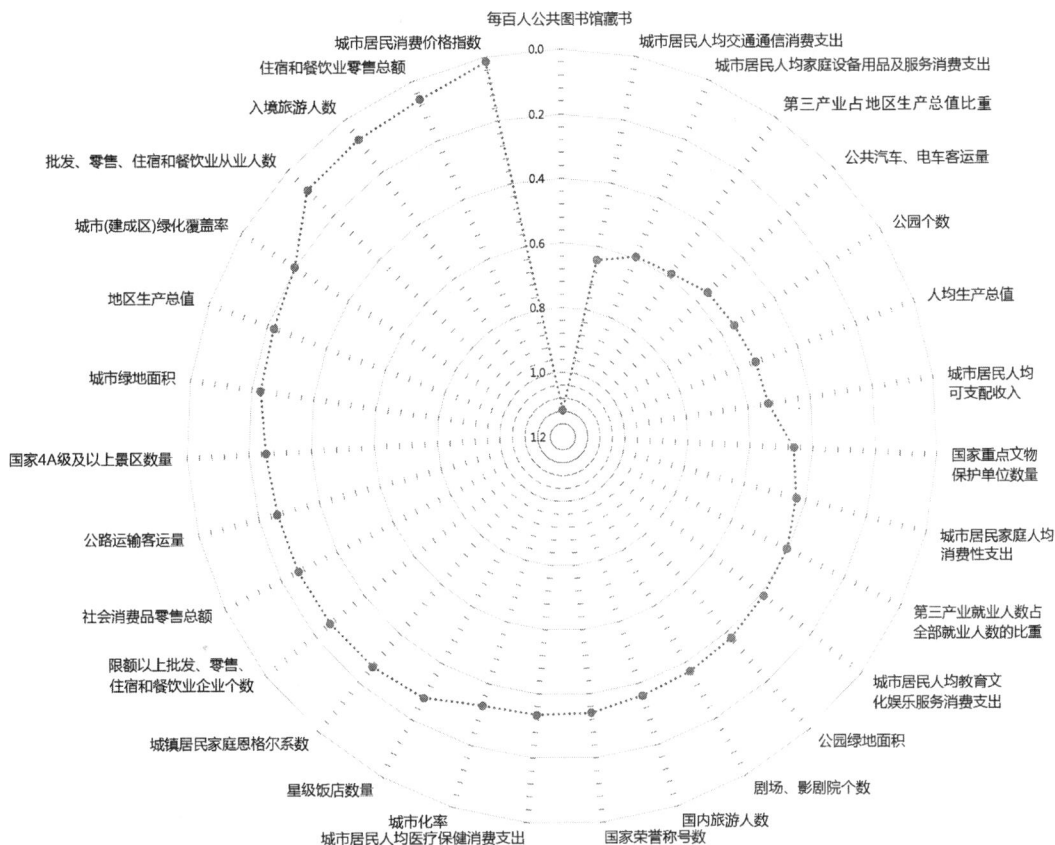

图 5-21 蚌埠 31 个指标水平排列图

的江南鱼米之乡,市内有众多名胜古迹,2015 年 11 月获得中国十大活力休闲城市称号。从数据分析看,镇江 31 个指标水平区间在 0～2 之间,均值水平为 0.568。高于均值水平的指标有 12 个,占指标总数的 39%。具体为国家荣誉称号数,人均生产总值,每百人公共图书馆藏书,城市居民人均交通通信消费支出,城市居民人均教育文化娱乐服务消费支出,国家重点文物保护单位数量,城市居民人均可支配收入,城市居民人均家庭设备用品及服务消费支出,城市居民家庭人均消费性支出,第三产业占地区生产总值比重,城市居民人均医疗保健消费支出和地区生产总值。其中,国家荣誉称号数的水平值最高(1.699)，其次是人均生产总值(1.472)。从高于均值水平的指标看,镇江表现良好的指标主要集中在人均经济发展状况和各项人均休闲消费水平,这与镇江较小的人口规模有直接关系。

低于均值水平的指标有 19 个,占指标总数的 61%。具体为国内旅游人数,第三产业就业人数占全部就业人数的比重,公共汽车、电车客运量,社会消费品零售总额,星级饭店数量,国家 4A 级及以上景区数量,住宿和餐饮业零售总额,公园绿地面积,城市绿地面积,公路运输客运量,城镇居民家庭恩格尔系数,公园个数,限额以上批发、零售、住宿和餐饮业企业个数,城市化率,城市(建成区)绿化覆盖率,批发、零售、住宿和餐饮业从业人数,剧场、影剧院个数,入境旅游人数和城市居民消费价格指数。从中可以看出,镇江城市休闲化进程中表现较弱的指标主要是住宿餐饮业等商业规模、休闲旅游接待规模、交通运输规模和城市绿化建设等方面,镇江境内京沪铁路、京沪高铁、沪宁高铁、312 国道、104 国道等通达全国各主要城市,但其交通客运规模却仍有很大的发展空间。此外较低的城市对外吸引力和旅游接待水平、滞后的城市绿化建设和单一的休闲产业产品供给结构等,都是制约镇江城市休闲产业规模化发展的重要因素,见图 5-22。

六、阜阳

阜阳位于安徽省西北部,居于豫皖城市群、华东经济圈、大京九经济带的结合部,长三角经济圈的直接辐射区,是东部发达地区产业转移过渡带,具有承东接西、呼南应北的独特区位优势,是安徽三大枢纽之一。从数据分析看,阜阳 31 个指标水平区间在 0～1 之间,均值水平为 0.312。高于均值水平的指标有 14 个,占指标总数的 45%。具体为公园个数,公路运输客运量,公园绿地面积,城市居民人均家庭设备用品及服务消费支出,第三产业占地区生产总值比重,城市居民人均交通通信消费支出,城

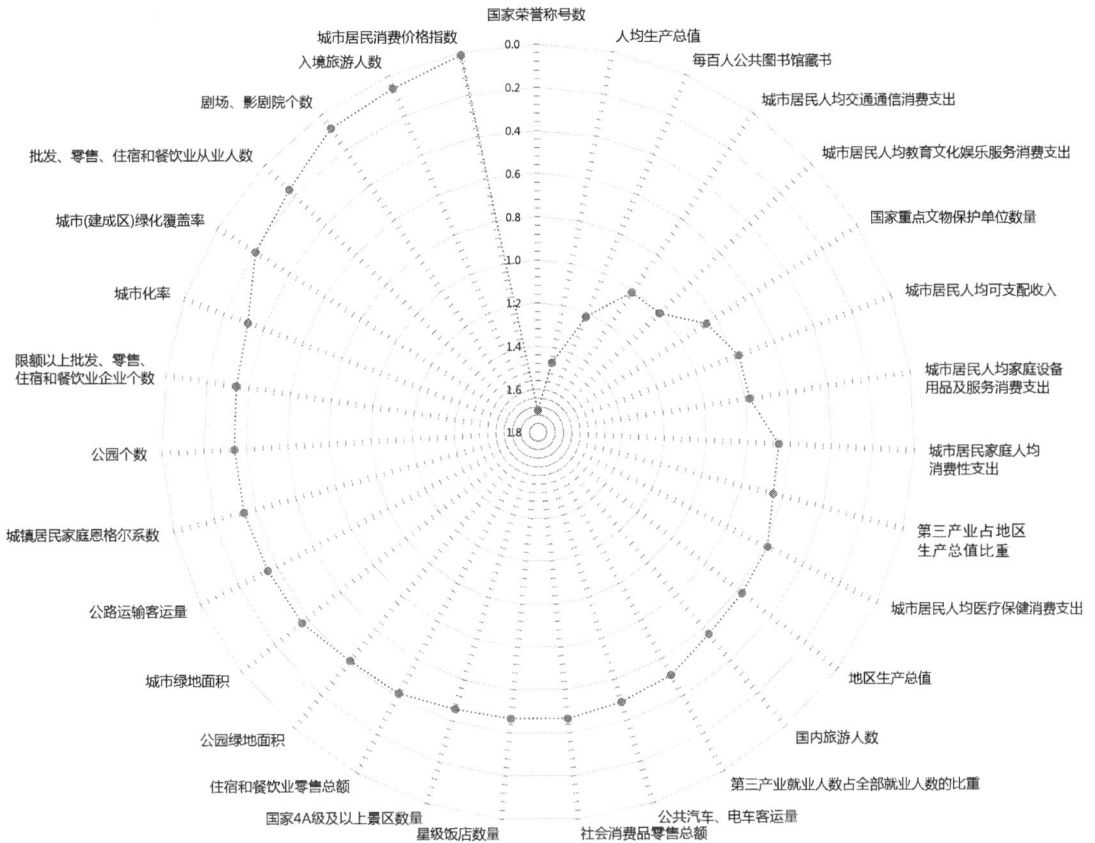

图 5 - 22　镇江 31 个指标水平排列图

市居民人均可支配收入,城市化率,城市居民家庭人均消费性支出,城市居民人均教育文化娱乐服务消费支出,第三产业就业人数占全部就业人数的比重,限额以上批发、零售、住宿和餐饮业企业个数,城市居民人均医疗保健消费支出,公共汽车、电车客运量。其中,公园个数的水平值最高(0.909),其次是公路运输客运量(0.725)。从高于均值水平的指标看,阜阳表现良好的指标主要是人均休闲消费水平、市内和城际交通客运规模。阜阳是全国重要的综合交通枢纽,铁路、公路、航空、水运相互衔接的立体交通网已经形成,6个方向的铁路在此交汇,成为全国重要的铁路枢纽,这也是该市交通客运规模较为可观的主要原因。

低于均值水平的指标有 17 个,占指标总数的 55%。具体为社会消费品零售总额,城镇居民家庭恩格尔系数,城市绿地面积,人均生产总值,地区生产总值,国内旅游人数,每百人公共图书馆藏书,城市(建成区)绿化覆盖率,批发、零售、住宿和餐饮业从业人数,国家 4A 级及以上景区数量,剧场、影剧院个数,星级饭店数量,住宿和餐饮业零售总额,入境旅游人数,城市居民消费价格指数,国家重点文物保护单位数量和国家荣誉称号数。从中可以看出,阜阳城市休闲化进程中表现较弱的指标主要是住宿餐饮业等商业零售规模,图书馆藏书、景区、重点文物保护单位等文化娱乐设施规模,旅游接待规模和城市绿化建设,说明该市的住宿餐饮业无论是从业人数还是经营状况均不够可观,休闲文娱产品的供给与当地居民旺盛的休闲消费需求适配度不高,生态文明城市建设、城市的对外吸引力和游客接待水平均有待改善,见图 5-23。

七、宿迁

宿迁,江苏省省辖市,是长三角城市群成员城市,也是淮海经济圈、沿海经济带、沿江经济带的交叉辐射区。宿迁历史悠久、文化繁荣,是中国优秀旅游城市、国家园林城市、国家卫生城市、中国金融生态市、联合国环保节能新型示范城市,获"中国白酒之都"称号。从数据分析看,宿迁 31 个指标水平区间在 0~1 之间,均值水平为 0.357。高于均值水平的指标有 18 个,占指标总数的 58%。具体为国家荣誉称号数,城市居民人均教育文化娱乐服务消费支出,人均生产总值,公路运输客运量,第三产业占地区生产总值比重,城市居民人均家庭设备用品及服务消费支出,国家4A 级及以上景区数量,城市居民人均医疗保健消费支出,城市居民人均可支配收入,城市化率,城市居民家庭人均消费性支出,城市居民人均交

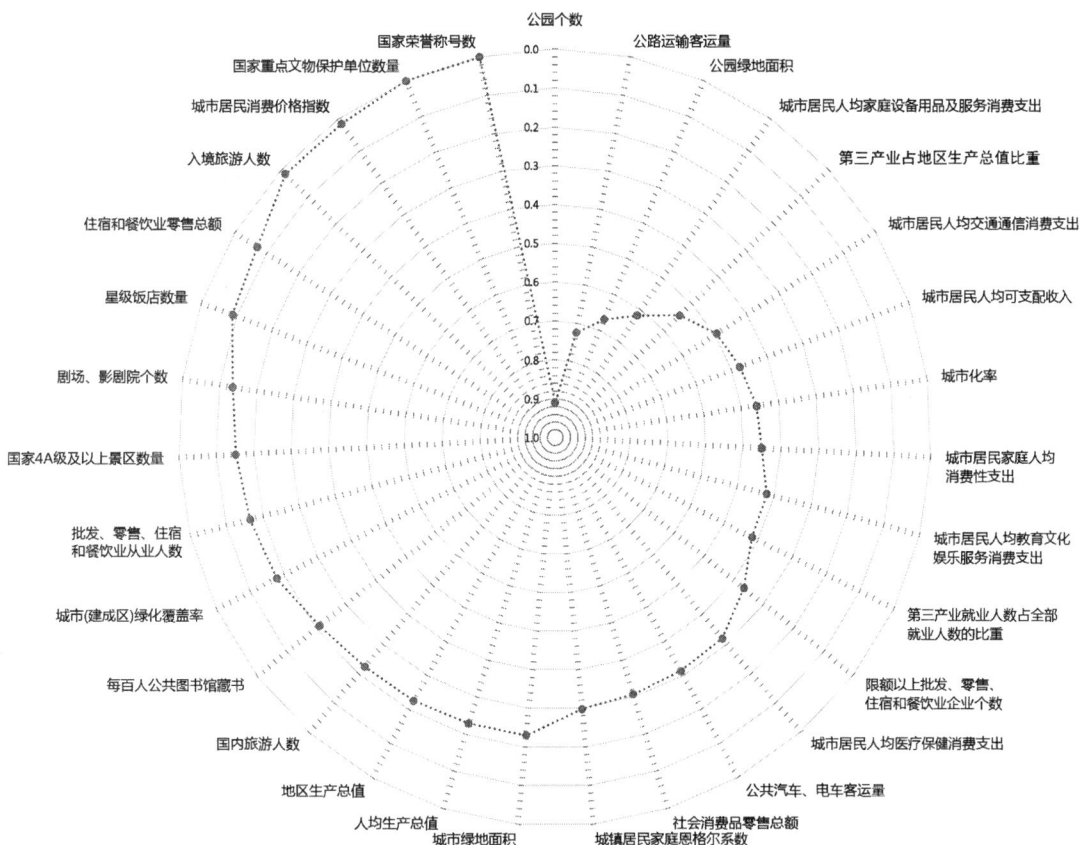

图 5-23　阜阳 31 个指标水平排列图

通通信消费支出,城市绿地面积,公园个数,地区生产总值,第三产业就业人数占全部就业人数的比重,公共汽车、电车客运量,每百人公共图书馆藏书。其中,国家荣誉称号数的水平值最高(0.680),其次是城市居民人均教育文化娱乐服务消费支出(0.669)。从高于均值水平的指标看,宿迁表现良好的指标主要是该市经济发展状况、第三产业发展状况、人均休闲消费水平和文娱设施规模,说明经济发展拉动该市居民的消费水平,宿迁市休闲产品的供给状况与居民旺盛的消费需求较为匹配。

低于均值水平的指标有 13 个,占指标总数的 42%。具体为星级饭店数量,公园绿地面积,社会消费品零售总额,城镇居民家庭恩格尔系数,限额以上批发、零售、住宿和餐饮业企业个数,剧场、影剧院个数,国内旅游人数,国家重点文物保护单位数量,城市(建成区)绿化覆盖率,批发、零售、住宿和餐饮业从业人数,住宿和餐饮业零售总额,城市居民消费价格指数和入境旅游人数。从中可以看出,宿迁城市休闲化进程中表现较弱的指标主要是住宿餐饮业等商业零售规模、休闲旅游接待规模和水平、城市绿化建设,说明该市休闲产业发展所需的住宿餐饮业尚具有较大的发展空间和发展潜力,城市绿化生态环境建设、城市对外吸引力、旅游接待与服务水平也是该市休闲产业发展的短板和劣势所在,见图 5-24。

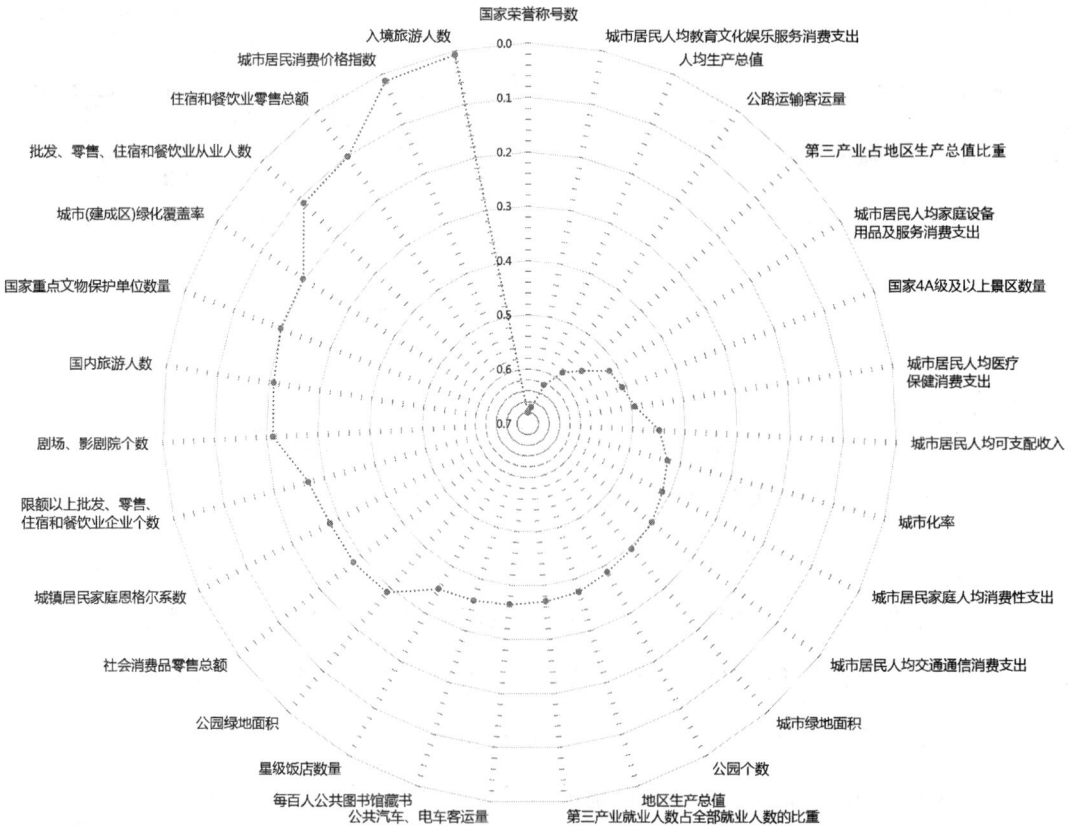

图 5-24　宿迁 31 个指标水平排列图

八、安庆

安庆位于安徽省西南部,长江下游北岸,是国家级历史文化名城、国家园林城市、中国优秀旅游城市、国家森林城市、全国绿化模范城市,被中国城市协会评为中国"最具国际影响力城市"之一(2010年),是全省唯一"第二批国家公共文化服务体系示范区创建城市"、中国十佳绿色城市,积极推进创建国家环境保护模范城市、全国国土资源节约集约模范市和全国文明城市。从数据分析看,安庆31个指标水平区间在0~2之间,均值水平为0.433。高于均值水平的指标有11个,占指标总数的35%。具体为每百人公共图书馆藏书,国家重点文物保护单位数量,国家荣誉称号数,国家4A级及以上景区数量,剧场、影剧院个数,国内旅游人数,星级饭店数量,公路运输客运量,城市绿地面积,城市居民人均交通通信消费支出,城市居民人均可支配收入。其中,每百人公共图书馆藏书的水平值最高(1.517),其次是国家重点文物保护单位数量(1.054)。从高于均值水平的指标看,安庆表现良好的指标主要是休闲文娱设施规模、城际交通客运规模,说明该市在城市休闲化建设进程中注重休闲文娱产品的供给,但应进一步拉动该市居民的休闲消费水平和消费需求。

低于均值水平的指标有20个,占指标总数的65%。具体为人均生产总值,城市居民人均家庭设备用品及服务消费支出,城市居民家庭人均消费性支出,第三产业就业人数占全部就业人数的比重,城市化率,限额以上批发、零售、住宿和餐饮业企业个数,第三产业占地区生产总值比重,城市居民人均医疗保健消费支出,城市居民人均教育文化娱乐服务消费支出,社会消费品零售总额,城镇居民家庭恩格尔系数,公园绿地面积,地区生产总值,公共汽车、电车客运量,入境旅游人数,城市(建成区)绿化覆盖率,公园个数,住宿和餐饮业零售总额,批发、零售、住宿和餐饮业从业人数,城市居民消费价格指数。从中可以看出,安庆城市休闲化进程中表现较弱的指标主要是人均休闲消费水平、住宿餐饮业等商业零售规模、入境旅游接待水平和规模,城市绿化建设等方面,反映了现阶段安庆在休闲产业发展的综合能力方面还存在发展短板,从而使得城市对外吸引力呈现较弱的发展特点,见图5-25。

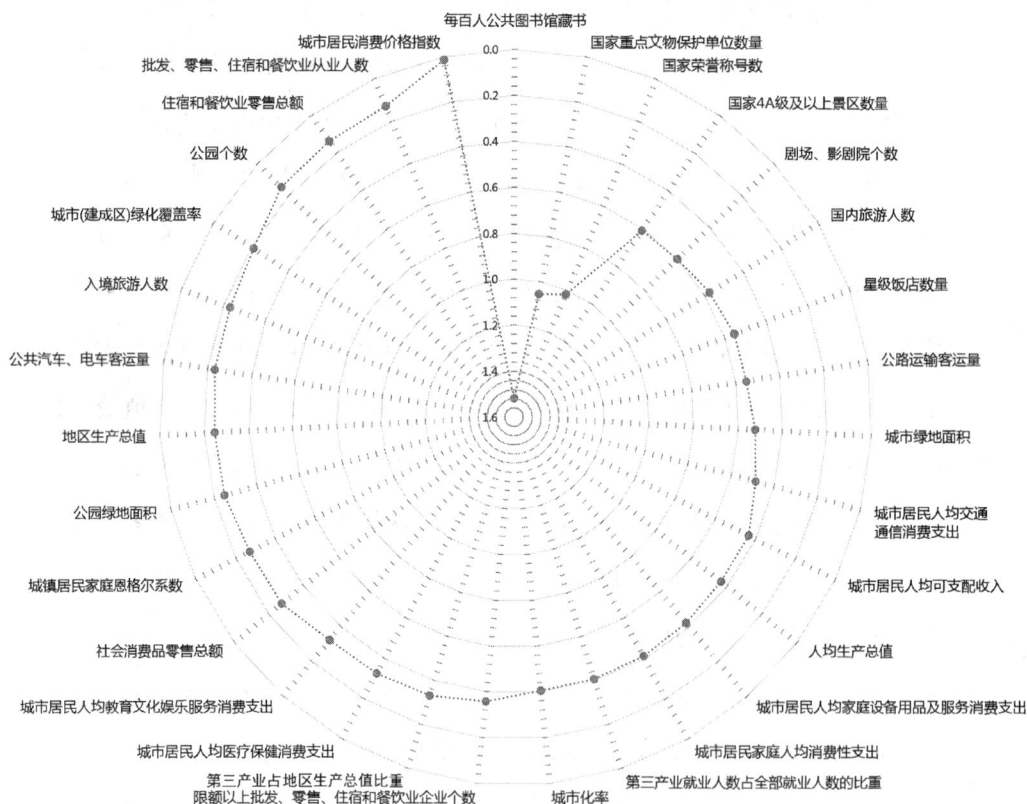

图5-25 安庆31个指标水平排列图

九、淮北

淮北,位于安徽省北部,地处苏鲁豫皖四省之交,淮北历史悠久、人文荟萃,是运河故里、能源之都、中国酒乡,是"长三角城市群""宿淮蚌都市圈""宿淮城市组群"成员城市,全国卫生先进城市、国家园林城市、全国科技进步先进市、创建全国文明城市工作先进城市、全国无障碍建设城市、智慧城市、全国创业先进城市、中国特色魅力城市200强。从数据分析看,淮北31个指标水平区间在0~1.5之间,均值水平为0.281。高于均值水平的指标有13个,占指标总数的42%。具体为城市居民人均交通通信消费支出,城市化率,城市居民人均医疗保健消费支出,人均生产总值,第三产业占地区生产总值比重,每百人公共图书馆藏书,城市居民家庭人均消费性支出,城市居民人均家庭设备用品及服务消费支出,第三产业就业人数占全部就业人数的比重,城市居民人均教育文化娱乐服务消费支出,城市居民人均可支配收入,国家荣誉称号数,国家重点文物保护单位数量。其中,城市居民人均交通通信消费支出的水平值最高(1.127),其次是城市化率(0.526)。从高于均值水平的指标看,淮北表现良好的指标主要是经济发展水平、第三产业发展状况和人均休闲消费水平,这与该市较小的人口规模与当地优质的文化生态旅游资源直接相关。

低于均值水平的指标有18个,占指标总数的58%。具体为城镇居民家庭恩格尔系数,公园绿地面积,城市(建成区)绿化覆盖率,公园个数,城市绿地面积,公路运输客运量,公共汽车、电车客运量,国家4A级及以上景区数量,国内旅游人数,限额以上批发、零售、住宿和餐饮业企业个数,地区生产总值,社会消费品零售总额,星级饭店数量,批发、零售、住宿和餐饮业从业人数,住宿和餐饮业零售总额,剧场、影剧院个数,入境旅游人数,城市居民消费价格指数。从中可以看出,淮北城市休闲化进程中表现较弱的指标主要是住宿餐饮业等商业零售规模、旅游接待水平和规模,城市交通运输规模和城市绿化状况,说明淮北的休闲产业产品供给能力尚存在不足,城市对外吸引力、市内和城际交通的通达性以及生态环境建设等方面均成为阻碍该城市休闲产业发展的阻力,见图5-26。

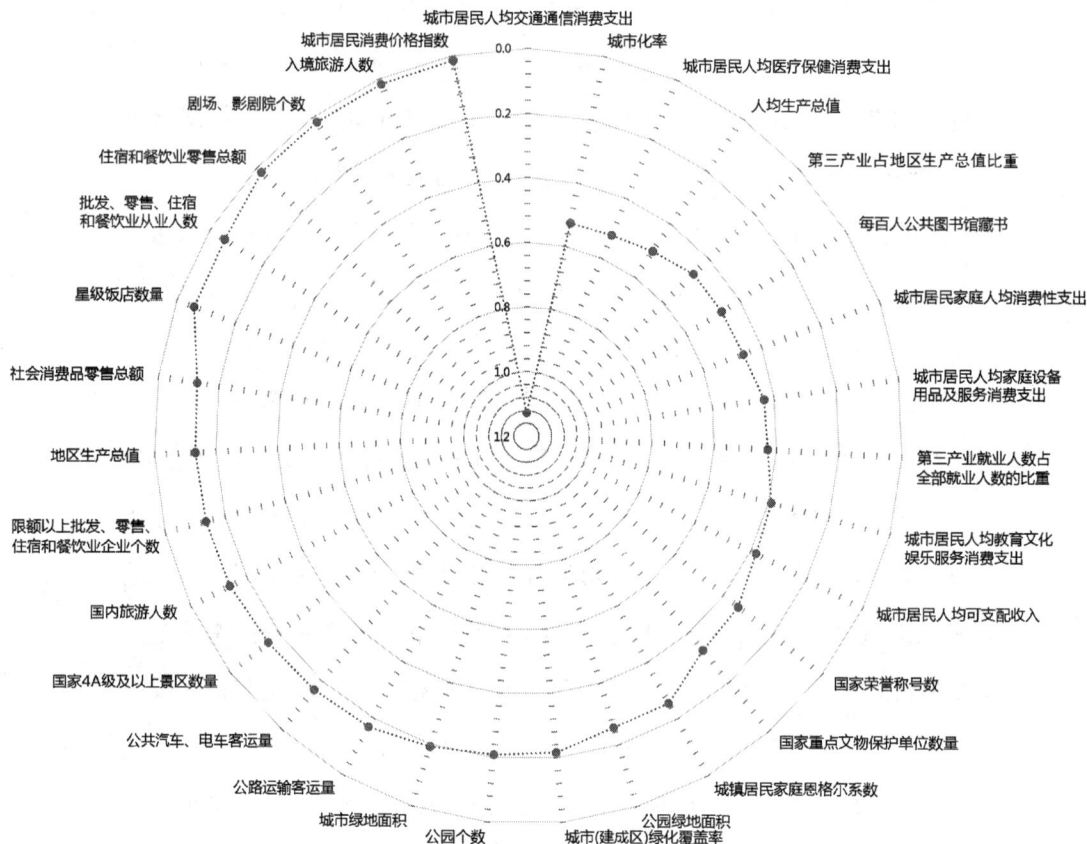

图 5-26 淮北 31 个指标水平排列图

十、马鞍山

马鞍山,安徽省地级市,安徽东部,苏皖交汇地区,先后获得全国文明城市、南京都市圈核心层城市、长三角城市群成员城市、长江经济带沿线城市、皖江城市带承接产业转移示范区门户城市、国家公共文化服务标准化建设试点城市、全国科技兴市试点城市、皖南国际旅游文化示范区、首批国家信息消费示范城市等殊荣。从数据分析看,马鞍山 31 个指标水平区间在 0～1.5 之间,均值水平为 0.427。高于均值水平的指标有 13 个,占指标总数的 42%。具体为国家荣誉称号数,城市居民人均交通通信消费支出,城市居民人均教育文化娱乐服务消费支出,城市居民人均家庭设备用品及服务消费支出,人均生产总值,每百人公共图书馆藏书,城市居民人均可支配收入,城市居民家庭人均消费性支出,城市居民人均医疗保健消费支出,城市化率,第三产业就业人数占全部就业人数的比重。其中,国家荣誉称号数的水平值最高(1.359),其次是城市居民人均交通通信消费支出(1.122)。从高于均值水平的指标看,马鞍山表现良好的指标主要是人均经济状况和人均休闲消费水平,说明城市居民的收入状况良好,使得其休闲消费需求较高,这与马鞍山市的人口规模有关。

低于均值水平的指标有 18 个,占指标总数的 58%。具体为国家 4A 级及以上景区数量,国家重点文物保护单位数量,国内旅游人数,第三产业占地区生产总值比重,城镇居民家庭恩格尔系数,公园绿地面积,城市绿地面积,星级饭店数量,地区生产总值,公路运输客运量,公园个数,公共汽车、电车客运量,城市(建成区)绿化覆盖率,社会消费品零售总额,入境旅游人数,限额以上批发、零售、住宿和餐饮业企业个数,批发、零售、住宿和餐饮业从业人数,剧场、影剧院个数,住宿和餐饮业零售总额和城市居民消费价格指数。从中可以看出,马鞍山城市休闲化进程中表现较弱的指标主要是住宿餐饮业等商业零售规模、文化娱乐设施规模、旅游接待规模、交通运输规模和城市绿化建设,说明马鞍山整体休闲产业发展状况以及休闲产品供给能力尚不能与其城市居民的消费需求相匹配,市内和城际交通客运状况、城市绿化建设和城市对外吸引力的相对落后制约了城市的休闲化发展进程,见图 5-27。

十一、金华

金华,浙江省辖地级市,是国家级历史文化名城、中国十佳宜居城市

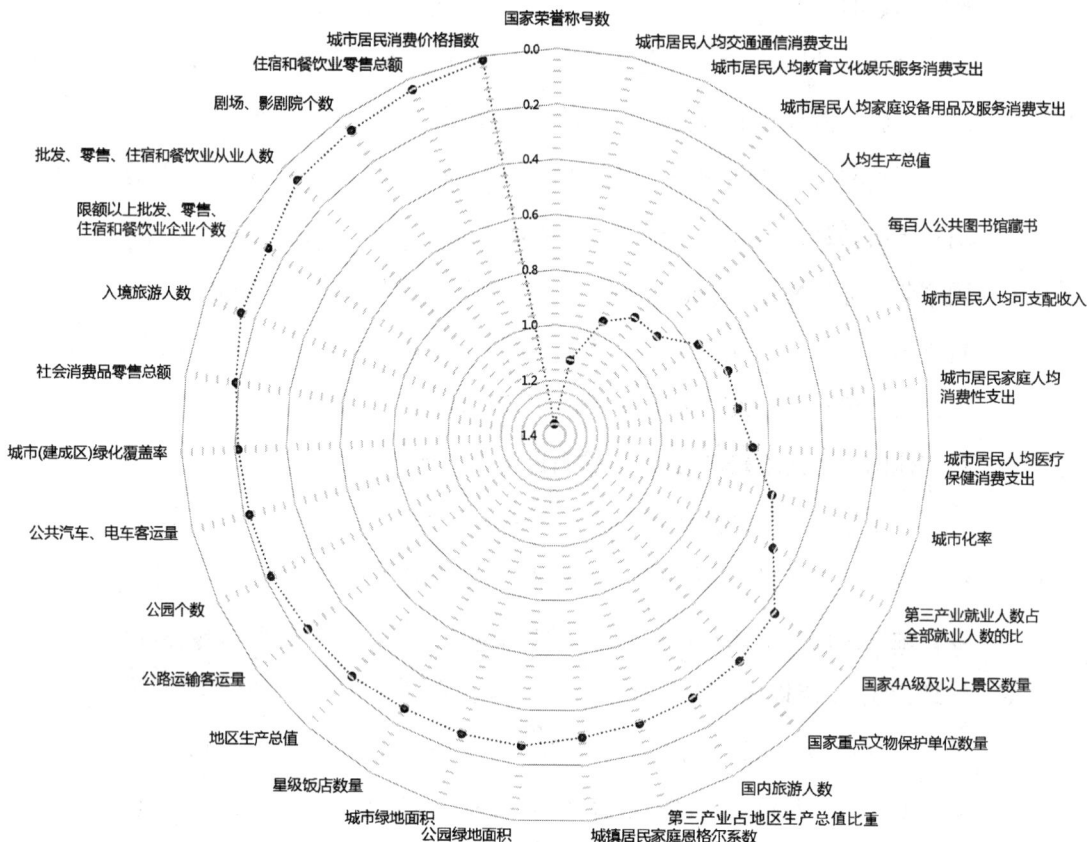

图 5-27　马鞍山 31 个指标水平排列图

之一、国家森林城市、国家节水型城市、全国卫生城市、中国十佳宜游城市、中国最安全城市之一、全国双拥模范城、全国科技进步先进城市、十佳和谐城市等称号。从数据分析看,金华 31 个指标水平区间在 0～2 之间,均值水平为 0.757。高于均值水平的指标有 18 个,占指标总数的 58%。具体为国家重点文物保护单位数量,公路运输客运量,城市居民人均交通通信消费支出,剧场/影剧院个数,城市居民人均医疗保健消费支出,国家荣誉称号数,国家 4A 级及以上景区数量,入境旅游人数,国内旅游人数,人均生产总值,公园绿地面积,城市居民人均家庭设备用品及服务消费支出,每百人公共图书馆藏书,城市居民家庭人均消费性支出,城市居民人均教育文化娱乐服务消费支出,社会消费品零售总额,城市绿地面积,限额以上批发、零售、住宿和餐饮业企业个数。其中,国家重点文物保护单位数量的水平值最高(1.712),其次是公路运输客运量(1.316)。从高于均值水平的指标看,金华表现良好的指标主要是人均休闲消费水平、游客接待水平和规模、休闲文娱设施规模和城际交通客运规模等方面,说明金华的城市对外吸引力较高,居民休闲消费水平较高,休闲相关产品供给与居民消费需求的匹配度较高。

低于均值水平的指标有 13 个,占指标总数的 42%。具体为第三产业占地区生产总值比重,星级饭店数量,城市居民人均可支配收入,城市化率,地区生产总值,公园个数,第三产业就业人数占全部就业人数的比重,城镇居民家庭恩格尔系数,住宿和餐饮业零售总额,城市(建成区)绿化覆盖率,批发、零售、住宿和餐饮业从业人数,公共汽车、电车客运量,城市居民消费价格指数。从中可以看出,金华城市休闲化进程中表现较弱的指标主要是第三产业发展状况、住宿餐饮业等商业零售规模和市内交通运输规模,说明该市第三产业产值及经营状况有待提升,住宿餐饮业等休闲产业的配套设施规模有待改善,市内交通运输体系可达性和城市生态绿化建设有待提高,见图 5-28。

十二、湖州

湖州市是浙江省地级省辖市,是一座具有二千多年历史的江南古城。先后获得国家环保模范城市、国家卫生城市、国家园林城市、中国优秀旅游城市、中国魅力城市、全国城市综合实力百强市、国家森林城市、中国最幸福城市等荣誉称号,并成为全国首个地市级生态文明先行示范区。从数据分析看,湖州 31 个指标水平区间在 0～2 之间,均值水平为 0.646。

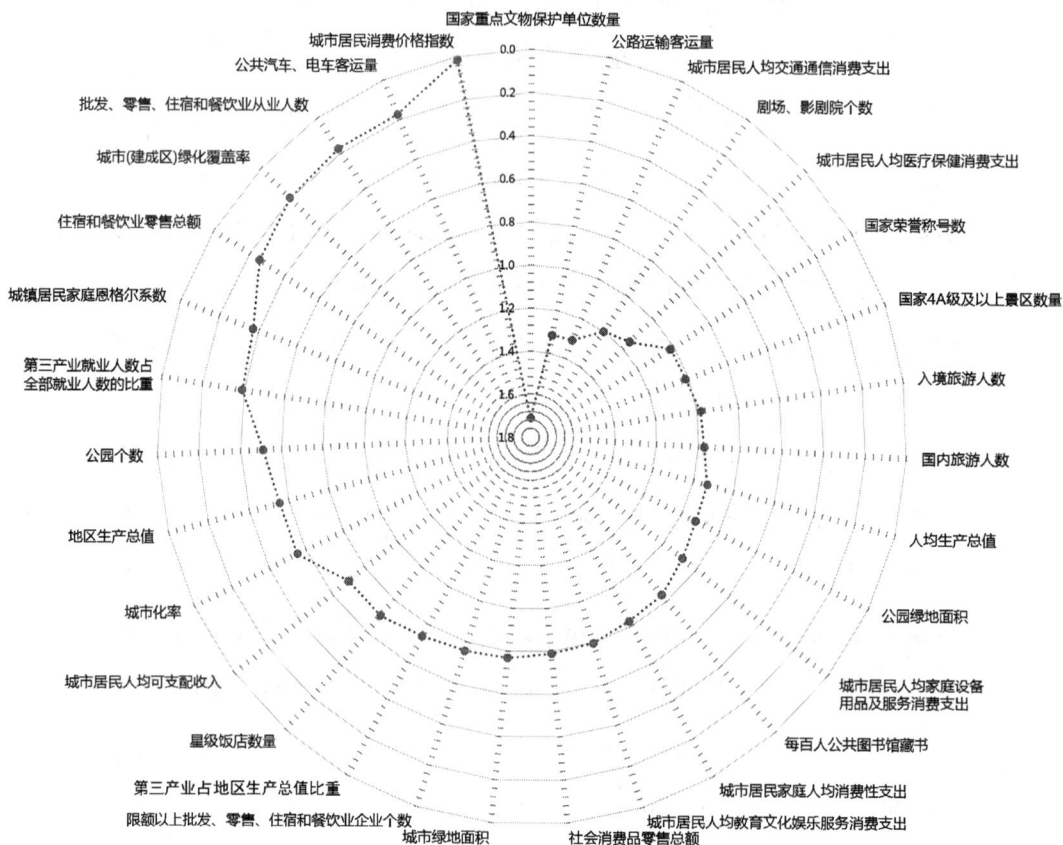

图 5-28 金华 31 个指标水平排列图

高于均值水平的指标有 14 个,占指标总数的 45%。具体为国家重点文物
保护单位数量,国家荣誉称号数,每百人公共图书馆藏书,城市居民人均
交通通信消费支出,国内旅游人数,入境旅游人数,人均生产总值,城市居
民人均可支配收入,城市居民人均教育文化娱乐服务消费支出,城市居民
人均家庭设备用品及服务消费支出,城市居民家庭人均消费性支出,剧
场、影剧院个数,公园绿地面积和第三产业占地区生产总值比重。其中,
国家重点文物保护单位数量的水平值最高(1.646),其次是国家荣誉称号
数(1.359)。从高于均值水平的指标看,湖州城市休闲化进程中表现良好

的指标主要是人均休闲消费水平、旅游接待规模,这与该市较小的人口规模、浓厚的人文底蕴和丰富的自然生态资源有直接关系,同时说明该市居民具有较为可观的休闲消费水平,进而催生了较为强烈的休闲消费需求。

低于均值水平的指标有 17 个,占指标总数的 55%。具体为公园个数,城市居民人均医疗保健消费支出,公路运输客运量,星级饭店数量,城市化率,国家 4A 级及以上景区数量,限额以上批发、零售、住宿和餐饮业企业个数,城市绿地面积,第三产业就业人数占全部就业人数的比重,社会消费品零售总额,地区生产总值,城镇居民家庭恩格尔系数,住宿和餐饮业零售总额,城市(建成区)绿化覆盖率,批发、零售、住宿和餐饮业从业人数,公共汽车、电车客运量和城市居民消费价格指数。从中可以看出,湖州城市休闲化进程中表现较弱的指标主要是住宿餐饮业等配套产业的零售规模、城际交通运输规模和城市绿化建设,说明湖州休闲娱乐产业及其配套产业的供给结构和发展规模存在一定的短板,城际间交通体系的可达性和城市的自然生态环境建设处于劣势,见图 5-29。

十三、舟山

舟山市在浙江省东北部的舟山群岛。千岛之城历史悠远,文化底蕴丰厚,是中国优秀旅游城市、中国十大特色休闲城市、中国海鲜之都、国家卫生城市、中国第一大群岛和重要港口城市。从数据分析看,舟山 31 个指标水平区间在 0~2 之间,均值水平为 0.536。高于均值水平的指标有 13 个,占指标总数的 42%。具体为每百人公共图书馆藏书,国家荣誉称号数,人均生产总值,城市居民人均医疗保健消费支出,城市居民人均交通通信消费支出,城市居民人均教育文化娱乐服务消费支出,城市居民家庭人均消费性支出,城市居民人均家庭设备用品及服务消费支出,城市居民人均可支配收入,第三产业占地区生产总值比重,城市绿地面积,城市

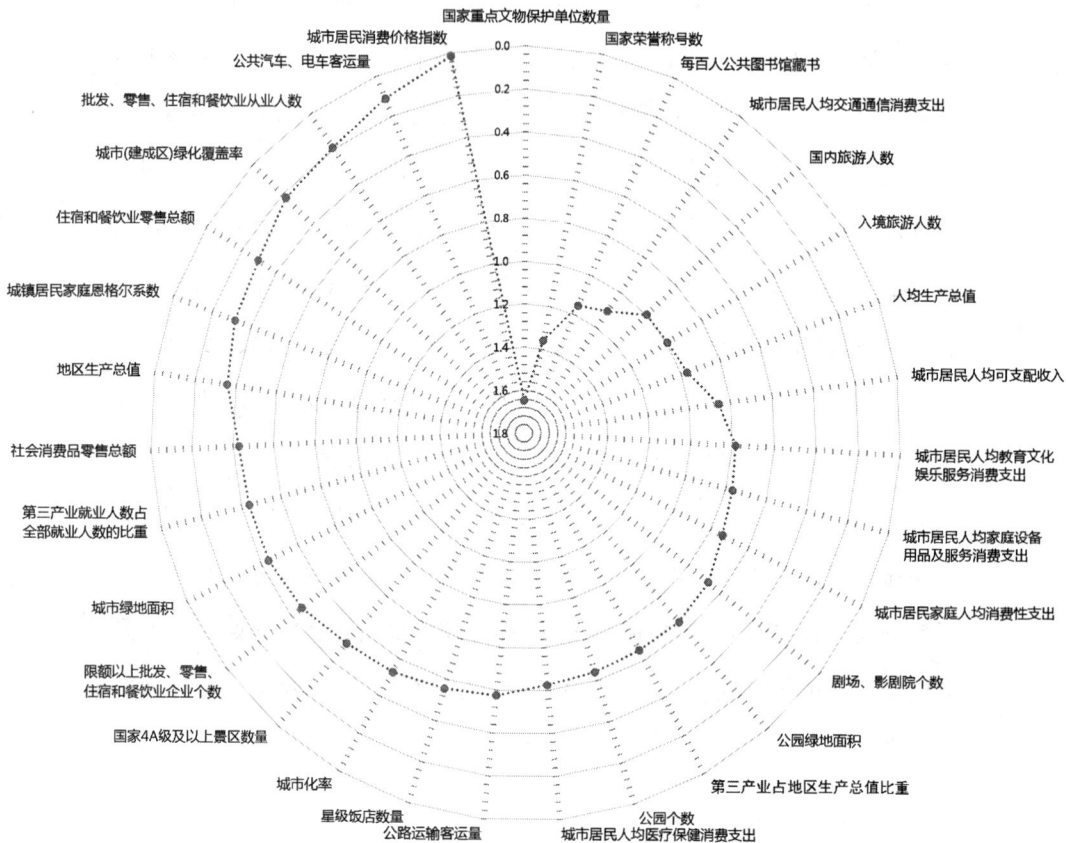

图 5 - 29　湖州 31 个指标水平排列图

化率,第三产业就业人数占全部就业人数的比重。其中,每百人公共图书馆藏书的水平值最高(1.834),其次是国家荣誉称号数(1.359)。从高于均值水平的指标看,舟山休闲城市化进程中表现良好的指标主要是第三产业发展规模和发展状况、各项人均休闲消费水平,这与舟山市的人口规模较小有关,同时也与舟山背靠上海、杭州、宁波等大中城市和长江三角洲等辽阔腹地,面向太平洋的地缘优势有关。

低于均值水平的指标有 18 个,占指标总数的 58%。具体为国内旅游人数,公园个数,星级饭店数量,城镇居民家庭恩格尔系数,入境旅游人数,公路运输客运量,公园绿地面积,剧场、影剧院个数,国家重点文物保护单位数量,限额以上批发、零售、住宿和餐饮业企业个数,国家 4A 级及以上景区数量,城市(建成区)绿化覆盖率,公共汽车、电车客运量,社会消费品零售总额,地区生产总值,住宿和餐饮业零售总额,批发、零售、住宿和餐饮业从业人数,城市居民消费价格指数。从中可以看出,舟山城市休闲化进程中表现较弱的指标主要是住宿餐饮业等商业零售规模、文化娱乐设施规模、旅游接待规模,交通运输规模。这说明舟山虽然地处较强的地缘优势,但其城市旅游业发展仍相对较弱,同时城市缺乏多样性的休闲相关产业及其配套设施供给体系,制约了城市的吸引力和竞争力,见图 5 - 30。

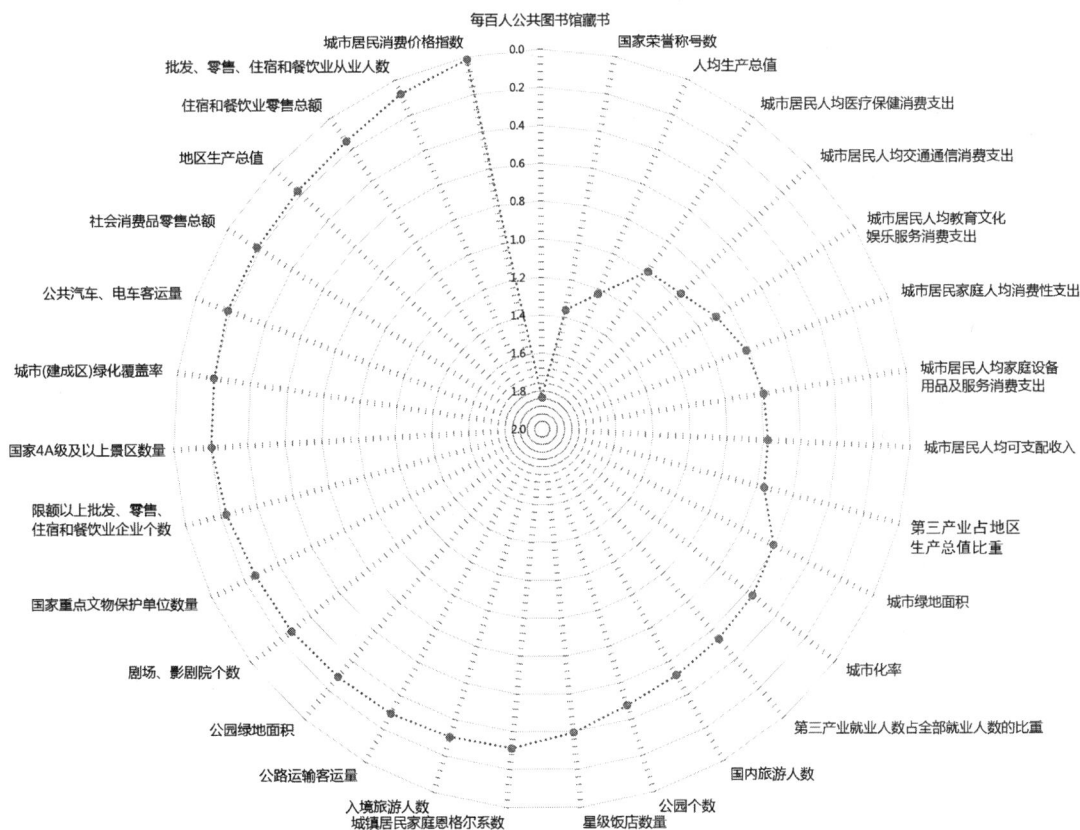

图 5 - 30　舟山 31 个指标水平排列图

十四、宿州

宿州,安徽省辖市,位于安徽省东北部,是长三角城市群、中原经济区重要节点,宿淮蚌都市圈、宿淮城市组群城市,安徽区域中心城市之一,是安徽省文明城市,历史文化名城,国家园林城市,国家智慧城市,全国网球城市、宜居城市,安徽省重要的交通枢纽。从数据分析看,宿州 31 个指标水平区间在 0～1.5 之间,均值水平为 0.313。高于均值水平的指标有 14个,占指标总数的 45%。具体为公园个数,城市居民人均医疗保健消费支出,第三产业占地区生产总值比重,城市居民人均可支配收入,城市居民人均教育文化娱乐服务消费支出,城市居民人均交通通信消费支出,城市居民人均家庭设备用品及服务消费支出,城市居民家庭人均消费性支出,公路运输客运量,剧场、影剧院个数,第三产业就业人数占全部就业人数的比重,城镇居民家庭恩格尔系数,城市化率,国家荣誉称号数。其中,公园个数的水平值最高(1.059),其次是城市居民人均医疗保健消费支出(0.911)。从高于均值水平的指标看,宿州城市休闲化进程中表现良好的指标主要是第三产业发展状况、人均休闲消费水平和休闲文娱设施规模,说明宿州市人口规模小且居民消费需求较为旺盛。同时其城际交通客运规模可观,与其特殊的地理位置和华东重要的水陆空综合交通枢纽有关。

低于均值水平的指标有 17 个,占指标总数的 55%。具体为公园绿地面积,限额以上批发、零售、住宿和餐饮业企业个数,人均生产总值,每百人公共图书馆藏书,地区生产总值,国内旅游人数,城市(建成区)绿化覆盖率,社会消费品零售总额,公共汽车、电车客运量,城市绿地面积,国家重点文物保护单位数量,星级饭店数量,国家 4A 级及以上景区数量,批发、零售、住宿和餐饮业从业人数,住宿和餐饮业零售总额,入境旅游人数和城市居民消费价格指数。从中可以看出,宿州城市休闲化进程中表现较弱的指标主要是经济发展状况、住宿餐饮业等商业零售规模、旅游接待规模、市内交通客运规模和城市绿化建设,说明制约宿州城市休闲产业规模化发展的因素较多,其休闲相关产业的供给能力存在一定的短板和劣势,见图5-31。

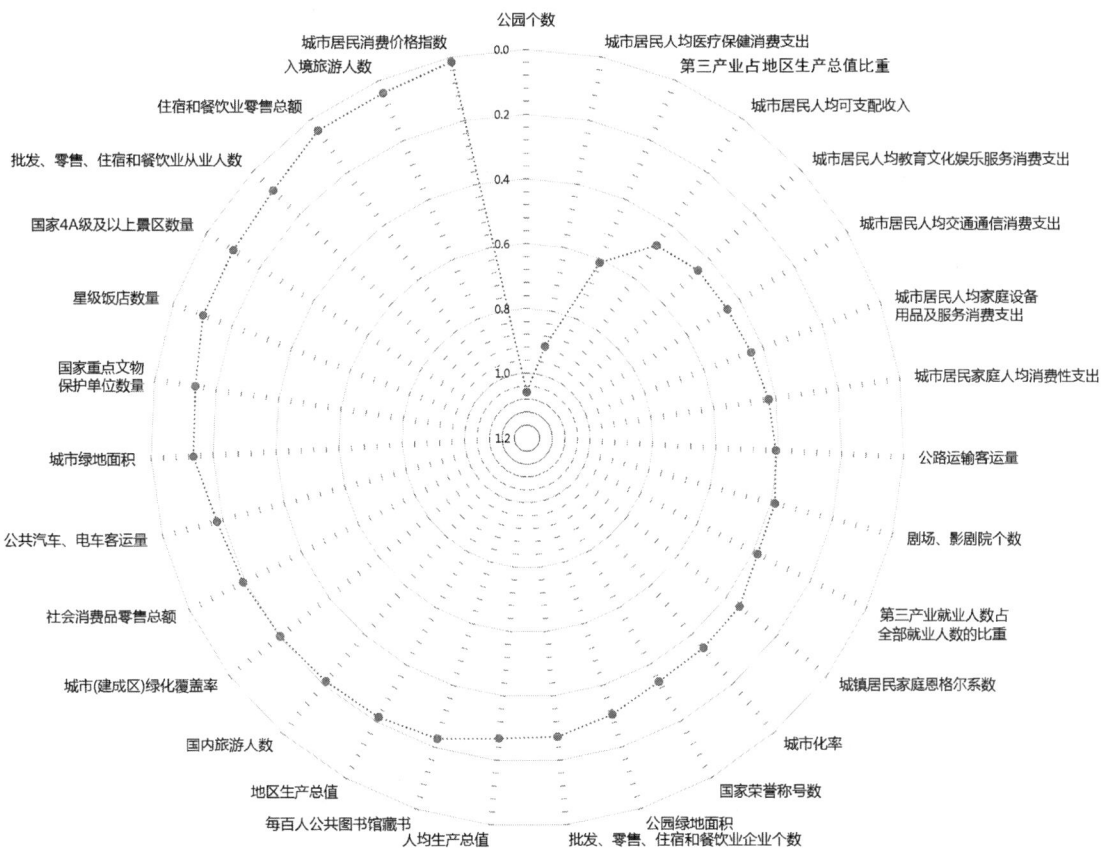

图5-31　宿州31个指标水平排列图

综合来看,上述14个中等城市的共同特点是城市内部的人均休闲消费类指标水平整体较高,与这些中等城市小规模的人口数量正相关,使得人均水平较高;此外住宿餐饮业等商业零售规模指标水平、城市绿化建设指标水平、城市交通客运规模指标水平和国内外游客接待规模指标水平整体偏低,说明这些中等城市的休闲化建设进程相对滞后,阻碍因素较多,政府应该更加完善休闲产业供给体系和相关配套设施建设,丰富休闲产品层次性和产品服务类型与结构,从而助推城市休闲化高质量建设和发展。

第六节　中小城市休闲化指数分析

常住人口规模在 50 万以下的城市为中小城市,其中 20 万以上 50 万以下的城市为 I 型中小城市,20 万以下的城市为 II 型中小城市;符合 I 型中小城市这一标准的有嘉兴、六安、铜陵、滁州、亳州、衢州、黄山、池州、宣城、丽水等 10 个城市。从城市区域分布看,浙江省有嘉兴、衢州、丽水 3 个城市,安徽省有六安、铜陵、滁州、亳州、黄山、池州、宣城 7 个城市,江苏省各地级市中没有中小型城市。

一、嘉兴

嘉兴,浙江省地级市,中国优秀旅游城市、国家园林城市、长三角城市群、上海大都市圈重要城市、环杭州湾大湾区核心城市、杭州都市圈副中心城市、沪嘉杭 G60 科创走廊中心城市,有两千多年人文历史,自古为繁华富庶之地,素有"鱼米之乡""丝绸之府"美誉,是一座具有典型江南水乡风情的国家历史文化名城。从数据分析看,嘉兴 31 个指标水平区间在 0~2 之间,均值水平为 0.720。高于均值水平的指标有 15 个,占指标总数的 48%。具体为每百人公共图书馆藏书,国家荣誉称号数,城市居民人均交通通信消费支出,人均生产总值,剧场、影剧院个数,公园个数,城市居民人均可支配收入,城市居民人均家庭设备用品及服务消费支出,城市居民人均医疗保健消费支出,限额以上批发、零售、住宿和餐饮业企业个数,国内旅游人数,星级饭店数量,国家重点文物保护单位数量,城市居民人均教育文化娱乐服务消费支出,城市居民家庭人均消费性支出。其中,每百人公共图书馆藏书的水平值最高(1.992),其次是国家荣誉称号数(1.699)。从高于均值水平的指标看,嘉兴城市休闲化建设过程中表现良好的指标主要是各项人均休闲消费水平和休闲文娱设施规模,与该市较小的人口规模有关,同时说明该市的休闲产业供给状况和城市居民消费需求有一定的适配度。

低于均值水平的指标有 16 个,占指标总数的 52%。具体为社会消费品零售总额,入境旅游人数,地区生产总值,国家 4A 级及以上景区数量,第三产业占地区生产总值比重,城市化率,城市绿地面积,住宿和餐饮业零售总额,第三产业就业人数占全部就业人数的比重,公园绿地面积,城镇居民家庭恩格尔系数,公路运输客运量,公共汽车、电车客运量,城市(建成区)绿化覆盖率,批发、零售、住宿和餐饮业从业人数,城市居民消费价格指数。从中可以看出,嘉兴城市休闲化进程中表现较弱的指标主要是住宿餐饮业等商业零售规模、旅游接待规模和交通客运规模,说明虽然该市的休闲产业供给状况虽然可观,但是休闲产品丰富度不够,缺乏一定的层次性,且城市交通体系的通达性建设和城市自然生态环境建设也有待加强,见图 5-32。

二、六安

六安,位于安徽省西部,处于长江与淮河之间,是国家级皖江城市带承接产业转移示范区的成员城市、安徽省会经济圈合肥经济圈的副中心城市、国家级交通枢纽城市、国家级园林城市、国家级生态示范区、水环境治理优秀范例城市、获"中国人居环境范例奖""中国特色魅力城市 200 强"等称号。从数据分析看,六安 31 个指标水平区间在 0~1.5 之间,均值水平为 0.337。高于均值水平的指标有 14 个,占指标总数的 45%。具体

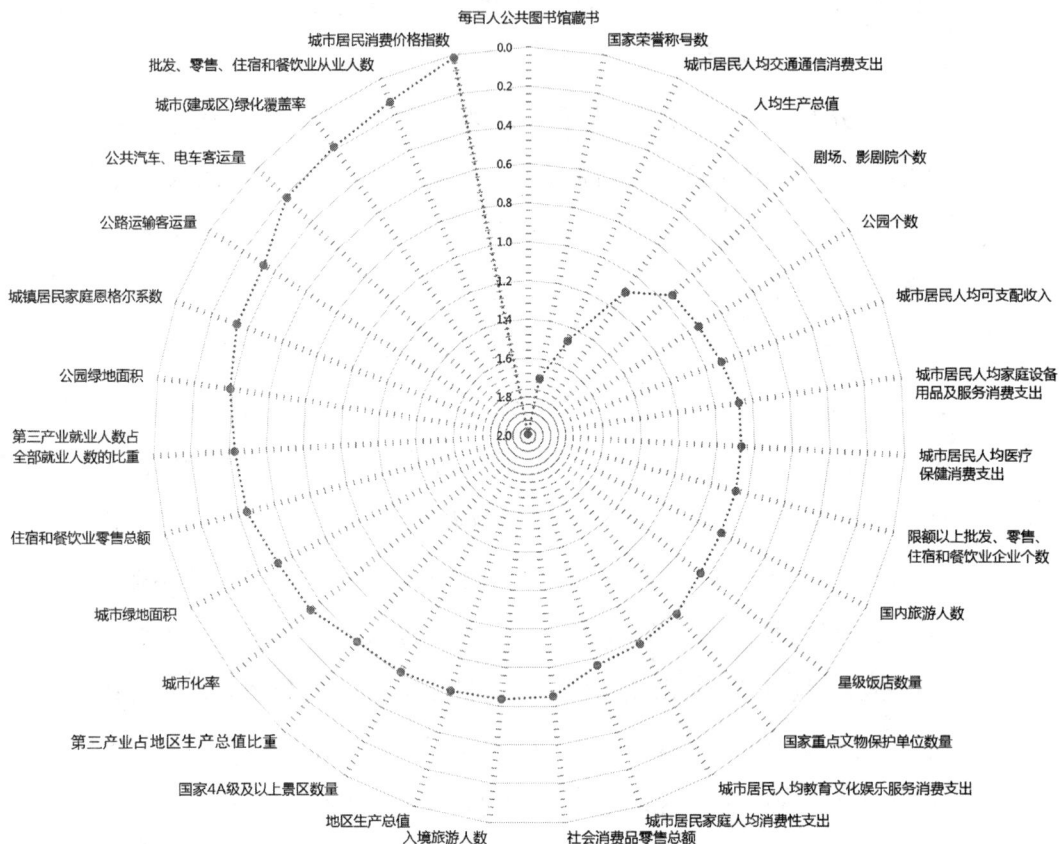

图 5 - 32　嘉兴 31 个指标水平排列图

为国家 4A 级及以上景区数量,国家荣誉称号数,公路运输客运量,第三产业占地区生产总值比重,第三产业就业人数占全部就业人数的比重,城市化率,城市居民人均可支配收入,城市居民人均交通通信消费支出,城市居民人均教育文化娱乐服务消费支出,城市居民家庭人均消费性支出,国内旅游人数,城市居民人均家庭设备用品及服务消费支出,城市居民人均医疗保健消费支出,星级饭店数量。其中,国家 4A 级及以上景区数量的水平值最高(1.321),其次是国家荣誉称号数(0.680)。从高于均值水平的指标看,六安表现良好的指标主要是第三产业发展状况和各项人均休闲消费水平。六安市素有"白鹅王国、羽绒之都"美誉,是优质羽绒原产地和集散地。六安国际羽绒博览会现已成为羽绒企业开展经贸合作、拓展国内外市场、加强信息交流的重要平台,大力助推了该市第三产业的迅猛发展。

低于均值水平的指标有17个,占指标总数的55%。具体为公园个数,人均生产总值,城镇居民家庭恩格尔系数,国家重点文物保护单位数量,公共汽车、电车客运量,社会消费品零售总额,公园绿地面积,限额以上批发、零售、住宿和餐饮业企业个数,城市(建成区)绿化覆盖率,地区生产总值,每百人公共图书馆藏书,城市绿地面积,剧场、影剧院个数,入境旅游人数,批发、零售、住宿和餐饮业从业人数,住宿和餐饮业零售总额,城市居民消费价格指数。从中可以看出,六安城市休闲化进程中表现较弱的指标主要是经济发展状况、住宿餐饮业等商业零售规模和城市绿化建设规模,六安作为农业大市,工业基础薄弱,第三产业对经济的带动作用有限,一定程度上制约了该市整体经济状况。此外休闲产业供给结构的层次性不够明显,有待进一步丰富和提高,城市自然生态环境建设进程有待加快,见图5-33。

三、铜陵

铜陵历史悠久。因铜得名、以铜而兴,素有"中国古铜都,当代铜基地"之称。铜文化已成为城市文化的核心元素,铜经济已是城市最具特色的强市之基,铜雕塑享誉全国,是全国文明城市、国家园林城市、国家卫生城市、中国优秀旅游城市等。从数据分析看,铜陵31个指标水平区间在0~1.5之间,均值水平为0.365。高于均值水平的指标有11个,占指标总数的35%。具体为每百人公共图书馆藏书,国家荣誉称号数,城市居民人均家庭设备用品及服务消费支出,人均生产总值,城市居民人均交通通信消费支出,城市居民人均教育文化娱乐服务消费支出,城市居民人均可支

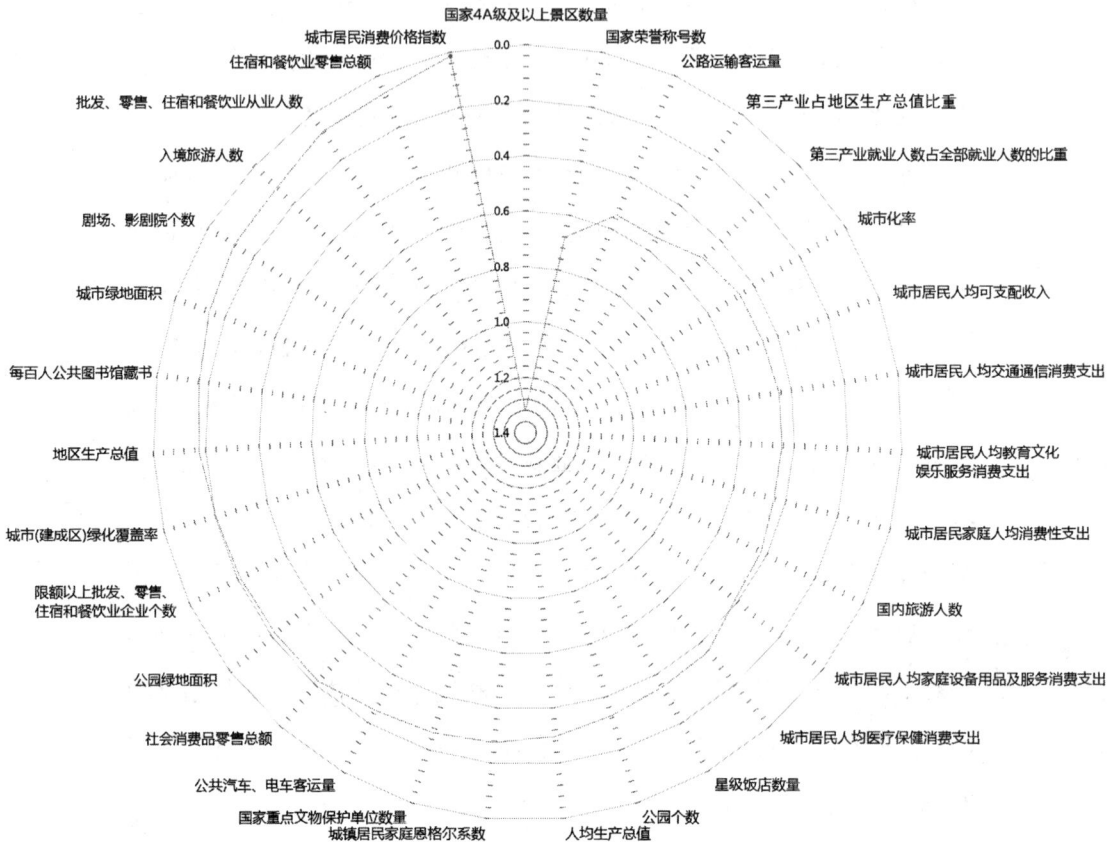

图 5-33　六安 31 个指标水平排列图

配收入,城市居民家庭人均消费性支出,第三产业就业人数占全部就业人数的比重,城市化率,城市居民人均医疗保健消费支出。其中,每百人公共图书馆藏书的水平值最高(1.455),其次是国家荣誉称号数(1.019)。从高于均值水平的指标看,铜陵表现良好的指标主要是各项人均经济状况和人均休闲消费水平,这与该市小规模的人口数量和以铜为首的矿产资源的丰富程度直接相关。

低于均值水平的指标有 20 个,占指标总数的 65%。具体为国家 4A级及以上景区数量,公园个数,城镇居民家庭恩格尔系数,城市绿地面积,第三产业占地区生产总值比重,公园绿地面积,公共汽车、电车客运量,城市(建成区)绿化覆盖率,公路运输客运量,国内旅游人数,地区生产总值,限额以上批发、零售、住宿和餐饮业企业个数,星级饭店数量,剧场、影剧院个数,社会消费品零售总额,国家重点文物保护单位数量,住宿和餐饮业零售总额,批发、零售、住宿和餐饮业从业人数,入境旅游人数,城市居民消费价格指数。从中可以看出,铜陵城市休闲化进程中表现较弱的指标主要是住宿餐饮业等商业零售规模、文化娱乐设施规模、旅游接待规模、交通运输规模和城市绿化建设,这些指标都是制约铜陵城市休闲产业规模化发展的重要因素,说明该市的休闲化建设进程中阻力较大,休闲产业结构相对单一,相关配套设施建设不够完善,城市对外吸引力和竞争力较弱,难以匹配居民的消费需求,见图5-34。

四、滁州

滁州是安徽省省辖市,地处长江下游北岸,安徽省东部,苏皖交汇地区,是南京都市圈核心圈层城市、长三角城市群成员城市、南京市江北门户、国家级皖江示范区北翼城市、皖东区域中心城市、合肥经济圈重要成员城市、江淮地区重要的枢纽城市等。从数据分析看,滁州31个指标水平区间在0~1之间,均值水平为0.287。高于均值水平的指标有14个,占指标总数的45%。具体为城市居民人均家庭设备用品及服务消费支出,城市居民人均教育文化娱乐服务消费支出,城市居民人均医疗保健消费支出,城市居民人均可支配收入,城市居民人均交通通信消费支出,城市居民家庭人均消费性支出,城市化率,第三产业占地区生产总值比重,人均生产总值,公路运输客运量,公园个数,第三产业就业人数占全部就业人数的比重,公共汽车、电车客运量,城镇居民家庭恩格尔系数。其中,城市居民人均家庭设备用品及服务消费支出的水平值最高(0.678),其次

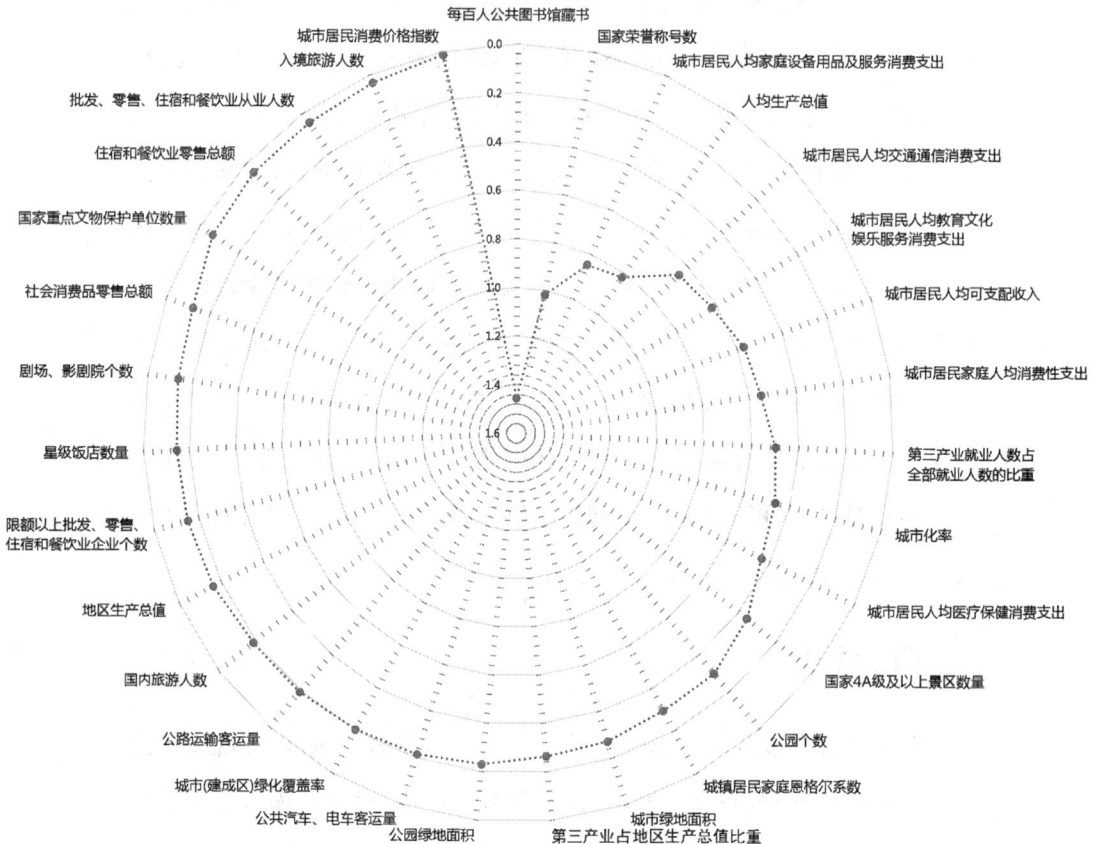

图 5-34 铜陵 31 个指标水平排列图

是城市居民人均教育文化娱乐服务消费支出(0.512)。从高于均值水平的指标看,滁州表现良好的指标主要是各项人均休闲消费水平、第三产业发展状况和交通客运规模。滁州市国内贸易、对外经济和金融业的快速发展助推当地第三产业的发展,优越的地理位置和四通八达的城市运输体系的建设助推该市的交通运输规模的发展。

低于均值水平的指标有 17 个,占指标总数的 55%。具体为限额以上批发、零售、住宿和餐饮业企业个数,国家 4A 级及以上景区数量,地区生产总值,国内旅游人数,星级饭店数量,社会消费品零售总额,城市

(建成区)绿化覆盖率,国家重点文物保护单位数量,城市绿地面积,公园绿地面积,入境旅游人数,批发、零售、住宿和餐饮业从业人数,住宿和餐饮业零售总额,每百人公共图书馆藏书,剧场、影剧院个数,城市居民消费价格指数、国家荣誉称号数。从中可以看出,滁州城市休闲化进程中表现较弱的指标主要是住宿餐饮业等商业零售规模、旅游接待规模和城市绿化建设,这些指标都是制约滁州城市休闲产业规模化发展的重要因素。反映了现阶段滁州在休闲产业发展的综合动能方面和配套保障设施方面还存在发展短板,从而使得城市对外吸引力对外竞争力呈现较弱的发展特点,见图5-35。

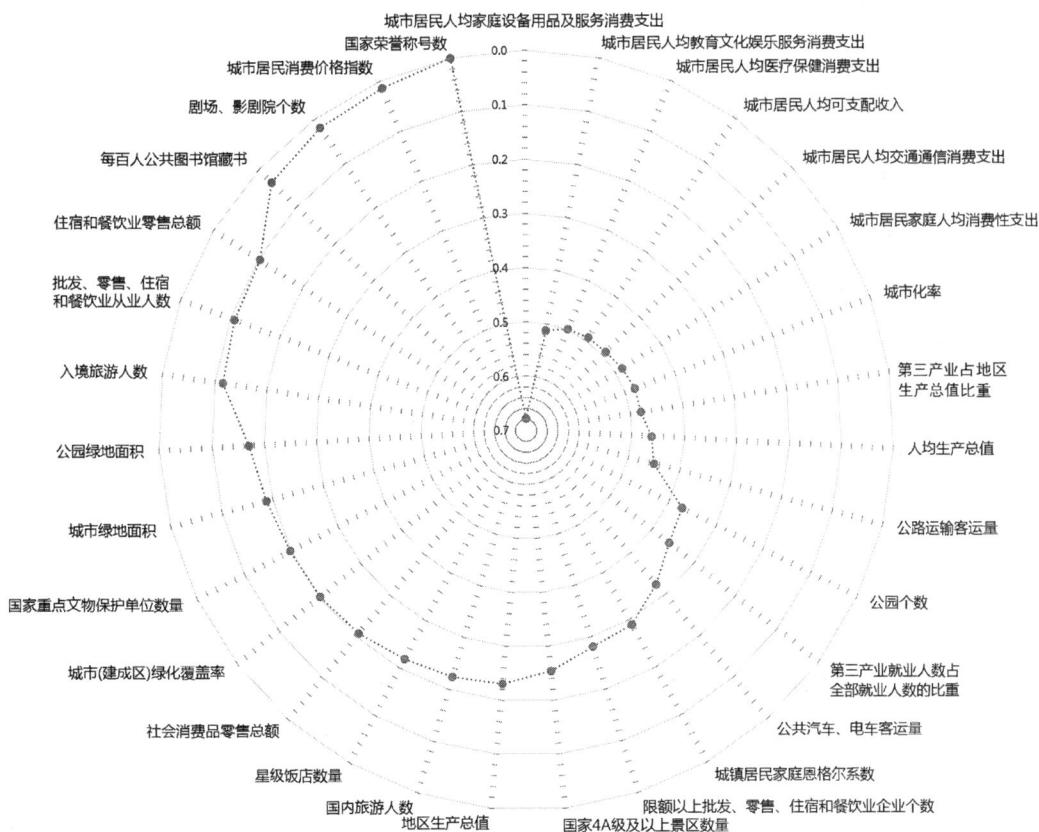

图5-35　滁州31个指标水平排列图

五、亳州

亳州是安徽省下辖地级市,位于安徽省西北部,是全球最大的中药材集散中心和价格形成中心,中原经济区成员城市,皖北旅游中心城市,国家历史文化名城、全国优秀旅游城市。从数据分析看,亳州 31 个指标水平区间在 0～1 之间,均值水平为 0.314。高于均值水平的指标有 14 个,占指标总数的 45%。具体为城市居民人均医疗保健消费支出,国家荣誉称号数,第三产业占地区生产总值比重,城市居民人均家庭设备用品及服务消费支出,城市居民人均教育文化娱乐服务消费支出,城市居民人均交通通信消费支出,城市居民人均可支配收入,城市居民家庭人均消费性支出,国家重点文物保护单位数量,限额以上批发、零售、住宿和餐饮业企业个数,公路运输客运量,第三产业就业人数占全部就业人数的比重,城市化率,国家 4A 级及以上景区数量。其中,城市居民人均医疗保健消费支出的水平值最高(0.738),其次是国家荣誉称号数(0.680)。从高于均值水平的指标看,亳州表现良好的指标主要是第三产业发展状况、各项人均休闲消费水平和城际交通客运规模。其中人均消费水平较高与亳州较小的人口规模直接相关,第三产业发展直接依托于该市文化旅游、现代服务业、战略性新兴产业等产业。客运规模与贯通全境的高速公路体系建设正相关。

低于均值水平的指标有 17 个,占指标总数的 55%。具体为城镇居民家庭恩格尔系数,公园个数,星级饭店数量,国内旅游人数,人均生产总值,社会消费品零售总额,每百人公共图书馆藏书,地区生产总值,城市(建成区)绿化覆盖率,公园绿地面积,城市绿地面积,批发、零售、住宿和餐饮业从业人数,公共汽车、电车客运量,住宿和餐饮业零售总额,剧场、影剧院个数,入境旅游人数,城市居民消费价格指数。从中可以看出,亳州城市休闲化进程中表现较弱的指标主要是住宿餐饮业等商业零售规模、文化娱乐设施规模、旅游接待规模,城市绿化建设,说明该市的休闲产业供给状况和相关配套设施的完善程度尚不能与居民的休闲消费需求相匹配,一定程度上削弱了该市的对外吸引力和竞争力,城市休闲化建设进程阻力重重,见图 5 - 36。

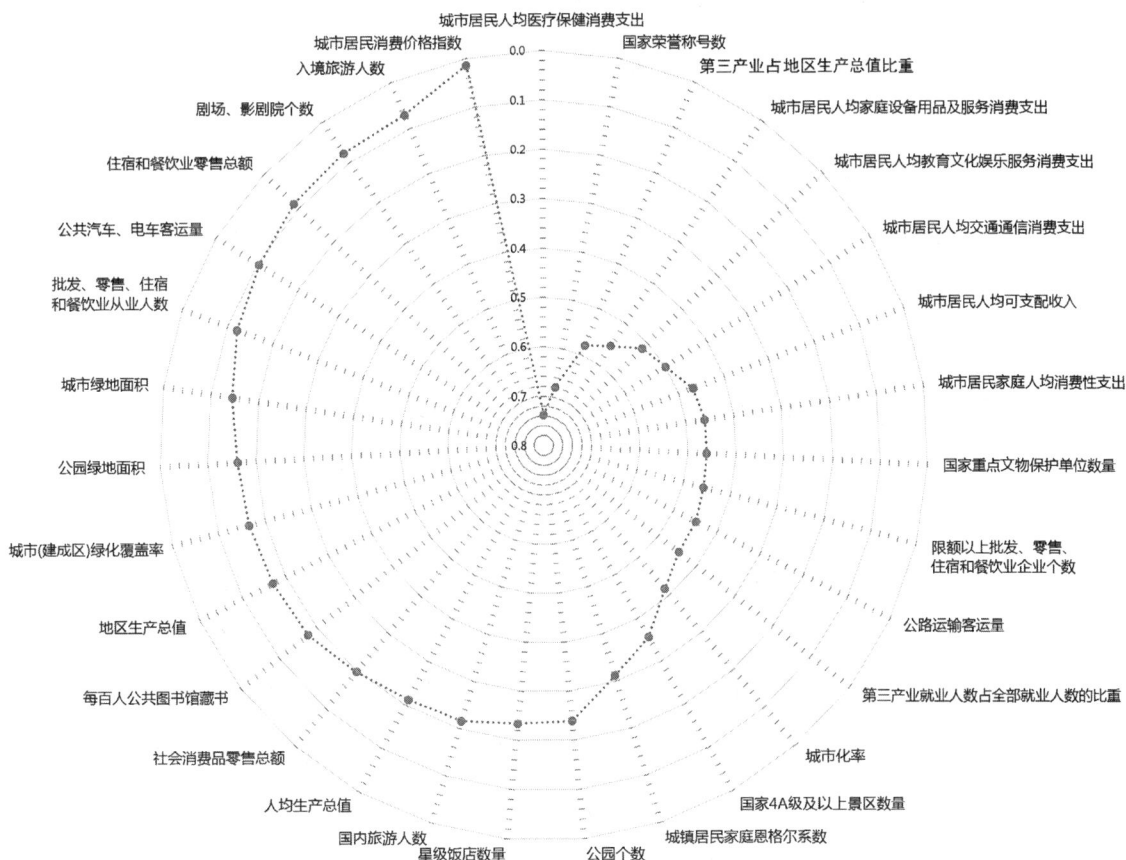

图 5 - 36　亳州 31 个指标水平排列图

六、衢州

衢州,浙江省地级市,是一座具有 1 800 多年历史的江南文化名城、国家历史文化名城、国家森林城市、国家园林城市、国家卫生城市、中国优秀旅游城市、中国首个国家休闲区创建试点城市、中国十大特色休闲城市(2012年)、中国宜居休闲之都(2012年)、中国十大宜居城市(2012年)等。从数据分析看,衢州31个指标水平区间在0~1.5之间,均值水平为0.471。高于均值水平的指标有14个,占指标总数的45%。具体为国家荣誉称号数,每百人公共图书馆藏书,城市居民人均医疗保健消费支出,国家重点文物保护单位数量,公园个数,城市居民人均交通通信消费支出,人均生产总值,第三产业占地区生产总值比重,城市居民人均教育文化娱乐服务消费支出,国内旅游人数,公路运输客运量,城市居民家庭人均消费性支出,城市居民人均家庭设备用品及服务消费支出,城市居民人均可支配收入。其中,国家荣誉称号数的水平值最高(1.359),其次是每百人公共图书馆藏书(1.148)。从高于均值水平的指标看,衢州表现良好的指标主要是人均休闲消费水平、国内游客接待规模、城际交通客运规模等,这与衢州较小的人口规模、丰富的人文和自然旅游资源、优势的地理区位、发达的交通体系相关。

低于均值水平的指标有17个,占指标总数的55%。具体为城市化率,国家4A级及以上景区数量,第三产业就业人数占全部就业人数的比重,星级饭店数量,城镇居民家庭恩格尔系数,公园绿地面积,剧场、影剧院个数,社会消费品零售总额,限额以上批发、零售、住宿和餐饮业企业个数,城市绿地面积,地区生产总值,城市(建成区)绿化覆盖率,住宿和餐饮业零售总额,公共汽车、电车客运量,批发、零售、住宿和餐饮业从业人数,城市居民消费价格指数,入境旅游人数。从中可以看出,衢州城市休闲化进程中表现较弱的指标主要是住宿餐饮业等商业零售规模、文化娱乐设施规模和城市绿化建设等方面。这些指标都是制约衢州城市休闲产业规模化发展的重要因素,说明该市休闲产业供给动能不足,休闲产品层次和结构不够丰富,休闲相关配套设施不够完善,城市自身品牌性建设欠缺,对外吸引力和竞争力不足,见图 5 - 37。

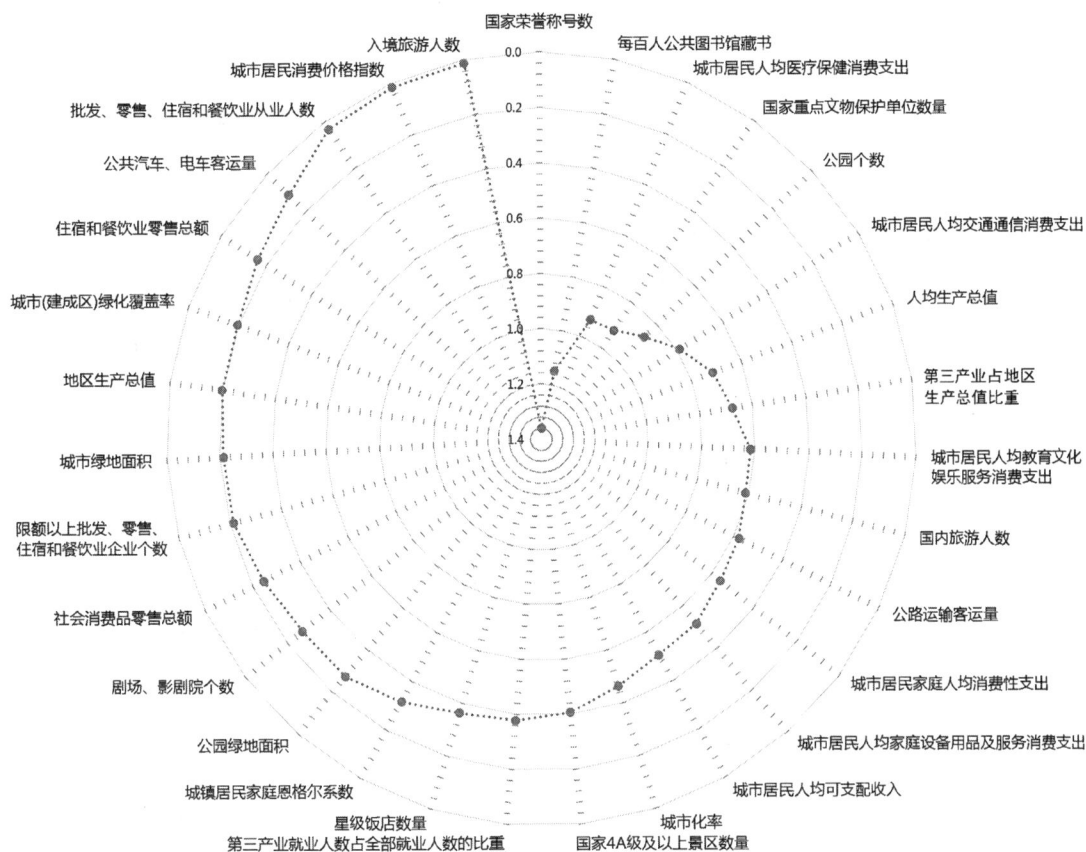

图 5 - 37　衢州 31 个指标水平排列图

七、黄山

　　黄山市隶属于安徽省,既是徽商故里,又是徽文化的重要发祥地。黄山市境内的黄山为世界自然与文化双遗产,皖南古村落西递、宏村为世界文化遗产,曾获得"中国公众最向往的旅游城市"称号。从数据分析看,黄山 31 个指标水平区间在 0~2.5 之间,均值水平为 0.525。高于均值水平的指标有 10 个,占指标总数的 32%。具体为入境旅游人数,国家重点文物保护单位数量,国家 4A 级及以上景区数量,国家荣誉称号数,每百人公共图书馆藏书,城市居民人均可支配收入,城市居民人均医疗保健消费支出,城市绿地面积,星级饭店数量,城市居民人均家庭设备用品及服务消费支出。其中,入境旅游人数的水平值最高(2.117),其次是国家重点文物保护单位数量(2.041)。从高于均值水平的指标看,黄山表现良好的指标主要是入境游客接待规模、人均休闲消费水平和城市环境。其中黄山的西递、宏村等具有丰富浓厚的人文、自然和生态旅游资源对该市入境游客接待规模具有直接且主要的推动作用。此外也能表明该市生态文明建设相对较好,居住环境舒适。

低于均值水平的指标有 21 个,占指标总数的 68%。具体为国内旅游人数,人均生产总值,城市居民人均交通通信消费支出,第三产业占地区生产总值比重,城市居民人均教育文化娱乐服务消费支出,第三产业就业人数占全部就业人数的比重,家庭人均消费性支出,城市化率,公园个数,剧场、影剧院个数,公路运输客运量,城镇居民家庭恩格尔系数,城市(建成区)绿化覆盖率,公园绿地面积,社会消费品零售总额,限额以上批发、零售、住宿和餐饮业企业个数,地区生产总值,住宿和餐饮业零售总额,公共汽车、电车客运量,批发、零售、住宿和餐饮业从业人数,城市居民消费价格指数。从中可以看出,黄山城市休闲化进程中表现较弱的指标主要是第三产业发展状况、住宿餐饮业等商业零售规模、文化娱乐设施规模、交通运输规模等方面。虽然黄山市的旅游业发展状况较为可观,但该市的支柱产业仍是第二产业,第三产业的更高质量发展仍需要相关配套设施的完善和相关政策的扶持。此外该市休闲文娱产品的供给结构较为单一,市内和城际交通体系需要加以改善,见图 5-38。

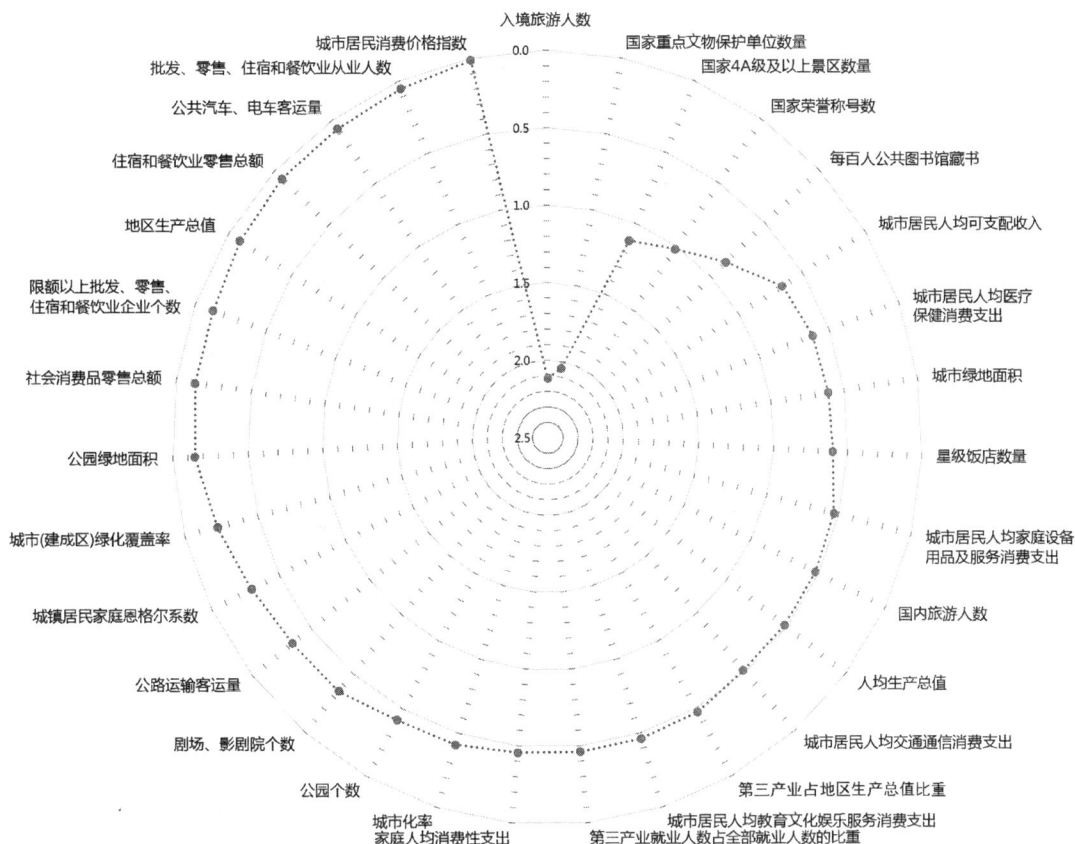

图 5-38 黄山 31 个指标水平排列图

八、池州

池州,安徽省辖市,是长江南岸重要的滨江港口城市,长三角城市群成员城市,省级历史文化名城、皖江城市带承接产业转移示范区城市、全国双拥模范城市、国家森林城市,也是安徽省"两山一湖"(黄山、九华山、太平湖)旅游区的重要组成部分,皖南国际文化旅游示范区核心区域,中国第一个国家生态经济示范区。从数据分析看,池州 31 个指标水平区间在 0~2 之间,均值水平为 0.396。高于均值水平的指标有 16 个,占指标总数的 52%。具体为每百人公共图书馆藏书,入境旅游人数,国家 4A 级及以上景区数量,城市居民人均交通通信消费支出,国家荣誉称号数,国内旅游人数,国家重点文物保护单位数量,城市居民人均可支配收入,人均生产总值,星级饭店数量,城市居民人均医疗保健消费支出,城市居民家庭人均消费性支出,城市化率,第三产业就业人数占全部就业人数的比重,公园个数,城市居民人均教育文化娱乐服务消费支出。其中,每百人公共图书馆藏书的水平值最高(1.507),其次是入境旅游人数(1.007)。从高于均值水平的指标看,池州城市休闲化进程中表现良好的指标主要是各项人均休闲消费水平、旅游接待规模、休闲文娱设施规模。其直接原因是池州人口规模较小,且环境优美,生态优良,自然风光和人文景观交相辉映,是安徽省旅游资源最集中、品位最高的"两山一湖"区域的重要组成部分。城市休闲产品的供给状况与居民的休闲消费需求具有一定的适配度。

低于均值水平的指标有 15 个,占指标总数的 48%。具体为第三产业占地区生产总值比重,城市居民人均家庭设备用品及服务消费支出,城镇居民家庭恩格尔系数,城市(建成区)绿化覆盖率,公路运输客运量,限额以上批发、零售、住宿和餐饮业企业个数,公园绿地面积,社会消费品零售总额,地区生产总值,城市绿地面积,公共汽车、电车客运量,剧场、影剧院个数,批发、零售、住宿和餐饮业从业人数,住宿和餐饮业零售总额,城市居民消费价格指数。从中可以看出,池州城市休闲化进程中表现较弱的指标主要是住宿餐饮业等商业零售规模、交通运输规模和城市绿化建设,说明虽然池州的休闲产业供给状况整体良好,但其住宿餐饮业、交通体系和城市自然生态环境等配套设施的建设尚需进一步的完善,见图 5-39。

九、宣城

宣城,地处安徽省东南部,是中部地区承接东部地区产业和资本转

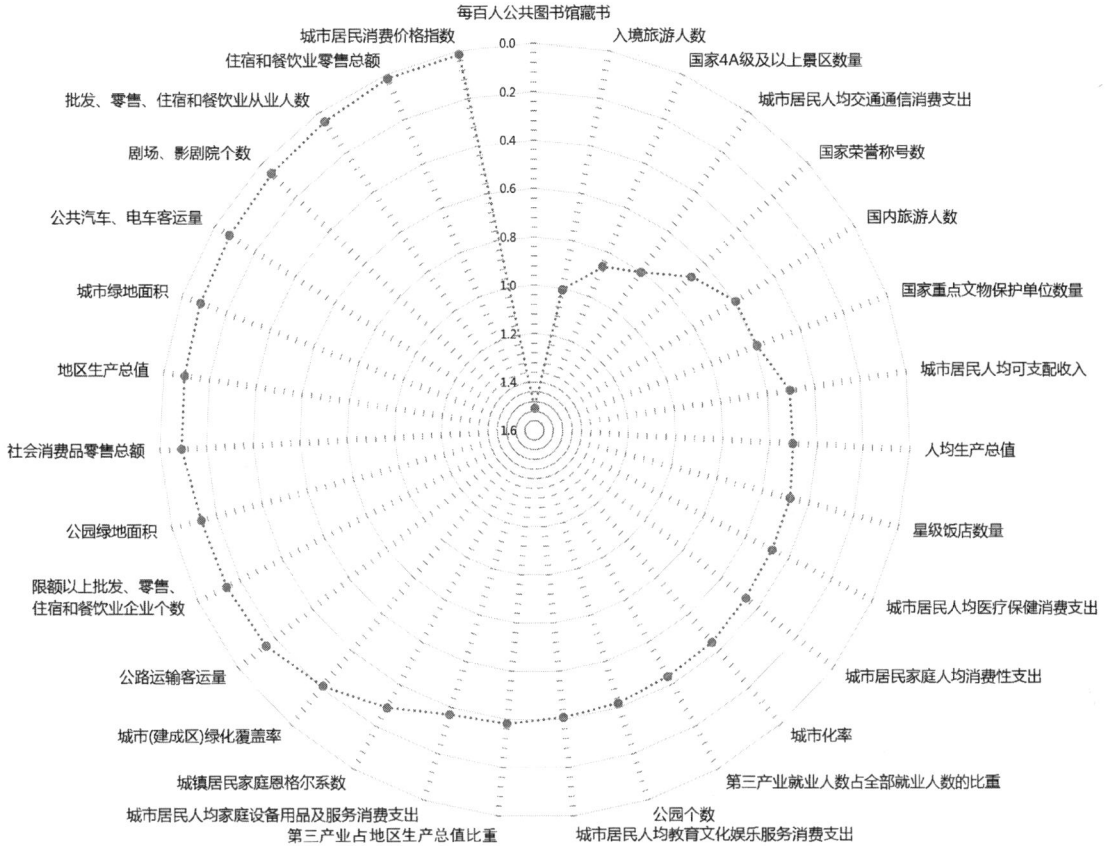

图 5 - 39 池州 31 个指标水平排列图

移的前沿阵地,皖苏浙交汇区域中心城市,东南沿海沟通内地的重要通

道。宣城历史悠久,人文荟萃,文化底蕴深厚,文脉源远流长,是中国历

史文化名城、中国文房四宝之乡、中国鳄城、国家园林城市、国家森林城

市、南吴尾,江南通都大邑,江南鱼米之乡。从数据分析看,宣城 31 个指

标水平区间在 0~1.5 之间,均值水平为 0.406。高于均值水平的指标有

14 个,占指标总数的 45%。具体为国家 4A 级及以上景区数量,每百人

公共图书馆藏书,国家重点文物保护单位数量,国家荣誉称号数,城市

居民人均交通通信消费支出,城市居民人均可支配收入,人均生产总

值,城市居民人均医疗保健消费支出,城市居民人均教育文化娱乐服务消费支出,城市居民人均家庭设备用品及服务消费支出,城市居民家庭人均消费性支出,第三产业就业人数占全部就业人数的比重,城市化率,星级饭店数量。其中,国家 4A 级及以上景区数量的水平值最高(1.219),其次是每百人公共图书馆藏书(1.171)。从高于均值水平的指标看,宣城表现良好的指标主要是人均休闲消费水平、休闲文娱设施规模,这与其较小的人口规模和丰富的城市环境资源有关,同时充分体现了宣城居民强烈的休闲消费需求。

低于均值水平的指标有 17 个,占指标总数的 55%。具体为第三产业占地区生产总值比重,剧场、影剧院个数,公路运输客运量,国内旅游人数,城镇居民家庭恩格尔系数,公园个数,限额以上批发、零售、住宿和餐饮业企业个数,城市(建成区)绿化覆盖率,公共汽车、电车客运量,社会消费品零售总额,入境旅游人数,城市绿地面积,地区生产总值,公园绿地面积,批发、零售、住宿和餐饮业从业人数,住宿和餐饮业零售总额,城市居民消费价格指数。从中可以看出,宣城城市休闲化进程中表现较弱的指标主要是住宿餐饮业等商业零售规模、交通运输规模、旅游接待规模、城市环境绿化建设等。说明尽管宣城居民有较高的休闲文娱消费水平和消费需求,但相应产业和产品供给结构相对单一,交通体系的不完善和自然生态环境建设的滞后性严重削弱了城市的对外吸引、竞争力和品牌性建设进程,进而阻碍了城市休闲化建设,见图 5 - 40。

十、丽水

丽水,浙江省辖陆地面积最大的地级市,被誉为"浙江绿谷",生态环境质量浙江省第一、中国前列,生态环境质量公众满意度继续位居浙江省

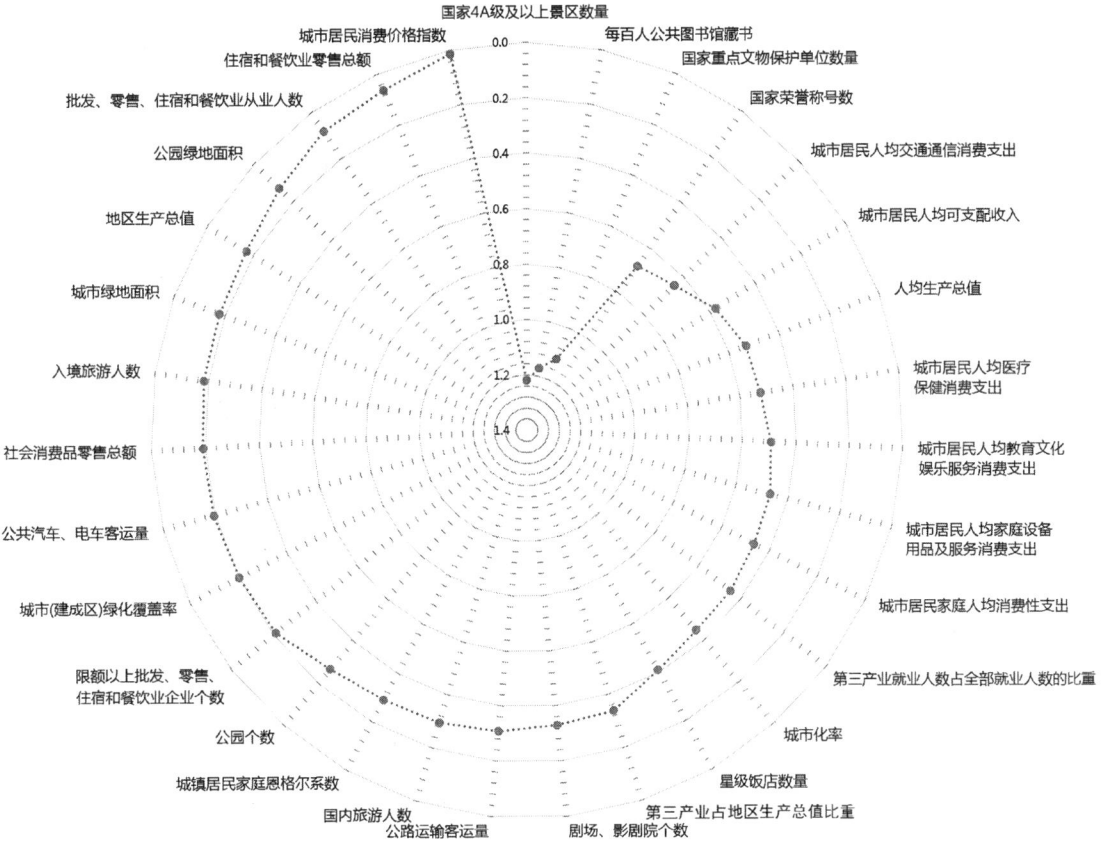

图 5-40　宣城 31 个指标水平排列图

首位。被命名为第三批国家级生态示范区,"中国优秀旅游城市""中国优
秀生态旅游城市""浙江省森林城市",首批国家级生态保护与建设示范
区。从数据分析看,丽水 31 个指标水平区间在 0~1.5 之间,均值水平为
0.476。高于均值水平的指标有 14 个,占指标总数的 45%。具体为城市
居民人均医疗保健消费支出,国家 4A 级及以上景区数量,国家重点文物
保护单位数量,每百人公共图书馆藏书,星级饭店数量,城市居民家庭人
均消费性支出,国家荣誉称号数,第三产业占地区生产总值比重,城市居
民人均交通通信消费支出,人均生产总值,国内旅游人数,城市居民人均

家庭设备用品及服务消费支出,城市居民人均可支配收入,城市化率。其中,城市居民人均医疗保健消费支出的水平值最高(1.427),其次是国家4A级及以上景区数量(1.016)。从高于均值水平的指标看,丽水表现良好的指标主要是各项人均休闲消费水平、休闲文娱设施规模,丽水在长三角41个城市中人口规模最小,使得其各项人均意义上的指标水平较高。也一定程度上反映出该市居民休闲消费需求较为强烈,且该市注重休闲文娱产品和相关配套设施的供给。

低于均值水平的指标有 17 个,占指标总数的 55%。具体为城市居民人均教育文化娱乐服务消费支出,第三产业就业人数占全部就业人数的比重,剧场、影剧院个数,城镇居民家庭恩格尔系数,入境旅游人数,公园绿地面积,公路运输客运量,住宿和餐饮业零售总额,社会消费品零售总额,公园个数,城市绿地面积,城市(建成区)绿化覆盖率,限额以上批发、零售、住宿和餐饮业企业个数,地区生产总值,公共汽车、电车客运量,批发、零售、住宿和餐饮业从业人数,城市居民消费价格指数。从中可以看出,丽水城市休闲化进程中表现较弱的指标主要是住宿餐饮业等商业零售规模、交通运输规模和城市绿化规模,这些指标都是制约丽水城市休闲产业规模化发展的重要因素。其反映出当前丽水在休闲产业发展和产品供给的综合能力,以及相关配套设施方面还存在发展短板和劣势,从而使得城市对外吸引力和竞争力呈现较弱的发展特点,阻碍城市休闲化建设进程,见图 5-41。

综合来看,上述 10 个小型城市与中等城市的共同特点有一定的相似之处,城市内部的人均休闲消费类指标水平整体依然较高,与这些小型城市的人口规模关系最大。此外住宿餐饮业等商业零售规模指标水平、城市绿化建设指标水平、城市交通客运规模指标水平同中等城市总体特点一样,呈整体偏低的态势,说明在城市休闲化建设进程中,休闲产业供给

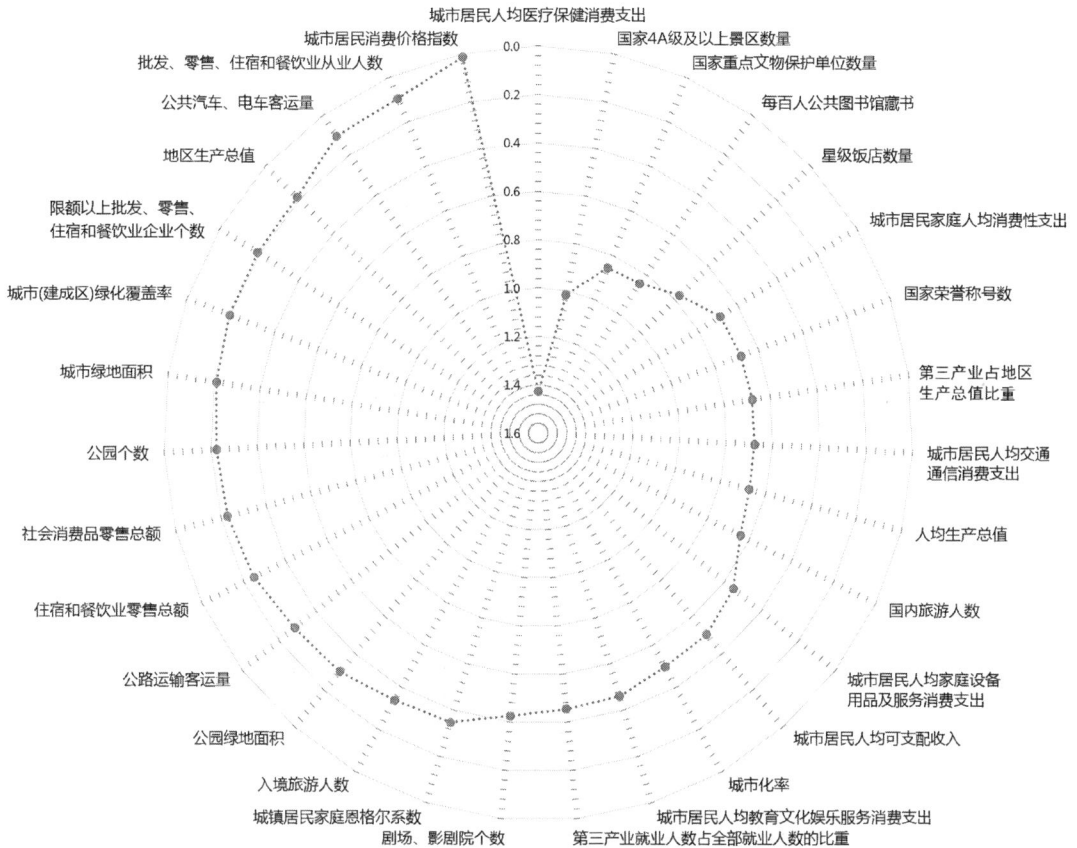

图 5-41 丽水 31 个指标水平排列图

体系、休闲产品供给结构、相关休闲文娱配套设施、城市对外吸引力和竞争力等诸多方面,均是这些小型城市应该重点关注和改善的着力点,从而助推城市休闲化建设进程。

第二部分参考文献

［1］Kuang C. Does Quality Matter In Local Consumption Amenities? An Empirical Investigation with Yelp［J］. Journal of Urban Economics，2017，100（2）：1－18.

［2］Philippa H J. Changing family structures and childhood socialization：A study of leisure consumption［J］. Journal of Marketing Management，2014，30（15）：1533－1553.

［3］Pritchard A. & Kharouf H. Leisure Consumption in Cricket：Devising a Model to Contrast Forms and Time Preferences［J］. Leisure Studies，2016，35（4）：438－453.

［4］Seckin A. Consumption-Leisure Choice with Habit Formation［J］. Economics Letters，2001，70（1）：115－120.

［5］Patterson K D. A Non-Parametric Analysis of Personal Sector Decisions on Consumption, Liquid Assets and Leisure［J］. Economic Journal，1991，101（9）：1103－1116.

［6］Han Kyo-nam & Han Beom-Soo. Changes in Distinction of Leisure Consumption between Social Classes［J］. Journal of Tourism Sciences，2012，36（9）：197－219.

［7］Kim D. & Jang S. Symbolic Consumption in Upscale Cafes：Examining Korean Gen Y Consumers' Materialism, Conformity, Conspicuous Tendencies, and Functional Qualities［J］. Journal of Hospitality & Tourism Research，2017，41（2）：154－179.

［8］Gomez M A. Consumption and Leisure Externalities，Economic Growth and

Equilibrium Efficiency[J]. Scottish Journal of Political Economy，2008，55(2)：227-249.

[9] Chiuru M C. Individual decision and household demand for consumption and leisure [J]. Research in Economics，2000，54(1)：277-324.

[10] Glorieux I, Laurijssen I, Minnen J, et al. In search of the harried leisure class in contemporary society：Time-use survey and patterns of leisure time consumption [J]. Consume Policy，2010，33(1)：163-181.

[11] 楼嘉军,李丽梅,杨勇.我国城市休闲化质量测度的实证研究[J].旅游科学,2012, 26(5)：45-53.

[12] 郑胜华,刘嘉龙.城市休闲发展评估指标体系研究[J].自然辩证法研究,2006 (03)：96-101.

[13] 吕宁.休闲城市评价模型及实证分析[J].旅游学刊,2013(09)：121-128.

[14] 李丽梅,楼嘉军,肖伟伟.苏南地区城市休闲化差异研究[J].世界地理研究,2014 (04)：107-116.

[15] 陆铭.空间的力量—地理、政治与空间发展[M].格致出版社和上海人民出版社, 2013：101.

[16] 孙平军,丁四保,修春亮等.东北地区"人口—经济—空间"城市化协调性研究[J]. 地理科学,2012,32(4)：450-457.

[17] 刘松,楼嘉军,李丽梅,许鹏.上海、南京和杭州城市休闲化协调发展比较研究[J]. 现代城市研究,2017(11)：123-129.

[18] 张广海,刘金宏.我国沿海地区休闲化发展水平测度及时空分异特征研究[J].北京第二外语学院学部,2014(09)：62-73.

第三部分

专题研究

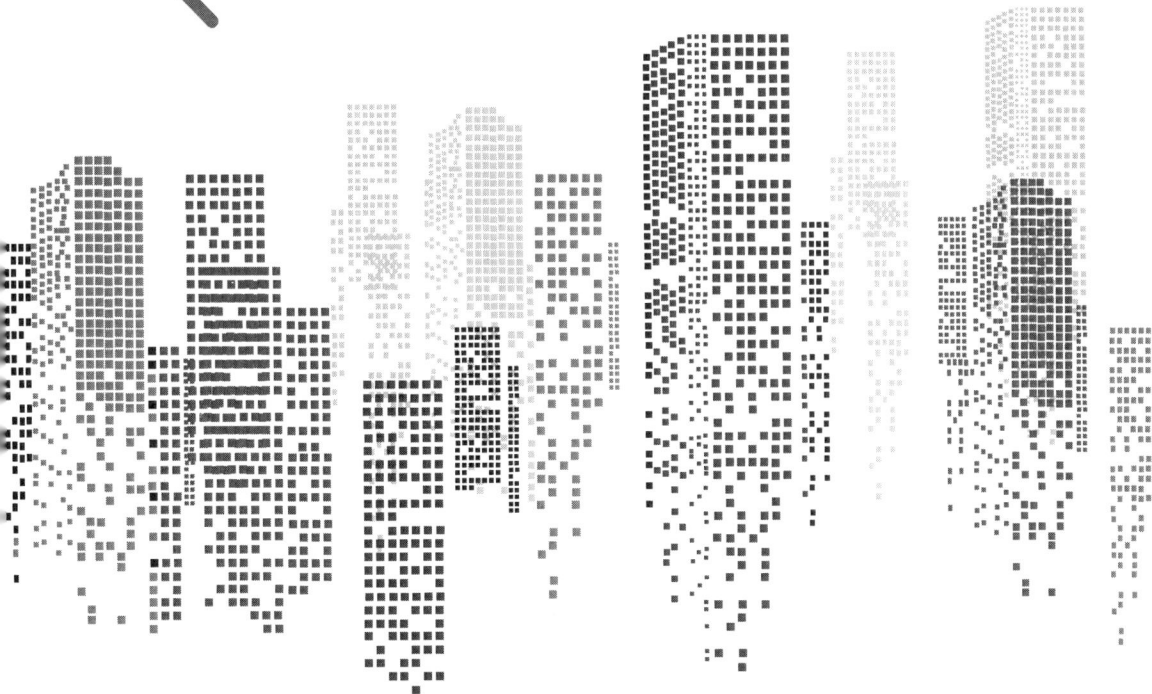

第六章　城市社区休闲
活动特征研究①

——以上海五里桥社区为例②

第一节　引　言

　　上海现代公共文化服务体系着力于服务能效的最大化,作为一个经济发达、人口众多的现代化国际大都市,公共文化空间的不断拓展是满足市民精神文化需求的必然要求,为此全市各区精确落实到街道和社区居委在公共交流空间的形成、精神文化需求的满足、区域优秀文化的传承、具体社区事务的处理等方面都有着显著的成效。值得注意的是,在如今的城市发展过程中,社区休闲已经成为关乎民生发展的一个重要课题,社区休闲文化在社区范围内,以休闲活动为载体同其他社区文化发挥文化功能。这一功能的发挥是社会生活水平提高和闲暇时间延长的结果。在当今社会,城市居民对休闲的需求越来越强烈,而社区作为居民生活的主要聚居地,其休闲活动的提供显得更加重要。社区通过休闲活动的提供来满足居民精神需求和提高居民生活质量,不仅有利于增强居民生活的归属感和获得感,更有利于提高社区的幸福感与吸引力,从而进一步促进

①　本章作者:李丽梅,张舒仪(上海师范大学旅游学院);张玮玮(上海五里桥社区文化中心)。
②　基金项目:上海旅游高等专科学校/上海师范大学旅游学院"新博士科研启动基金"。

社会和谐和城市的高质量发展。

第二节 文献综述

一、国内研究现状

目前,关于社区文化建设、社区治理方面的研究颇多,但直接从休闲视角展开社区方面的研究还比较少,主要是集中在相关概念以及社区休闲活动开展的影响因素。金雪芬(2013)认为休闲活动包括自我娱乐、休养生息、增长见识与技能等,是人们日常生活闲暇时间内满足精神需求的一种活动,其多样性是休闲文化丰富内涵所在[1]。休闲活动的重要作用体现在,它能够满足人们的精神需求[2],研究发现,休闲活动有助于提升幸福感以及生活质量[3]。

除了概念性的研究,也有学者从社区休闲活动的影响因素开展分析,如齐兰兰等(2018)从地理学的视角研究发现社区建成环境对居民休闲活动的时空差异有重要影响,除了建设环境,社区的休闲资源、休闲服务以及休闲管理也是影响社区休闲活动的重要因素[4]。事实上,在实践中,社区休闲活动的开展并不是顺畅的,由于经济、政策等因素的限制,社区休闲的政策还不完善,并且由于各城市之间的规定不一致,造成社区无法完全发挥这一功能[5]。

在社区休闲活动类型中,文化活动是学者重点关注的研究对象,楼嘉军(2005)认为丰富的文化活动能够满足居民日益强烈的休闲渴求[6]。吴晓庆(2015)也认为发展社区休闲文化是必要的,它能够提升居民生活质量,最终增强城市综合实力[7]。这一重要性的缘由在于,居民休闲时间在延长,良好的社区休闲生活确实有助于休闲和社区文化的整合发展,并推动城市休闲产业的发展[8]。梁佳蕊等(2019)同样强调了社区休闲之于居民和社区的重要性,也指出了目前我国城市社区休闲需要改进的地方,比如活动层次较低、类型单一,认为应该从居民休闲需求方面考虑如何提高休闲生活质量[9]。社区休闲活动的单一性,主要是社区在治理过程中,只是单纯的"自上而下"行事,而忽略了居民的需求。城市家庭居民的生活方式和价值观念已经明显提升,社区作为相对独立的一个社会和精神单位,应尽可能满足居民已具多元化特征的需求[10],这是加强和促进社区精神文明建设的重要举措,也是适应当今大型居住区的发展趋势的必然要求[11]。加强社区休闲建设,让居民成为社区文化活动的主人,是当下社区发展过程中的一个重要管理面[12]。

二、国外研究概况

国外学者更多是探讨休闲之于社区发展和大环境社会的贡献和作用。Susan(1997)通过对居民参与作为休闲追求的体验进行了深入的研究,结果表明居民参与能带来与休闲和社区建设相关的利益,包括群体成就和社区认同感以及影响社区发展的能力。人们对社区有着不同的看法,但实际上社区是丰富的、多样化的[13]。很长一段时间以来,基于社区研究休闲的学者对参与社区能力建设、灌输民主价值观和促进社会变革的作用表现出兴趣(Peggy,2 012)[14]。François Gravelle(2015)重新审视了休闲与社区发展的模式,认为社区休闲活动的开展要经历一个过程,不仅仅只是活动的展示,更应该通过精心策划,最终实现社区休闲的成功和可持续发展[15]。Karlis(2011)将社区发展和休闲作为两个紧密相连在一起的概念,认为休闲对社区的发展会产生重要影响[16]。Nicole Vaugeois(2017)在休闲对加拿大社区可持续发展计划(ICSP)的作用研究中,发现了休闲对 ICSP 发挥了强大和综合的作用,表明社区可将休闲视为可持续社区的价值源泉,休闲是一种潜在的解决范围广泛的社会、环境、心理和经济问题及战略跨越部门界限的办法[17]。Nuere和Peris(2019)综述性回顾分析了世界利苏里创新奖中被称为创新休闲实践和经验的范例获奖项目,在此基础上对休闲作为集体提高社区社会、环境、文化和经济生活质量,具有创造性解决方案的潜力,进行了广泛深入的探讨[18]。Becchetti(2012)等认为休闲活动对社区居民的生活满意度有明显的积极影响[19]。

从国内外研究现状可以发现,学者有关社区休闲的研究多聚焦于休闲之于社区的价值,这些研究无疑对本文有较强的指导意义。但也应看到,不同社区的休闲活动有自身的特殊性,通过选取某一个社区作为案例,深入探究其休闲活动的特征问题,不仅有助于把握社区休闲活动的供给与需求匹配状况,更有助于为其他社区休闲活动的配置提供借鉴。因此,本文在梳理上海各个社区休闲活动状况的基础上,选择了五里桥社区作为案例地开展研究。

第三节　研究区域概况和数据来源

一、研究区域概况

上海五里桥社区是一个深受社区居民和广大市民好评的社区,近年来陆续获得"上海市平安示范单位""黄浦区青年文明号"等多项荣誉,这些殊荣无不得益于社区丰富的休闲活动。五里桥社区之所以有丰富的休闲活动,是源于其通过社会化力量运营的社区文化中心。2006年起,五里桥街道顺应新形势,提出新思路、新途径,坚持党建引领、政府主导,以群众需求导向,创新探索服务管理模式,积极引进社会力量参与社区文化建设,逐步形成了"政府主导、社会化发展、专业化运作、项目化管理、群众广泛参与"的社区文化中心。近年来,社区文化中心采取多方策略,针对不同人群的需求,着力打造了阅读、艺术、健身、科普、亲子等多种活动谱系,并积极尝试建设集展览、演出、阅读等多种形式于一体的"家文化节"来凝聚社区家园。值得注意的是,自2006年五里桥街道引入社会力量运营社区文化活动中心之后,社区文化中心的硬软件设施不断升级,在面积上,由原来的3 500平方米增加到5 530平方米,各项服务功能也逐渐完备化、亲民化;在内容服务上,不再追求形式化的项目,而是提供有特色、有创意的项目;在活动上,调查居民需求进行精准设计与策划,提供零距离、零条件的公共文化活动。

五里桥社区文化中心运营十多年来,已经形成了"社会化、专业化"的管理模式,主办、承办、协办各类活动近300场,深受社区居民欢迎。社区举办的活动近年来陆续获得多项荣誉,比如2016年文化云测评中入榜"全市最受欢迎的社区文化活动中心",2017年荣获"先进社会组织"称号。近年来,五里桥社区逐渐形成了多项休闲品牌活动,并获得了上海市公共文化创新项目和优秀群文资助项目,如"周末全家一起来"被评为2016年上海市公共文化创新项目,"移动书格"被评为2017年上海公共文化创新奖。

五里桥社区文化中心举办的系列文化活动,实质上是社区休闲建设的重要体现。社区休闲活动的品质和影响力,是社区工作质量的重要表现。目前,国家非常重视城市社区治理工作。2019年进博会期间,习近平总书记考察上海时指出,城市治理的"最后一公里"就在社区,社区治理和服务都直接反映着城市治理现代化水平。社区治理是需要休闲文化的营造,因为社会成员对生活于其中的社区文化环境的要求是趋于多样化和丰富化的,这正是居民对美好生活追求的具体反映。因此,在当今时代,探索城市社区休闲的相关研究，不仅有助于把握社区休闲活动的开展特点，更有助于为城市的高质量发展、高品质生活创造提供一个缩影。五里桥社区休闲活动的打造已经成为一个比较成功的案例，多年来有不少的社会组织和团体前往考察、学习。因此，选择五里桥社区作为案例地开展社区休闲研究，一方面可以丰富和拓宽社区休闲研究的理论视角，另一方面可以了解国内大城市社区休闲的建设状况，从而为其他社区休闲建设提供借鉴，这无疑具有较强的现实意义。

二、数据来源

本文对五里桥社区休闲活动特征的研究，是从活动的服务提供和活动的居民感知两个维度展开分析。为能够有效把握这两个维度的分析，本文的资料和数据采集主要来源于三个渠道：一是搜集五里桥社区文化活动中心网站的数据，运用统计图表直观展示休闲活动的类型分布以及频次特征；二是获取五里桥社区文化中心的运营报告文件，从中探寻社区休闲活动的品牌化建设特征；三是通过五里桥社区文化中心网站居民的评论和大众点评网上居民对五里桥社区文化活动的评价，运用 Rost content mining 内容挖掘软件集中性地捕捉居民对社区休闲活动的感知特征。

第四节　社区休闲活动的
服务特征分析

一、活动类型特征

五里桥社区文化活动中心开展的休闲活动类型如图 6-1 所示。可以发现,第一,五里桥社区休闲活动类型总计有 13 项,涵盖教育、文艺、娱乐、体育锻炼、网络等;第二,所有休闲活动中,教育、文艺类型的细分活动居多,尤其是社区学校的活动占比最大,其次是文艺类活动,其他类型的活动相对占比较小。

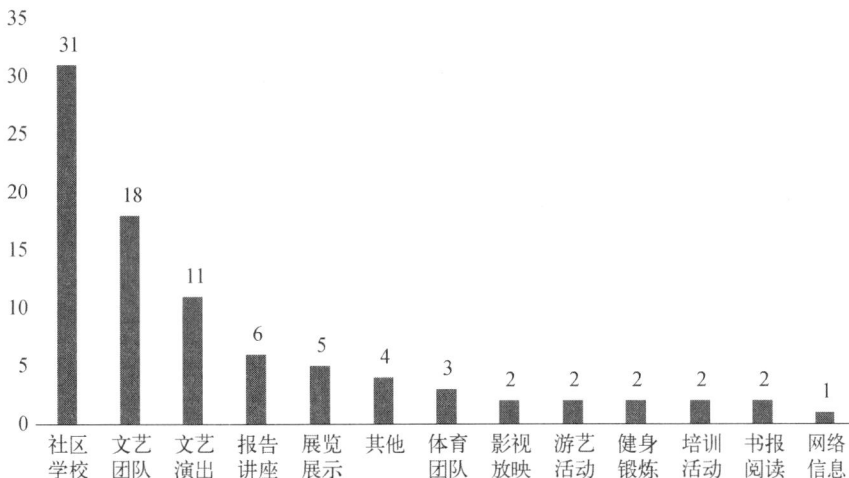

图 6-1　五里桥社区文化活动中心开展的休闲活动类型

进一步分析各类型的细分活动,可以发现,第一,五里桥社区开展的休闲活动类型范围广泛,能够满足社区内从孩子到老年人各个年龄段群体的休闲需求;第二,五里桥社区尤其注重教育、文艺类等提升文化素养的休闲活动,但在活动数目的分布上并不均匀。具体特征如下。

第一,社区学校活动中学习班的数量多,种类多元。五里桥社区休闲活动中的社区学校活动不仅仅是针对老年人群体的健康养生、体育保健活动,而是涵盖不同年龄人群的教育活动,如音乐、乐器、金融、摄影、时装等。同样,老年人的休闲活动也不再拘泥于养生保健,可以有多元化的选择,如健身、游戏、娱乐等,这些活动还可以和社区其他活动,如古典传统文化、志愿活动、体育活动、教育活动等结合创新开展。

第二,多样化的文体活动拓展丰富了文体活动的内容和形式。五里桥社区的文体活动,主要是以面向老年人群体开展的活动,这些活动以戏剧为主,其次是舞蹈、书画、合唱、编织等,其中的戏剧活动种类繁多,包括淮剧、京剧、越剧、沪剧等,这些活动满足老年人视听等多方面的休闲娱乐。五里桥社区针对老年人开展的文体活动,充分考虑了老年人身心健康方面的需求,使得老年人在社区生活有充分的获得感与满足感。

第三,其他类型的活动相对较少,但涉猎范围广泛、内容丰富。相对于社区学校、文体活动,其他类型的活动项目较少,但涉猎的范围相对较广,也比较有趣,如展览展示、知识扩展、体育健身等着力于满足阅读、艺术、科普、亲子等需求,这些活动的存在使得社区文化活动中心能够成为社区居民终身学习和娱乐的场所,在其中享受丰富多样的文化艺术和科学知识(见表 6-1)。

表 6-1　五里桥社区休闲活动类型细分

类　型	项　　　　目
社区学校	短片、桥牌、普通话、古诗词、口琴、环保、摄影、金融、PPT、导引、人像、广场舞、养生保健、串珠、健康养生、时装班、妈妈编织班、瑜伽班、英语会话、英语班、电子琴班、钢琴班、二胡班、交谊舞班、拼音班、书画班、太极剑班、太极拳班、数码处理班、电脑班、声乐班
文艺团队	时装(中心)　越剧(海悦)　统战团队　编织(瞿中)　合唱(瞿中)　编织(瞿南)　书画(瞿中)　编织(侨)　舞蹈(瞿南)　舞蹈(瞿中)　合唱(斜土)　书画(瞿南)　合唱(侨联)　合唱(中心)　乐队排练　戏迷剧场　临溪书画社　舞蹈队
文艺演出	戏迷剧场天天演——淮剧专场　戏迷剧场天天演——京剧专场　戏迷剧场天天演——京剧专场(区)　戏迷剧场天天演——越剧专场　戏迷剧场天天演——越剧专场(瞿南)　戏迷剧场天天演——评弹专场　戏迷剧场天天演——沪剧专场　黄金萨克斯舞会　月月演——京剧专场　月月演——越剧专场　月月演——滑稽专场
报告讲座	科普讲座　残联健康讲座　居委文体团队联络员会议　瞿中居委党员大会　安全系列讲座　东方讲坛

（续表）

类　型	项　　　目
展览展示	廉政进社区展览　原创油画展　抗震救灾图片展　手工艺作品展　节能减排体验馆
其　他	亲子园　社工活动　收藏团　动漫社
体育团队	腰鼓队　乒乓　太极拳队
影视放映	影视放映　周末电影
游艺活动	手工节活动　元宵游园会
健身锻炼	乒乓　健身锻炼
培训活动	拉丁舞培训　知识培训
书报阅读	少儿图书馆　图书馆
网络信息	东方信息苑

资料来源：上海社区文化中心 http：//www.shggwh.com。

二、活动频次特征

总的来说，休闲活动的频次与活动类型的数量成正比关系，即开设活动越多的类型在一周之内开展的频次也就越高。从图 6-2 可以发现，第一，活动频次最多的是社区学校，一周高达 111 次，而活动频次最少的是网络信息，一周为 7 次，这是东方信息苑开展的活动。东方信息苑主要是向社区居民提供公共文化设施和服务的信息化平台，具体包括上网、公益培训、VPN 宽带专网、公益活动和社区增值服务等。这一平台已成为社区居民获得信息、学习知识、休闲娱乐、沟通交流的公益连锁服务场所。通过线上内容和线下活动相结合，信息苑帮助五里桥社区创造团结与互助的氛围，为建设和谐社区乃至和谐社会做出积极贡献。第二，频次较多的活动主要集中在教育、文化类方面，可见五里桥社区非常注重文化素养型的休闲活动安排。

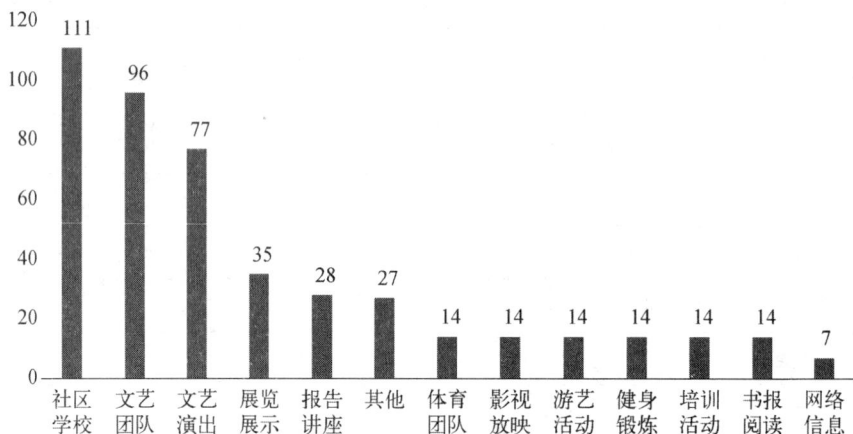

图 6-2 休闲活动类型一周之内的总频次

注:图中的其他,指的是亲子园、社工活动、收藏团、动漫社等。

三、时间分布特征

从五里桥社区休闲活动时间分布上看,从周一到周日,五里桥社区的休闲活动每天都有安排,从每天活动总频次上看,一周的活动安排相对均匀,差距较小。但值得注意的是,每天的活动重点依然是社区学校、文艺团队和文艺演出活动(见表 6-2)。

表 6-2　五里桥社区休闲活动时间分布

类　　别	周一	周二	周三	周四	周五	周六	周日	不定期
社区学校	17	17	17	17	15	14	14	6
文艺团队	15	14	13	14	14	13	13	2
文艺演出	11	11	11	11	11	11	11	0
报告讲座	3	3	3	3	3	3	3	2
其　　他（亲子园等）	4	4	4	4	3	4	4	0
展示展览	5	5	5	5	5	5	5	0

（续表）

类　　别	周一	周二	周三	周四	周五	周六	周日	不定期
体育团队	2	2	2	2	2	2	2	0
影视放映	2	2	2	2	2	2	2	0
游艺活动	2	2	2	2	2	2	2	0
健身锻炼	2	2	2	2	2	2	2	0
培训活动	2	2	2	2	2	2	2	0
书报阅读	2	2	2	2	2	2	2	2
网络信息	1	1	1	1	1	1	1	0
总　　计	68	67	66	67	64	63	63	12

　　在表6-2基础上，本文重点分析社区学校、文艺团队和文艺演出三类休闲活动的时间分布特征。可以很直观地发现社区学校这一类的活动一周开展的时间分布并不均匀，差距较大，比如频次较高的乐器班、英语学习班、养生保健班达到一周7天全覆盖分布。这些休闲活动的受众人群大都是社区内休闲时间富裕且自由度高的"老少"，而针对退休无业的老年人群体、全职家庭主妇群体、未上学的未成年人群体，其他像导引、金融、摄影、环保、口琴、古诗词、普通话、桥牌、短片等频次较低，在保证了一周7天内至少1至2天的频率之外，时间上均匀地分布于周一至周五的工作日，另有一些不定期开展的活动，如声乐班、电脑班、数码处理班、太极班和书画班等（见表6-3）。

表6-3　社区学校活动的时间分布

	周一	周二	周三	周四	周五	周六	周日	不定期
短片	1							
桥牌			1	1				
普通话			1					

（续表）

	周一	周二	周三	周四	周五	周六	周日	不定期
古诗词		1						
口琴	1							
环保					1			
摄影				1				
金融				1				
PPT	1		1					
导引		1						
人像		1						
广场舞	1	1	1	1	1	1	1	
养生保健	1	1	1	1	1	1	1	
串珠	1	1	1	1	1	1	1	
健康养生	1	1	1	1	1	1	1	
时装班	1	1	1	1	1	1	1	
妈妈编制班	1	1	1	1	1	1	1	
瑜伽班	1	1	1	1	1	1	1	
英语会话	1	1	1	1	1	1	1	
英语班	1	1	1	1	1	1	1	
电子琴班	1	1	1	1	1	1	1	
钢琴班	1	1	1	1	1	1	1	
二胡班	1	1	1	1	1	1	1	
交谊舞班	1	1	1	1	1	1	1	
拼音班	1	1	1	1	1	1	1	
书画班								1
太极剑班								1

（续表）

	周一	周二	周三	周四	周五	周六	周日	不定期
太极拳班								1
数码处理班								1
电脑班								1
声乐班								1

从社区文艺团队的活动时间分布看,每周活动的安排都显示满满当当。其中,合唱、编制、舞蹈等文艺团队的活动时间尤其显得比较充足,在一定意义上表明文艺团队活动深受老年群体的青睐(见图6-3)。

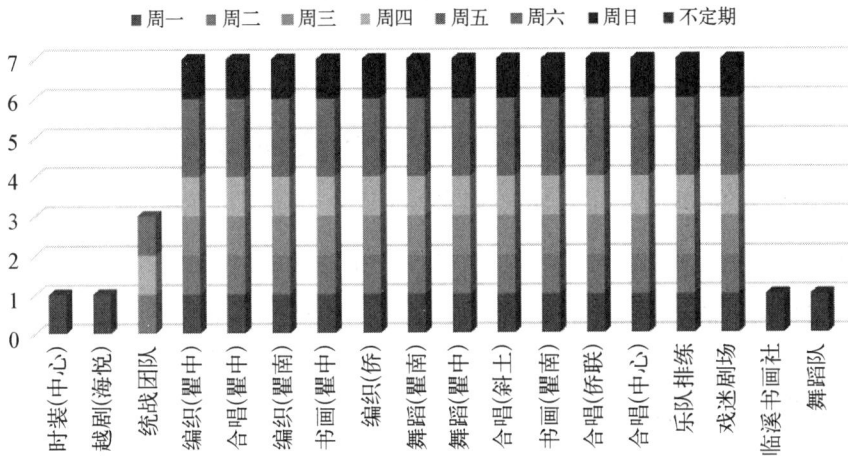

图6-3　社区文艺团队的活动时间分布

一般来说,老年人的日常休闲活动范围主要在居住地周边的社区内。他们的休闲时间相对充裕,而且自由选择程度较高。因此,每星期7天全覆盖的天天演活动时间安排,应该说在很大程度上已经非常适应老年群体比较特殊的休闲活动需求。此外,从演出的活动内容看,又需要与老年群体的需求口味对接,才能充分满足这一特定群体的要求(见图6-4)。

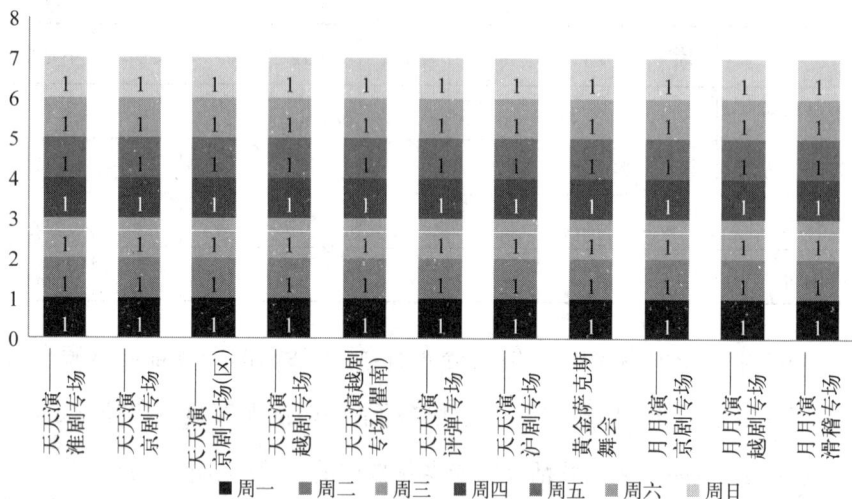

图 6-4 文艺演出的活动时间分布

可以发现,文艺团队活动与文艺演出活动在每周的安排几乎是惊人的一致。需要说明的是,不仅仅是社区学校、文艺团队、文艺演出这些多活动项目的时间分布相对均匀,其他项目较少的活动类型时间分布也基本达到一周全覆盖。可见,五里桥社区在让社区成为居民的终身学校和娱乐场所上的决心和努力。

四、品牌活动特征

五里桥社区的休闲活动并不是单纯从供给方角度提供的,为能够不断满足人民群众日益增长的美好生活需求,五里桥社区以满足和引导为原则,一方面通过反复调研社区居民的需求,形成了功能分解、年龄分层、时间分段、活动分类的"四分法则"工作思路;另一方面主动引导居民积极参与活动的策划中,因而逐渐形成了一系列品牌性的休闲活动,如"戏迷剧场天天演""周末全家一起来"(86 场)"虹舞台""移动书格""WULI 能工巧匠"(每周一次)"非遗传承""全民健身日""亲子园宝贝场地"等,其中的不少活动结合了优秀传统文化和节庆文化,休闲之余达到了宣传中华优秀传统文化的精髓和社会主义核心价值观。

(一)形成"五里桥工业文明展览"休闲品牌活动

五里桥一带曾是上海非常重要的工业区,江南造船厂等50余家工业企业驻扎在这一带区域。为深入了解这一历史发展和变迁,五里桥社区工作人员一方面向社区的老居民请教,因为他们曾是这些工厂的退休人员;另一方面专程跑到博物馆、档案馆搜集资料和老照片。为了让社区居民也能够深入了解五里桥的历史变迁和发展过程,五里桥社区联合上海新闻广播,"乐游上海"微信平台,推出了"足迹——五里桥工业文明展览/微旅游"品牌活动,居民通过手绘地图,找寻五里桥的工业足迹。这一活动受到了社区居民的广泛好评和情感共鸣,"……我们的社区变化太大了……""……给年轻人和孩子们讲五里桥的前世今生,特别开心! 也觉得很有价值!"。浓缩的乡愁文化、故土情怀唤起了大家的文化共识和共鸣。

(二)开展"非遗传承"系列休闲活动

目前,五里桥社区文化中心已成为国家级非遗"上海灯彩"和上海非遗"海派连环画"的社区传承点,黄浦区非遗项目"海派微雕"的保护单位。此外,中心结合非遗文化,以进社区、校区、园区的方式开展"非遗在我身边"系列活动,以手工、展览、演出等多种传播形式推广普及非遗文化。

(三)打造以音乐为媒的社区休闲活动

目前,五里桥社区文化活动中心依托"虹舞台"推出了各类大型社区音乐活动150余场,如社区交响音乐会、大提琴专场音乐会、古诗词主题音乐会等,吸引观众近4万人次。此外,五里桥街道还与辖区内的上海音乐出版社合作开展了"打造一生的音乐计划"项目,以音乐文献阅览、音乐文化普及展览、音乐讲座输送等形式助力居民亲近音乐,并以此形成了各类讲座、展览、演出活动,比如"音乐的故事——音乐的传统与变迁"音乐文化展览,向社区居民普及古典音乐、民族音乐、戏曲、乐器等各种知识。受音乐氛围的熏陶,五里桥社区已经形成"五里海派风采歌词大赛"、配音剧《五里假日》、社区剧《晚霞似锦映五里》等作品。可见,以音乐为媒的社区休闲文化活动的开展,让社区居民在家门口就体验到丰富多彩的休闲文化活动,居民乐享其中,感受到社区的温暖力量。

(四)创建"移动书格"为载体的社区阅读活动

"移动书格"是五里桥社区为营造社区美好氛围而诞生的产物,它是通过一格一格的书架,以书格认领的形式向居民推荐好书。目前认领书格的不仅有个人还有社会团体。"移动书格"使得社区休闲活动的内容更加丰富,主要体现在:第一,为各种活动的开展提供了重要载体。如今已有多种社会主体借助"移动书格"实现了资源整合,比如上海海派连环画中心已通过"移动书格"在五里桥设立了"上海非遗——海派连环画社区传承点";上海当代艺术馆通过"移动书格"在周五"三点半课堂"与文化中心合作推出"当代山水"系列讲堂。第二,实现了不同主体之间的对接,共建品牌活动。五里桥社区与上海博物馆合作的"博物·上海"品牌活动、以及与《中国国家地理》编辑部合作的"国家地理大讲堂",至今已在五里桥社区文化中心开展了 20 余场高质量讲座;与上海古籍出版社等合作的《与你一起品经典》导赏沙龙至今已开设 20 余期,由专业领域专业导师主讲,荟萃艺术领域各门类,以交互式体验结合的方式,重温经典曲目、剧目、画作、文学作品等,提升文化普及和认同。第三,有效盘活了辖区内的教育资源。五里桥社区与辖区内学校联合,将五里桥社区文化中心建成学生课外教育资源平台,举办了如"穿越中西方美术史"、"《安妮日记》的故事"等沙龙活动。第四,创新开展系列阅读活动。五里桥社区文化中心充分发挥自有品牌"虹舞台"的优势联合"移动书格",共同推进阅读活动的开展,比如开展"倾听文学"系列活动、借助微信公众号"指尖阅读"板块开展主题阅读推广活动。这些阅读活动都是以专业的阅读形式带动文字传播、传递书香。目前,五里桥社区已经在推进"书香五里"建设,逐渐形成了"1+19+X"社区书香网络,将书香阅读活动配送到社区的每一个角落。

第五节　社区休闲活动的居民感知特征分析

　　前文从活动的提供角度分析了五里桥社区休闲活动特征,这是供给层面的分析。从需求方角度讲,居民对这些活动的感受是怎样的,需要进一步展开分析。供给和需求两个维度的分析,一定程度上能够较为全面地展现五里桥社区休闲活动开展的状况。本文对居民的感知特征分析,主要借助居民的评论内容展开词频统计和情感态度分析,评论数据来源于大众点评网和五里桥社区活动中心网上的146条评论,人工筛查去除与休闲活动内容无关的评论,对剩下的100条有效评论进行分析。数据在同一时间段内集中采集。对评论内容分析的工具是ROST CM软件,分析步骤为首先按照频次从大到小排序,总计得到1 240个词;然后利用社会网络和语义网络分析和情感分析从中找出具有分析价值的高频词汇,去掉虚词,在剩下的实词中找出名词和形容词,并在这些词汇中挑出出现频次最高、且能体现居民对社区休闲活动感知态度的代表性词汇。

一、认知特征

　　利用软件获取高频词汇,按照名词和形容词两类词性归类,得到如表6-4和表6-5的结果。

表 6－4　名词高频词及其对应频次

高　频　词	频　次	高　频　词	频　次
社　区	51	图 书 馆	19
五 里 桥	40	剧　场	19
活　动	38	文　化	19
活动中心	29	设　施	16
演　出	25	街　道	16
环　境	23	文化活动	10
居　民	19	健 身 房	9

表 6－5　形容词高频词以及对应频次

高　频　词	频　次	高　频　词	频　次
丰　富	16	整　洁	5
很　好	14	羡　慕	4
方　便	10	很　棒	4
很不错	10	蛮　好	4
明　亮	7	还不错	4
很　大	6	挺　好	4
喜　欢	6	非常好	4
舒　适	5	推　荐	3

　　第一,"社区"一词成为最高词频的词汇,出现频次高达 51 次;其次是"活动""演出""图书馆""剧场""设施"等与休闲行为或者休闲活动密切相关的词汇。除此之外还有"环境"提及 23 次,"文化"提及 19 次。从这些名词可以推测出居民对社区休闲活动评价的一些倾向性特征,即居民更偏爱文化文艺类的休闲活动项目。除了活动本身,也会关注休闲氛围,如环境和设施。同时,从居民的评论语言中,也可以发现休闲活动可以提高居民对社区的归属感和认同感,居民可以通过"休闲"来确立"我们这个圈

子"的存在,还可以认识到"我们这个社区"的重要性。一个良好的社区休闲环境、休闲氛围和休闲活动,可以成为个人之于社区的归属标志。休闲完全可以成为一个社区的"符号",为社区赢得广受好评的口碑。

第二,在形容词高频词中,出现最多的是形容活动的"丰富",其次是表达活动体验感知和满意的"很好""很不错""喜欢"诸如此类的词汇,还有一些形容环境的"舒适""明亮""整洁"等词汇。这些形容词汇,实际上是居民对社区休闲活动感性表达的直接体现,从中不难发现居民对社区休闲活动的体验感比较好,对设施环境建设方面的评价也比较高,这映射出五里桥社区休闲活动的多样化和友好性。

二、情感特征

根据软件系统的情感分析得出的数据结果如表 6 - 6 所示,从中可以发现如下特征。

表 6 - 6　情感分析数据结果

汇 总 情 况	评 论 数	百 分 比
积极情绪	89 条	89.00%
中性情绪	4 条	4.00%
消极情绪	7 条	7.00%
积极情绪分段统计结果		
一般:(0, 10]	16 条	16.00%
中度:(10, 20]	31 条	31.00%
高度:(20, +∞)	42 条	42.00%
消极情绪分段统计结果		
一般:[−10, 0)	7 条	7.00%
中度:[−20, −10)	0 条	0.00%
高度:(−∞, −20)	0 条	0.00%

首先,居民对五里桥社区休闲活动的情感积极情绪远远高于消极情绪,可见居民对社区休闲活动的体验感很好,满意度极高,仅有少数一部分人的情感态度较为消极。

其次,进一步通过积极情绪分段统计结果中发现,绝大多数的感知态度处于高度积极,一般和中度积极情绪相比之下较少,两个分段的数据很平均,综合下来可见居民对社区休闲活动有极高的满意度,也映射了社区在休闲活动的开展与安排上充分契合了居民的休闲需求,能够引起居民的情感共鸣。进一步从居民的评论内容看,积极情绪型内容主要集中在以下方面:一是居民通过参与社区休闲活动,能够交到很多志同道合的朋友,心情上开心、舒服;二是能在社区文化中心聆听到很多高雅的专场音乐会,居民觉得既领略了音乐家的风采,又丰富了自己的业余生活,内心感到欣喜;三是经常举办各种类型的休闲活动,比如邮票展览、影视放映、海派连环画阅读、市民文化节等,居民觉得这些活动丰富了自己的生活;四是社区专门设立老人活动中心和亲子场所,一方面增加了老年人的文娱活动,另一方面也丰富了儿童的娱乐活动,考虑到了各年龄群体的需求,非常人性化;五是开办了各种兴趣班,比如手工、太极、钢琴、声乐、书法等,居民感到很有社区归属感,认为生活在这个社区很幸福;六是社区文化中心的休闲设施、环境都很好,工作人员的态度也非常好,让居民们感到非常愿意向他人推荐这个地方。

最后,消极情绪分段统计结果有 7%,且是处在一般的消极情绪;高度显示为 0,这说明居民的感知并没有达到很不满意的态度,可能只是很一般的体验感。从评论内容看,居民的消极情绪内容主要表现在:一是社区文化中心的周边交通不是很便利,距离地铁要走十几分钟;二是社区文化中心内部的一些场所空调开得太冷,居民感到不舒适;三是社区文化中心内部的图书馆经常会有中老年人大声喧哗的现象,这一现象的确存在过,不过随着社区中心工作人员的规范化管理,大声喧哗的现象已经明显得到改善。

　　总的来说,居民对社区休闲活动的态度处于高度积极的情绪,表明居民对社区休闲活动的满意度是比较高的。

第六节　结论、政策启示与不足

一、研究结论

　　一个发展现代化的、且具有完整意义的城市社区不仅仅只是一个生活集聚体,也应该重视居民生活方式的营造。通过充分发挥休闲的价值,将休闲活动融入社区居民的日常生活中,营造社区休闲化氛围,必将成为城市社区发展的一个重要内容。本文选择上海五里桥社区为案例地,分析社区休闲活动的类型、频次、时间安排以及品牌活动特征,并进一步探讨居民对社区休闲活动的感知态度。

　　研究发现,第一,五里桥社区休闲活动类型多样、项目丰富,主要集中在教育、文化类活动上;第二,五里桥社区休闲活动时间分布相对均匀,但周六、日的活动频次要低于工作日,这可能源于工作日期间有更多的老年人参与其中;第三,五里桥社区已经形成以文化、艺术为主体的休闲品牌活动,并积极联合区内外的市场主体共同推动休闲品牌活动建设,这源于五里桥社区原本就具有丰厚的遗产资源,而五里桥社区文化中心的工作人员积极挖掘这些资源,逐渐形成了系列品牌活动;第四,居民对五里桥社区休闲活动的总体评价较高,提及的名词高频词主要是文化、体育设施等,形容词高频词主要是丰富、满意等,同时居民对社区休闲活动的积极情绪要远远高于消极情绪。

二、政策启示

随着经济社会的发展与进步，居民对精神文化生活的需要呈现出多元化特点，社区休闲文化的营造已是居民生活的重要需要。因此，繁荣和发展社区休闲文化是建设和谐社会的客观需要和必然要求，也是提升社区居民生活品质的内在要求，同时也是增强居民对社区的归属感和获得感，是提高社区吸引力的重要举措。可见，如何做好社区休闲活动与服务的安排，已经成为社区工作的一个重要环节，也成为考验社区工作是否深得民心的一个关键节点。本文的研究也发现，五里桥社区休闲活动之所以安排妥当，深受居民好评，是五里桥社区文化中心精心运营的结果。2015 年上海市提出了要广泛引入社会力量参与社区文化中心的社会化、专业化管理，因而五里桥街道尝试以政府购买服务的形式，把社区文化活动中心托管给具有社区文化服务经验的社会组织——上海左邻右舍文化艺术传播有限公司，政府与社会力量的双向互动，共同成就了五里桥社区休闲活动的丰富性以及居民的好评。因此，社会力量参与社区工作的运营，是盘活社区资源、激发社区活动、发挥居民能动性的一个重要手段。

结合五里桥社区休闲活动的特征，本文认为社区休闲活动的开展需要注意以下几点。一是以需求为导向。五里桥社区非常重视居民的需求，每次活动结束后，工作人员都会以扫码或线下问卷的形式，请居民参与活动反馈调研，这也是五里桥社区休闲活动开展成功的原因之一。因此，社区休闲工作要能够去了解、分析居民的需求和意愿是非常重要的，借鉴五里桥的做法，从功能、年龄、时间、活动分类四方面探寻社区休闲服务需求。

二是提升社区休闲文化服务效能，全面升级社区硬软件建设，尤其是要打造一个集阅读、艺术、健身、科普、亲子于一体的社区文化活动中心，以专业化的水准进行管理,从而做到满足各年龄层各覆盖面的不同需求。休闲活动丰富的社区,应该有供老年人活动的场所和项目,可跳舞、健身锻炼、观影听戏;也有供小孩儿娱乐学习的活动,可弹琴、读书、玩耍;在职的年轻人下班后或周末也可在一些活动中增长见识、学习技能、放松身心。

三是发挥社会力量参与社区休闲工作,推动社区休闲活动的品牌化建设。在当今时代,社区工作的管理主体可以是多元化,不同的主体有各自的优势,需要通力合作共同推动社区发展。在合作过程中,要注重挖掘社区的资源内涵,利用信息化手段加强社区内外的资源共享,从而形成一系列特色休闲活动品牌,增强居民对社区的休闲文化认同和家园意识。

三、研究不足

从休闲视角研究社区是本文的一个尝试,在研究过程中,为了能够呈现一个典型社区休闲活动的特征,本文从活动的提供和活动的感知两个角度展开研究,从中发现了五里桥社区休闲活动的类型、频次、时间等特征,以及居民对这个社区休闲活动的认知和情感特征。由于研究能力有限,本文还存在诸多不足,主要表现在以下几个方面。

第一,本文对活动的提供特征方面的研究资料来源于五里桥社区文化中心网站的数据和该中心的运营报告,仅是从静态的维度展现了现状特征,缺乏从动态的维度体现五里桥社区休闲活动的变化特征。毕竟,社区居民的需求在随着时间发生变化,五里桥社区文化中心在运营过程中,是非常注重居民的需求的,所以每年提供的活动会有一定的变化,因而,在后续的研究过程中,本文会进一步与五里桥社区文化中心沟通,获取更多的资料来展开分析。

第二,本文对活动的感知特征分析来源于网络文本,从中发现了居民对五里桥社区休闲活动的满意度较高,侧面印证了五里桥社区休闲活动的开展较为成功。但是,居民感知的具体细节特征,是无法通过网络文本精确呈现,毕竟使用网络的群体有限。所以在今后的研究中,会进一步结合访谈或问卷调研方式来补充完善感知方面的研究。

本章参考文献:

[1] 金雪芬.论休闲活动中休闲文化基本精神的彰显[J].湖北理工学院学报(人文社会科学版),2013,30(5):22-25.

[2] 何志玉.论当代人类休闲活动及其价值意义[J].贵阳学院学报(社会科学版),2013,8(6):47-51.

[3] 蒋艳.城市居民休闲活动对幸福感的影响研究——以杭州市为例[J].浙江外国语学院学报,2015,(6):98-109.

[4] 齐兰兰,周素红.邻里建成环境对居民外出型休闲活动时空差异的影响——以广州市为例[J].地理科学,2018,38(01):31-40.

[5] 邵继塘,刘涛.城市社区休闲发展的供给模式分析[J].佳木斯大学社会科学学报,2014,32(4):63-66.

[6] 楼嘉军.休闲文化结构及作用浅析[J].北京第二外国语学院学报,2002,(1):79-84.

[7] 吴晓庆.当前城市社区休闲文化发展研究[D].安徽大学,2015.

[8] 曹志杰.我国城市社区休闲的发展路径探析[J].中共青岛市委党校.青岛行政学院学报,2018,3:111-115.

[9] 梁佳蕊,时少华.社区休闲服务需求及制度保障研究[J].湖北理工学院学报(人文社会科学版),2019,36(4):18-23+57.

[10] 端木一博,柴彦威.社区设施供给与居民需求的时空间匹配研究——以北京清上园社区为例[J].地域研究与开发,2018,37(6):76-81.

[11] 马军鹏.社区文化中心的设计分析——以曹路文化中心为例[J].城市建筑,2019,

16(3)：64－65＋67.

[12] 叶林峰.基于城市发展的社区基本公共文化服务建设的若干建议——以北京市东城区 S 街道为例[J].中国市场,2019,26：117－119.

[13] Susan M. Arai，Alison M. Pedlar. Building Communities Through Leisure：Citizen Participation in a Healthy Communities Initiative，Journal of Leisure Research，1997，29(2)：167－182.

[14] Peggy Hutchison， John Lord. Community-based research and leisure scholarship：a discernment process[J]. Leisure/Loisir，2012，36(1)：65－83.

[15] François Gravelle，George Karlis，Jean-Marc Adjizian & Denis Auger (2015) A model for a community leisure initiative analysis，Loisir et Société/Society and Leisure，38：2，184－194

[16] Karlis，G. Leisure and recreation in Canadian society：an introduction[J]. Leisure/Loisir，2016，40(2)：249－252.

[17] Nicole Vaugeois，Joanne Schroeder，Michelle Harnett The role of leisure in integrated community sustainability plans within Canada[J]. Leisure/Loisir，2017，41(3)：343－364.

[18] Cristina Ortega Nuere，Isabel Verdet Peris. Leisure as a creative solution to collectively enhance the social，cultural，environmental，and economic quality of life of communities：a retrospective overview of the World Leisure International Innovation Prize，World Leisure Journal，2019，61(3)：241－250.

[19] Becchetti L，Ricca E G，Pelloni A. The relationship between social leisure and life satisfaction：Causality and policy implications[J]. Social Indicators Research，2012，108(3)：453－490.

第七章　上海迪士尼小镇业态布局与游客感知分析[①]

第一节　引　言

2014 年,我国浙江省率先提出打造"特色小镇"战略,以此推进浙江省发展转型的新途径。之后国家发展改革委、财政部以及住建部决定在全国范围开展特色小镇培育工作,旨在创建各具特色、富有活力的休闲旅游、商贸物流、现代制造、教育科技、传统文化、美丽宜居等特色小镇。而近年来,随着特色小镇的数量不断增多,但特色小镇质量缺少把关、产品规划不合理、同质化现象严重等问题也层出不穷。想要解决这些棘手问题,就必须对小镇进行合理的规划建设,让其立足于自身的资源特色和环境条件,形成自身具有核心竞争力的主导产业,并培育相关产业链。

一、旅游产业导向下特色小镇的类型

目前,我国在发展特色小镇的过程中出现同质化、小镇效益低下、资源浪费严重和出现"空城"等现象。同时,特色小镇定位不清、功能联动性

---

① 本章作者:陈彦婷,楼嘉军(上海师范大学旅游学院)。

弱,也是阻碍小镇发展的重要原因。特色小镇的发展应立足于地区资源优势,聚焦优势产业,因地制宜,对小镇的发展进行科学的规划。通过对国内外特色小镇的研究分析,可将旅游产业导向下的特色小镇分为以下两大类型:

（一）双产业驱动型

"双产业"指的是特色产业和旅游产业,双产业驱动型就是特色产业与旅游产业互相促进,相互支撑,共同推进特色小镇的建设。在双产业驱动型特色小镇的发展中特色产业是以第一产业和第二产业中的轻工业来吸引游客,并与旅游产业并驾齐驱。丹麦的比隆小镇是典型的双产业驱动型小镇,通过乐高 IP 延伸到旅游业和制造业两大支柱产业,通过旅游业和制造业的共通融合,最终实现了特色产业和旅游业的共同发展。乐高公司是比隆小镇的中心,其特有的乐高 IP 发展成为小镇的两大支柱产业—制造业和旅游业。在制造业方面,比隆小镇的生产线负责乐高玩具的制模工序,是乐高在全球的五条生产线之一;在旅游业方面,比隆乐高乐园是当地标志性的旅游目的地,日接待量最高时超过 2 万人。其涵盖面广,综合性强,真正实现了第二产业和第三产业间的融合发展。在双产业驱动型小镇的发展中,要把产业作为根基,把旅游作为主线,实现"以产业支撑旅游,以旅游集聚产业"的发展目标。

双产业驱动型产业链的培育不仅需要旅游产业链的建设,还需要特色产业的产业链建设。通过建立六大服务体系,培育完整的旅游产业链,同时立足于特色产业的产业性质,促进特色产业的产业链建设,不断推进特色产业链与旅游产业链的双驱动和双发展[1]。

（二）旅游驱动型

旅游驱动型是指提供旅游服务产业在小镇发展中占主导地位,其他产业的优势并不明显,重点发展以"旅游＋"为主的特色之路。以健康养生、休闲观光等体验类服务为主,具有独特的旅游资源和强大的旅游吸引力。结合休闲、观光和养老等项目打造景观,充分挖掘文化、历史、自然资源,最大限度地吸引客流,获得旅游收入,其盈利模式主要是以景区的运营为主,如上海迪士尼小镇。该小镇毗邻上海迪士尼乐园入口处,借助了上海迪士尼乐园所带来的同期客源和迪士尼文化资源来发展旅游业。同时进一步深度挖掘迪士尼文化的周边产品,推进迪士尼文化和当地旅游业的结合发展。小镇通过走"旅游+"的战略方针,有效带动了商业、文化产业、住宿、餐饮等泛旅游产业的发展。因此,旅游驱动型小镇通过对健康养生、人文自然、景色环境和体验类等以服务产业为主的建设开发,推动了整个小镇的全域化打造,扩大了辐射力度,实现了从景点旅游到全域旅游的转变。

旅游驱动型小镇以旅游产业为主,小镇产业链的打造应立足于当地的文化、历史、自然资源。以当地的特色资源为旅游产业的基础,建设以"食、住、行、游、购、娱"六大服务体系,建立完整的旅游产业链[1]。

二、开发旅游特色小镇是旅游消费市场转型升级的需要

随着旅游市场的发展壮大,国民的消费需求不再局限于大众旅游,休闲性和文化性旅游逐步成为旅游消费市场的新趋势。同时,旅游特色小镇越来越集娱乐休闲、文化体验、旅游服务、夜间经济、度假生活方式等多重旅游功能于一体,成为当代娱乐休闲深受热捧的产品类型之一。旅游特色小镇以传统旅游产品为基础,以其他衍生产品为补充,一跃成为近年市场开发的重点之一,尤其在文旅深度融合的背景下文化旅游、文化产业成为综合休闲度假小镇开发的引领。旅游消费的转型升级,促进了旅游特色小镇对于资源开发的观念转变,从仅仅以自然资源来满足游客的观光需求,到同时挖掘自然和人文资源来满足旅游者的综合性旅

游需求,这样的转变是具有时代价值的。拥有那些观赏度不强的旅游资源的小镇,如果仅从观光的角度看,也许不会具有很大的开发价值,但是如果从另一个休闲度假的角度来看,却是可以通过创新创意开发、完善旅游产品类别品种功能等方式使观赏度不强的旅游资源变得更加有吸引力。旅游特色小镇的开发要改变传统的旅游发展观念,更深地去发现和挖掘当地资源潜力,促进产品品质的提升,从而去满足游客越来越多的新需求[2]。

第二节　上海迪士尼小镇的总体规划

一、上海迪士尼度假区核心板块的位置关系

上海迪士尼乐园是全球第 6 家迪士尼主题公园,比邻进口处的上海迪士尼小镇是一个全开放式的免费主题商业街;与小镇接壤的星愿公园目前是一个免费的环湖(星愿湖)郊野公园,占地约为 40 公顷,提供的是贴近大自然的城市休闲游憩空间;上海迪士尼乐园酒店和玩具总动员酒店提供度假区特色住宿功能,如图 7 - 1 所示。

上述四大板块构成了"主题公园＋主题商业街＋休闲公园＋度假酒店"的大格局;旅游功能上形成了游览、观光、娱乐、体验、购物、住宿、休闲、度假的全覆盖;这里不仅是全球性的旅游目的地,也承担了本地居民和周边地区市民周末游的功能。

二、迪士尼小镇的市场腹地

2018 年,上海国际旅游度假区接待游客约 1 650 万人,上海迪士尼乐

图 7-1　上海迪士尼度假区核心板块构成①

园的游客接待量达 1 180 万人。根据各大金融机构对比东京迪士尼、巴黎迪士尼的客流预测,未来上海迪士尼将预计达到 2 000 万年客流量。并且从地理位置来看,迪士尼小镇与迪士尼乐园主入口紧密相连,牢牢抓住了游客买票入园的消费红利,如图 7-2 所示。

　　同时,迪士尼小镇的客流交通也非常方便。大型停车场、公交枢纽站和地铁站点等三大交通接驳方式都汇集在小镇周边,形成人流汇聚的中心,如图 7-3 所示。

---

① 图片来源:最农蓝翔.迪士尼的商业模式—迪士尼小镇[EB/OL]. 2017-03-19. https://weibo.com/ttarticle/p/show? id=2309404087002575300413

图 7-2　上海迪士尼小镇与上海迪士尼乐园的位置关系①

图 7-3　上海迪士尼小镇周边交通接驳状况②

---

① 图片来源：最农蓝翔.迪士尼的商业模式——迪士尼小镇［EB/OL］. 2017 - 03 - 19. https：//weibo.
com/ttarticle/p/show？ id=2309404087002575300413.

② 同①。

第三节　上海迪士尼小镇的
内部业态

首先,从商业地产的操作逻辑来看迪士尼小镇。如同万达商业模式一样,迪士尼小镇的品牌招商上也分为自营店和对外招商的业态。自营业态用于吸引客流,而配套商业业态是对自营业态的补充和完善。作为一种典型的街区型商业,迪士尼小镇的业态规划极具特征,一南一北各自布局了两个迪斯尼独有的主力店:迪士尼世界商店和华特迪斯尼大剧院。除此之外,小镇业态被规划成了五个组团,分别为:小镇市集、百老汇广场、百老汇大道、百食香街、小镇湖畔五大部分。

一、小镇市集

小镇市集位于迪士尼小镇主入口,是人流量的第一集散地。迪士尼将主力自营店——迪士尼世界商店设置于此,从建筑外形、内部装饰、商品设计、流线布置等各方面体现了迪士尼成熟的商品零售运作体系。店内商品共 15 个类别,品种共 4 000 多件,主要定位为家庭消费,涵盖了服装及配饰、收藏品、礼服/角色扮演服、食品/糖果、头饰、家居用品、饰品、钥匙圈/磁贴、个性定制商品、徽章、上海迪士尼乐园主题商品、纪念品、文具、玩具/毛绒玩具、手表等,见表 7-1。小镇市集板块餐饮定位于轻餐饮,品牌认知度较高,客单价与日常城市消费相仿,主要通过大客流带动整体销售提升。

表 7－1　小镇市集板块内的商铺

商 铺 名 称	商 铺 类 别	商 铺 产 品
迪士尼世界商店 (World of Disney Store)	迪士尼自营零售 (主力店)	迪士尼相关周边服饰、玩具及收藏品
D 潮流 (D－Street)	迪士尼自营零售 (集合店)	迪士尼相关周边服饰、玩具及收藏品
D 新意 (Novel－D)	迪士尼自营零售 (集合店)	迪士尼相关周边服饰、玩具及收藏品
D 时尚 (Trend－D)	迪士尼自营零售 (集合店)	迪士尼相关周边服饰、玩具及收藏品
甜蜜满勺 (Spoonful of Sugar)	迪士尼自营零售	糖果
阿迪达斯 (adidas)	零售	运动产品
i.t	零售	潮流服饰
悦诗风吟 (innisfree)	零售	韩系化妆品
新秀丽 (Samsonite)	零售	旅行箱包
费儿的王子 (Fiona's Prince)	零售	童鞋
金泰迪工作室 (Build-A-Bear)	零售	手工毛绒玩具
SHEL'TTER	零售	时尚服饰集合店
乐高 (LEGO)	零售	乐高颗粒
BAPE STORE	零售	潮流服饰
斯沃琪 (Swatch)	零售	手表
Superdry	零售	潮流服饰

(续表)

商 铺 名 称	商 铺 类 别	商 铺 产 品
星巴克咖啡 (STABUCKS COFFEE)	餐饮	咖啡、甜点
喜茶 (HEYTEA)	餐饮	茶饮果汁
新元素 (Element Fresh)	餐饮	西式简餐
新旺茶餐厅 (Xin Wang)	餐饮	港式茶餐厅
面包新语 (BreadTalk)	餐饮	面包、蛋糕
土司新语 (Toast Box)	餐饮	面包、蛋糕

二、百老汇广场

百老汇广场是小镇人流集散的第二中心,华特迪士尼大剧院的标志十分醒目,在剧院内上映的普通话版本舞台剧《狮子王》,是能够达到"为你而来"级别的旅游吸引物。该区域商业的主要功能是进行演出的配套,整体定位偏高端,适宜观演等待,游客可预留较长时间享受美食或在酒吧小聚。该广场板块内的商铺见表 7-2。

表 7-2 百老汇广场板块内的商铺

商 铺 名 称	商 铺 类 别	商 铺 产 品
华特迪士尼大剧院	迪士尼娱乐项目	《狮子王》音乐剧
芝乐坊餐厅 (The Cheesecake Factory)	餐饮	甜品
Wolfgang Puck Kitchen and Bar	餐饮	现代美式经典餐厅

（续表）

商 铺 名 称	商 铺 类 别	商 铺 产 品
上海小南国 （Shanghai Min）	餐饮	上海菜
翡翠 （Crystal Jade）	餐饮	粤菜
酷厨 （KOKIO Gastrobar）	餐饮	时尚休闲酒吧餐厅

三、百老汇大道

该区域与百老汇广场衔接，街道尺度较宽，客流容纳能力强，主要分布的是高端餐饮、珠宝、艺术、化妆品、眼镜、鞋类等这类承租能力强的零售品牌。其中潘多拉、周大福等推出的迪士尼联名款，品牌之间的合作也是小镇商家的特色和亮点，见表 7 - 3。

表 7 - 3　百老汇大道板块内的商铺

商 铺 名 称	商 铺 类 别	商 铺 产 品
潘多拉珠宝 （PANDORA）	零售	珠宝
COTERIE	零售	眼镜
UGG	零售	鞋包服饰
爱可米艺术画廊 （ACME Fine Art Gallery）	零售	迪士尼收藏画品
周大福 （Chow Tai Fook）	零售	珠宝
丝芙兰 （SEPHORA）	零售	化妆品
蓝蛙西餐厅酒吧 （blue frog bar & grill）	餐饮	西餐、酒吧

四、百食香街

该区块毗邻小镇市集,位于整个项目中段,仅布局了餐饮业态,整体定位于轻餐饮和集中式餐饮,涵盖泰式、日式、中式等口味,见表7-4。

表7-4　百食香街板块内的商铺

商　铺　名　称	商　铺　类　别	商　铺　产　品
椰香天堂 (Coconut Paradise)	餐饮	泰式料理
丼丼屋 (DONDONYA)	餐饮	日式丼饭
一风堂 (IPPUDO)	餐饮	日式拉面
大食代 (Food Republic)	餐饮	各地风味小吃
南小馆 (The Dining Room)	餐饮	上海菜
摩罗街	餐饮	粤菜

五、小镇湖畔

该板块位于星愿湖畔,迪士尼小镇外围,与上述街区的中国风不同,这里的主题调整为海洋度假风,整体节奏"慢下来、静下来"。餐饮品牌的形象定位为中高端主题餐饮,零售品牌定位为运动休闲。小镇湖畔板块内的商铺名称、类别及经营的产品见表7-5。

表7-5　小镇湖畔板块内的商铺

商　铺　名　称	商　铺　类　别	商　铺　产　品
Hot Toys	零售	模型玩具
New Balance	零售	鞋包服饰

（续表）

商 铺 名 称	商 铺 类 别	商 铺 产 品
卡骆驰 （Crocs）	零售	鞋包服饰
TOMS	零售	鞋包服饰
too cool for school	零售	化妆品
趣趣安娜 （tutuanna）	零售	服饰
The BOATHOUSE	餐饮	主题餐厅
Dock Deli & Bar	餐饮	主题餐厅
极食 （g＋ The Urban Harvest）	餐饮	当代西式健康餐厅
隐泉 （Hatsune）	餐饮	日式料理

总体来看，小镇餐饮商铺约 22 处，零售商铺约 28 处，休闲娱乐 1 处。与综合性购物中心的零售面积，餐饮面积，休闲娱乐面积之比是 4：3：3 的优化配比来看，目测迪士尼小镇大约是 5：4：1，可见小镇的零售、餐饮比例放大，休闲娱乐虽然比例下降，但质量很高。

这样的商业业态布局锁定的是三大目标客群，即观演客、乐园客、城市客。《狮子王》演出的影响力、迪士尼乐园的溢出效应、无门票进入的便利性，以及演出带动的"白＋黑"全天候游览，成为汇聚小镇人气、提升商业价值和项目综合效益的可靠保障。

第四节　游客评价文本分析

一、数据获取

在综合考虑旅游网站的排名、网站的域名年龄、网站的百度权重、网站的日均流量、网站游客评论数据的可获取性等因素后,课题组最终选取携程旅游网平台作为获取游客评论数据的研究样本网站[3]。在携程旅游网搜索"上海迪士尼小镇",在目标的打分点评区域可获得评价文本。并利用八爪鱼爬虫软件分别从样本网站共采集自上海迪士尼小镇开业以来至2020年5月1日的游客评论内容。

首先将数据结构化处理,按照用户名、网站评分、评价时间、评价内容和有用度导入EXCEL中,成为本地原始评价数据库。其次,对数据进行内容清洗,删除系统自动评价、重复出现的内容,剔除掉宣传、广告方面的数据,将繁体字、中英文进行转换,对网络用语、表情符号进行调整等一系列工作[4]。最后,共抓取网络评价1 014条,有效数据共977条。

二、文本分析

(一)词频分析

进行初始整理后,使用图悦热词分析工具生成标签云图,探寻游客对上海迪士尼小镇的认知情况,如图7-4所示。图悦热词分析工具中的Score指标是指一个词在文章中的重要性,主要由TF热词词频,IDF倒转文档频率,other其他三个指标共同决定。图中的词语字体越大代表该词汇出现的频率越高,在游客体验中的重要性越高,如图7-4所示。

可以发现,字体较大前5位分别是"迪士尼""小镇""迪士尼小镇""迪士尼乐园""迪斯尼"等词。它们均为本次研究中的目的地名称,因此被游客提及次数最多。此外,"商店""商铺""购物""逛逛""剧场""拍照""实惠""停车费""卡通"等词也是游客认知过程中的热点词汇。

最终形成了上海迪士尼小镇网络评价大数据的热词权重统计表,其中出现频率最高的关键词是"迪士尼",为了便于观察,将其权重设置为1,

图 7 - 4　携程网站上的游客评价词云

出现频率最低的关键词是"干净",经计算,其权重为 0.578 4。经计算,所有关键词权重的均值为 0.653 1,因此课题组选取均值以上的 58 个关键词进行分析,如表 7 - 6 所示。

表 7 - 6　携程网站上的游客评价词频(前 58)

排名	关键词	词频	权重	排名	关键词	词频	权重
1	迪士尼	842	1	7	购物	147	0.777
2	小镇	792	0.954	8	逛逛	95	0.775 1
3	迪士尼小镇	369	0.864 2	9	上海	142	0.761 6
4	迪士尼乐园	128	0.848 1	10	餐饮	104	0.758 8
5	迪斯尼	138	0.821 3	11	乐园	94	0.758 7
6	商店	152	0.794 2	12	门票	82	0.746 2

(续表)

排名	关键词	词频	权重	排名	关键词	词频	权重
13	乐高	83	0.738 7	36	世界	61	0.691 9
14	度假区	59	0.738 2	37	周边	48	0.690 3
15	小朋友	69	0.735 5	38	商品	52	0.684 2
16	上海迪士尼	79	0.735 5	39	漂亮	47	0.684
17	米奇	45	0.731	40	休闲	45	0.682 2
18	拍照	65	0.727 7	41	特色	48	0.680 3
19	价格	94	0.724 9	42	性价比	37	0.678 1
20	纪念品	52	0.719 1	43	湖畔	28	0.674 6
21	餐厅	61	0.715 9	44	园区	34	0.671 9
22	孩子	73	0.715 6	45	狮子王	23	0.671 6
23	唐老鸭	35	0.715 4	46	旗舰店	26	0.671 1
24	好玩	56	0.714 4	47	餐饮店	22	0.671
25	地铁	54	0.711 4	48	环境	47	0.670 8
26	百老汇	34	0.708 9	49	玩具	32	0.662 9
27	迪斯尼小镇	56	0.707	50	去处	29	0.662 8
28	排队	46	0.702 7	51	烟花	27	0.662 3
29	景色	46	0.698 3	52	市集	20	0.661 9
30	游玩	41	0.695 4	53	剧院	26	0.661 3
31	万圣节	29	0.695 1	54	好看	31	0.660 6
32	建筑	58	0.694 8	55	买买	31	0.658 4
33	开心	51	0.693 3	56	体验	33	0.655 5
34	童话	42	0.692 9	57	便宜	31	0.654 7
35	公园	48	0.691 9	58	开放	34	0.654 2

　　在此基础上,再将数据文本进行分类,根据词的特征分为旅游资源、特色要素、旅游设施及服务、旅游体验及评价四大类,进一步分析游客对迪士尼小镇的感知,如表 7-7 所示。将上述已经进行分类的评价性、描述

性的词语分类进一步细化,构建二级分类模式,最终形成简化分类的文本
资料内容。

表7-7　携程网站上的游客评价高频词汇分类

分　类	词　汇
旅游资源	迪士尼、小镇、迪士尼小镇、迪士尼乐园、迪斯尼、商店、乐园、度假区、上海迪士尼、迪斯尼小镇、景色、公园、湖畔、园区、市集、剧院
特色要素	购物、逛逛、上海、餐饮、乐高、米奇、纪念品、餐厅、唐老鸭、百老汇、万圣节、建筑、童话、世界、周边、商品、休闲、特色、狮子王、旗舰店、餐饮店、环境、玩具、去处、烟花、买买
旅游设施及服务	门票、地铁
旅游体验及评价	小朋友、拍照、价格、孩子、好玩、排队、游玩、开心、漂亮、性价比、好看、体验、便宜、开放

表7-7中,权重大于0.8的关键词都与旅游资源相关,足以说明旅游
资源在目的地开发过程中的重要性。就旅游资源而言,"迪士尼""小镇"
"商店""景色""湖畔"等均为高频词汇,表明迪士尼这一品牌效应是吸引
游客前来的首要因素,同时小镇内招商的各家商铺品牌、景色的优美程度
等也是游客非常看重的旅游吸引物;而特色要素是这四类中提及关键词
数量最多的一类,"购物""餐饮""乐高""米奇""唐老鸭""万圣节""童话"
"休闲"等是高频词汇,从中可以看出,游客在迪士尼小镇内进行的活动主
要为逛街、购物、用餐等。同时,小镇也很好地利用了各种迪士尼人物元
素来布置环境、设计周边纪念品、推广音乐剧等,抓住了这一特色要素来
制造商机。此外,每逢节假日,小镇还会有主题庆典供游客拍照留念。

迪士尼小镇还是游客口中的休闲胜地,是上海市民周末出游的首选
目的地。在旅游设施及服务方面,"门票""地铁"是高频词汇,一是因为迪
士尼小镇无需门票,使得大量游客可以自由进出小镇进行消费;二是因为
迪士尼小镇周围的交通配套设施比较完善,给市民游客的可进入提供了

便利性。在旅游体验及评价方面,"小朋友""拍照""好玩""开心""漂亮"
"性价比"等是高频词汇,体现出迪士尼小镇的主要客群是小朋友和年轻
人,以及他们在小镇的感知体验普遍是积极的、开心的。

（二）语义分析

为了进一步探析高频特征词之间的语义结构及相互关系,借助 ROST
工具利用语义网络分析方法将高频特征词在游客评论文本中两两共同出现
的次数进行语义网络图绘制,实现对游客评论文本数据的概念化处理。根
据高频特征词在同一文本中同时出现的次数形成语义网络图进行节点中心
性分析,可以直观地反映出高频特征词之间的语义结构和相互关系。从图
7-5可见,"小镇""乐园"两个高频特征词处在网络图的中间位置,成为重要
的中心节点,说明迪士尼小镇和迪士尼乐园的整体质量是游客体验过程中
关注度较高且感受最深的两个对象。其次,"上海""商店""购物""餐饮"
"度假区"等构成周边词,均用来表示旅游资源与特色,再次表明游客对迪
士尼小镇内的旅游吸引物的认可。最后,以"性价比""便宜""好玩"等特
征词为子节点反映出游客对购物价格及消费体验的关注。

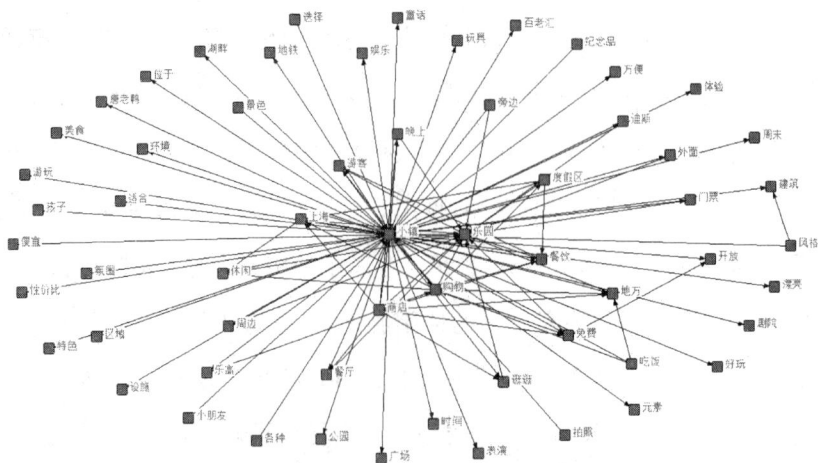

图 7-5　携程网游客评论的网络语义分析图

第五节　结论与启示

一、结论

（一）三大客观优势

上海迪士尼小镇拥有以下三大客观优势。首先，小镇临近 11 号线地铁站点，对外客流交通非常方便。同时，大型停车场和度假区内部公交枢纽站点两大交通接驳方式也都汇集在小镇周边，再次形成人流汇聚的中心；其次，迪士尼小镇入口与迪士尼乐园主入口紧密相连，牢牢抓住了乐园游客的消费红利和溢出效应，形成演出带动的"白＋黑"全天候游览模式；最后，小镇的无门票政策大大提升了游客的进镇消费的可能性，成为市民口中休闲胜地。

（二）业态分布

在业态分布方面，上海迪士尼小镇将城市商业街与精品旅游区完美融合，在大力打造 IP 品牌的同时，也不忘深入营造旅游吸引物和公共服务设施。经统计，迪士尼小镇内餐饮商铺约 22 处，零售商铺约 28 处，休闲娱乐 1 处。与综合性购物中心的零售面积：餐饮面积：休闲娱乐面积之比是 4∶3∶3 的优化配比来看，目测迪士尼小镇大约是 5∶4∶1，其将零售、餐饮比例放大，休闲娱乐虽然比例明显下降，但极具 IP 代表性。这样的商业业态布局锁定的是三大目标客群，即观演客、乐园客、城市客。

（三）游客感知评价

从游客感知评价来看，迪士尼这一品牌效应是吸引游客前来的首要因素，同时小镇内招商的各家商铺售卖的物品、环境景色的优美程度、特色主题的节假日等也是游客非常看重的旅游吸引物,而大多数游客在迪士尼小镇内进行的活动主要为逛街、购物、用餐等,以及他们在小镇的感知体验普遍是积极的、开心的。

二、启示

(一)找准特色产业定位

旅游度假区内特色小镇的"特"就在于产业,其建设核心在于对优势产业的培育。每个小镇的建设都有自身的特色体现,依据地区的环境风貌人文资源,详细周全的考察,找准特色、凸显特色、放大特色。挖掘定位特色产业不可以脱离当地实际情况,要具体问题具体分析。同时产业定位不能"大而全",力求"特而强",功能叠加不能"散而弱",力求"聚而合"。特色产业的特色在于找准特色产业的特色定位,这可能来源于传统文化特色,也可能来源于自然资源特色,技术创新特色等,从而确定培育策略。唯有这样才能在产业培育中独树一帜,取得成功。

(二)构建 IP 王国

IP 驱动指的是以卡通动漫人物、影视人物等 IP 形象和故事内容为主题,将特色小镇的各项服务设施、商店与之融合,形成主题鲜明,特色突出的游乐体验。比如对于乐高小镇而言,乐高积木就是 IP 的落脚点,可以利用乐高积木在不同的场景、不同的形态、不同的表现形式,扮演多种多样的角色。此外,运用多样化营销手段,加大宣传力度;充分利用网络大数据,分析游客的基本特征、旅游喜好、旅游消费习惯及行为模式等信息,进行精准营销;多方面展示旅游产品与旅游信息,使游客对于小镇形象有初步感知;打造亮点,使游客产生好奇、新鲜刺激与冲动的决策感知原动力。通过以上方式,吸引游客初次游玩和提高游客重游兴趣。

（三）推动旅游产品升级

在纵向维度上,向上研发延伸,往下向应用、营销、管理和服务延伸;在横向上,与旅游、教育与会议等泛旅游产业广泛融合,实现全产业链集聚。如乐高小镇的开发,立足于主导产业,在纵向维度上,可以引进3D打印新技术等,提升乐高积木的定制性。在横向上可以定期更新并增加园区内体验项目,与乐高文化产品相结合,从以往的"以旅为主"到"文旅结合"的转变。其次是加强节事活动的开展。一场好的节事活动,不仅仅丰富了旅游体验内容,更加大了游客的重游愿望。如迪士尼小镇的万圣节专场、圣诞节专场等均吸引了大批游客。

本章参考文献:

[1]王乐,王珂,刘晓欢.特色小镇产业链培育策略研究[J].中国集体经济,2020(02):3-5.

[2]殷海玲,韩金玲,武永成,黄丽艳.新型城镇化背景下旅游特色小镇的发展现状与对策研究——以颍上县花园小镇为例[J].度假旅游,2019(01):45-46.

[3]冯绍娜.基于游客评论数据的可视化分析[J].电脑编程技巧与维护,2020(02):79-81.

[4]程世超,侯永明,王倩,于东明.基于网络文本分析的主题公园旅游形象感知研究——以泰安方特欢乐世界为例[J].山东农业大学学报(社会科学版),2020,22(01):103-108+116.

[5]张阳,靳雪,龚先洁.基于网络文本分析的航空小镇旅游形象维度分异研究[J].河南科学,2020,38(05):829-835.

[6]秦柯棋.基于文本大数据的旅游目的地形象感知特征及吸引力分析——以深圳为例[J].中国集体经济,2020(01):80-81.

[7]刘海,雷彬.国内外基于网络文本分析的旅游研究综述[J].中外企业家,2018(30):59-60.

〔8〕田晴,徐飞雄.基于网络文本分析的历史文化名镇旅游形象感知研究——以芙蓉镇为例〔J〕.衡阳师范学院学报,2018,39(06):7-12.

〔9〕张丹.基于网络文本分析的旅游目的地形象感知研究——以香港为例〔J〕.旅游纵览(下半月),2019(01):31-32.

〔10〕文捷敏,余颖,刘学伟,刘学敏,时朋飞.基于网络文本分析的"网红"旅游目的地形象感知研究——以重庆洪崖洞景区为例〔J〕.旅游研究,2019,11(02):44-57.

第八章 江南古典园林声景的
评价与优化[①]

——以上海豫园为例

第一节 绪 论

一、研究背景

中国古典园林历史悠久,虽然在古代"声景"这个词没有作为专有名词出现,但是古人很早就重视声景的观念。中国古典园林中以声元素为主题的景观俯拾皆是。例如苏州拙政园的"听松风处""留听阁",扬州个园的"冬山—风音洞",南京熙园的"桐音阁"以及豫园的"听涛阁"等。这些景点充分展现了古人强调的"人与自然""天人合一"传统哲学思想和幽幽情怀。但是园林常依托城市而建,大多处于经济发达城市的周边或是内部,随着社会的发展,园林的声环境发生改变。首先因为园林由长期的私人居住场地转变为短期的、供大量游客欣赏游览的景点,园林因加入了大量的声源而变得复杂,如谈话声、嬉戏声、广播声、音乐声等,更糟糕的是外部交通、商业环境产生的大量噪音严重影响了园林内部的声景,"鸟鸣山更幽"的声环境一去不

---

① 本章作者:刘安宁,朱立新(上海师范大学旅游学院)。

复返。研究表明,视觉和听觉是我们对外界感知的最重要的两种感官系统[1]。感知 80% 来自于视觉,造成大部分人"唯视觉论",但是完整的旅游体验过程必定是视觉、听觉等多种感官的相互作用,是游客所见、所闻、所感的综合体验,影响着游客对旅游目的地的个性感知和满意度评价。声环境的变化和"唯视觉论"的忽视使得游客的声景体验低下。

二、研究方法

本文通过国内外文献研究,综述前人有关声景图绘制和声景主客观评价的研究成果和方法,为本文的研究提供理论与方法的支持。通过实地调查,运用专业的声级软件及 GPS 软件,客观测量豫园的基础地理信息数据和声级数据,结合问卷调查,在豫园的 6 个主要景点处随机选取调查对象,获得人对声景的主观评价数据,现场调查游客的主观感知。利用空间分析将主客观数据运用 ArcGIS10.1 系统绘制成声景图,全面整体评价豫园的声景,让声景的空间分布规律一目了然;其次利用 GIS 绘制豫园标识声的空间分布,设计基于标识声的声景游览线路。最后利用 SPSS 的相关分析,首先整体分析得出声景的自然度、协调度、特色度和游客感知满意度的关系;其次分析客观的声级数据与声景满意度的关系;最后分析各个声源要素的喜好度和协调度之间的关系。研究发现游客对声源的喜好度与声源的协调度有关,因此声源的优化需要考虑声源与环境的协调以及声源的自然度和特色度。

三、相关研究综述

(一)声景与声景构成要素

1. 声景

声景作为一个概念,最早在 1929 年由芬兰地理学家格拉诺(Granoe)

提出"以听者为中心",使得声音成为可以感知内容的现象[2]。"声景-Soundscape"一词是由传统的视觉景观"Landscape"演化而来,是指"听觉景观",表示值得欣赏和记忆的声音[3]。根据国际标准化组织的定义,声景是"个体、群体或社区所感知的在给定场景下的声环境"[4]。从国际标准化定义中可以看出声景是由人、环境、声音构成的关系。

2. 声景图

声景图最早是从噪音图发展而来,噪音图是较为成熟、使用较广的声场图形,但是噪音图仅仅是单纯利用客观测量的噪音数据结合 GPS 绘制的噪音分布图[5]。

声景图涵盖客观的声场评价和主观的评价指标,近年来成为学者研究城市公园、森林公园声景的主要手段。有学者总结了收集数据、整理数据、制图、分析等声景图的制作流程,提出借助 GIS 软件进行声景图绘制的设想[6]。例如有学者以西湖柳浪闻莺景区为研究对象,利用 GIS 绘制了声景图,并从时间、空间、人文等维度对西湖柳浪闻莺景区的声景展开分析[7]。

3. 声景的构成要素

由声景的定义可知,声景包含三要素,声音要素、人要素和环境要素[8]。如图 8-1。

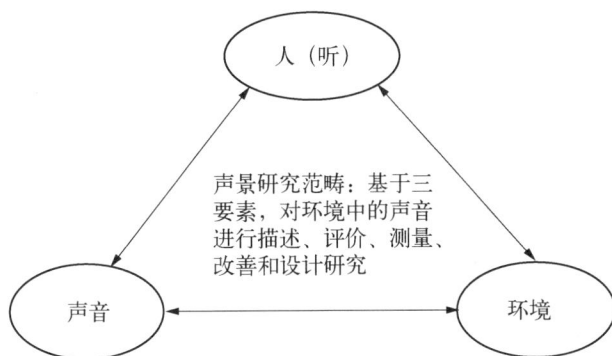

图 8-1　声景三要素

声要素指的是环境中存在的声音。声音是感情传递、信息交流的途径,是感知世界的方式,是丰富和充实旅游者感知的重要环节。如果只有视觉而不存在声音,那么游客欣赏山水美景时只能是片面的,不完整的。

声音的本质是振动产生声音。声音以声波的形式在固体、液体或气体中传播,当声波传入人耳振动内耳的听小骨,这些振动被转化为微小的脑电波,产生声音的感觉[9]。人识别声音主要依靠音调的高低、声音的大小和音色[10]。本文采用 A 声级(LAeq)作为声景评价的客观数据。

(二)环境要素

声景中的景要素主要指"视觉"环境。声音源自环境,环境又是声音的载体。人在感知听觉美时,视觉感受对声景评价的影响,包括客观的景观和物理环境因素,两者相互影响并赋予使用者综合感受,从而使其"有声有色"[11]。本文将声景的环境要素总结为空间环境、时间环境和物理环境三方面,研究的环境要素包括时间要素和空间要素两方面。

时间要素变化包括四季变化、昼夜变化。本文研究园林的昼夜变化所带来声景的变化。例如白昼游人如织,夜晚人烟稀少;清晨百鸟出林,傍晚倦鸟归林;日光下悄无声息,月光下秋虫鸣唱。本文研究豫园声景时考虑到各个时间段游客、声源类型等因素的不同,将研究时间划分为上午 9:00—11:00,下午 12:00—14:00,傍晚 15:00—17:00 三段,分别研究豫园声景的分布规律。

在空间因素上,参考其他学者的研究,将豫园分为 6 个景区,分别为三穗堂景区、万花楼景区,点春堂景区、会景楼景区、玉华堂景区和内园景区[12]。因为各景区风格上略有不同,万花楼景区空间较小,自然资源丰富;三穗堂景区和会景楼景区风格较为接近,但是前者以山为主,后

者以水为主;点春堂景区以历史文化建筑
和大片空地为主;而玉华堂景区一半为后
期新建,稍欠精致。内园始建于清代,内
园布局紧凑,空间相对狭窄,园区浓缩大
量园景[13],如图8-2。

(三)人要素

声景中人的主观感知包含广义上的人
要素和狭义上的人要素。广义上的人要素
是指景区里包含的历史人文要素;狭义上

图8-2　豫园分区

的人要素是指单个主体即游客对声景进行的主观评价。游客是环境的主
体,是声音的创造者也是声音的接受者[14],个体在欣赏景观环境时,结合
客观声场,产生对声景主观感知的评价。此类主观感受不容易受到个体
差异的影响[15],游客对目的地的主观感受对旅游体验满意度至关
重要[16]。

四、江南古典园林声景

江南古典园林自古便重视声景的营造,传达出"选择并创造合理声
景,表达意志情感"的观念。例如从声源角度分析,江南古典园林由人
工制造但是追求自然之声。江南园林声景多为人工制造或是借助植物、
建筑等元素表达声景,通过合理种植各种类型的植物来营造风声、雨
声、鸟鸣声等自然声,如"万壑松风""雨打芭蕉"等[17];江南作为典型的
鱼米之地,江河湖泊丰富,因此水声也是江南古典园林中突出表达的自
然声,是最受人们喜爱的声音之一。江南古典园林中根据"叠山理水"
的手法,利用地形的差异营造水流声[18]。从环境的角度分析,江南古典
园林声景注重"闹中取静"和"适时适地赏景",因此江南园林的声景分

区比较明显。例如拙政园中的听雨轩便以"听雨"为风景主题,雨天坐在轩中静观,既可欣赏朦胧的雨景,又可聆听淅沥的雨声[19]。从文化角度分析,江南古典园林的造园者多为达官贵人、文人雅士,较为注重美学情趣和意境蕴涵。在江南古典园林中声景表达有三境:园林中自然的或是人工的优美声景为物境,结合园林声景表达情感为情境,借物言志为意境[20]。

五、研究综述

近些年来,声景理念被广泛应用到建筑学、音乐学(民族音乐学)、地理学、景观学、旅游学等众多学科体系中,成为各学科研究与声音有关的现象和景观的重要视角[21]。旅游是一个多感官综合感知的过程,在此过程中视觉和听觉最为重要,虽然在游览过程中,视觉占主导地位,听觉占从属地位,但是没有声音的旅游是不完整的。听觉成为游客感知目的地的重要手段,声音是旅游体验感知的重要构成要素[22],对目的地景观建设和旅游者的需求满足至关重要。

国外声景研究始于噪音的污染和治理研究,人们在治理噪音污染的过程中逐渐转向积极主动地创造舒适的声景,声景的研究开始受到重视。目前国外声景研究的核心内容是声景的量化和主观评价[23]。例如对城市声景的研究利用问卷调查主观评价和客观声学参数交叉分析城市的声环境[24];利用李克特五级量表和主观评级来研究噪音对自然景观审美和情感影响的评价[25];通过主观问卷和实地测量对公共空间的自然声和噪声进行识别、测量和分析[26]等等。国内声景的研究目前还处于起步阶段,近些年对旅游系统中声音现象的研究开始增多[27],主要集中在声景的分析和测量评价方面。

第二节 豫园的声景评价数据的
收集与声景图分析

声景图可以形象地显示景区的声景特征,成为声景评价分析的新途径。声景图中包含基础地理信息数据、客观声场数据和人的主观评价数据三个部分,将声景三要素综合起来以图形的形式展现了声景的分布规律,从整体的角度来分析和评价旅游目的地的声环境。本研究通过主客观数据的收集,利用 GIS 系统绘制声景图并且基于声景图做出豫园整体的声景评价,从而对于豫园的声景分布和游客的主观评价进行整体的分析。

一、豫园的介绍

豫园地处上海市中心黄浦区内,在老城厢的东北部。豫园东西长约为 100 米,南北长约为 230 米,呈现南北狭长状。东临安仁街和黄浦江,北临福佑路,西南与上海城隍庙相邻,于明代嘉靖三十八年(1559 年)开始建造,距今约有四百多年的历史。豫园被公认为"东南名园冠",有"奇秀甲于江南"之称。1982 年成为全国重点保护单位。本文从豫园的实地调查以及各个景点的录音文件总结得出豫园常见的声要素如表 8-1 所示。

表 8-1 豫园内声景样本分析

地 点	声 景 样 本 概 况
三穗堂景区	三穗堂是豫园景区的入口处,此处在早上开园时会播放中、日、韩三国语言的介绍性广播声;三穗堂的入口处靠近湖心亭,湖心亭有饲养大白鹅,发出鲜明的宠物声
点春堂景区	穿云龙墙是点春堂内著名的隔墙,因为墙体似龙得名,此处鸟叫声鲜明

(续表)

地　　点	声 景 样 本 概 况
万花堂景区	万花堂银杏是豫园内四百多年的古树,此景区安静自然,风声、树叶声明显
会景楼景区	三曲桥和流筋亭是会景楼内欣赏水景的区域,池塘内成群的锦鲤引人驻足以及三曲桥丰富分水流声吸引游客欣赏
内园景区	内园是豫园内最安静幽深的地方,所以此处谈话声和嬉戏声比较容易被凸显
玉华堂景区	玉华堂的藏书楼以及得月楼在实地考察期间属于关闭状态,因为两楼正在进行施工,所以园内施工声也比较突出,而且豫园在中午时会在全园内播放古典音乐

显然,豫园内常见的自然声有水流声、鸟鸣声、风声、树叶声和宠物声,豫园内的生活声有谈话声、嬉戏声,豫园内的人工声有施工声、广播声和音乐声,再结合外部环境,豫园可以总结出其声要素的大致分类如图8－3所示。

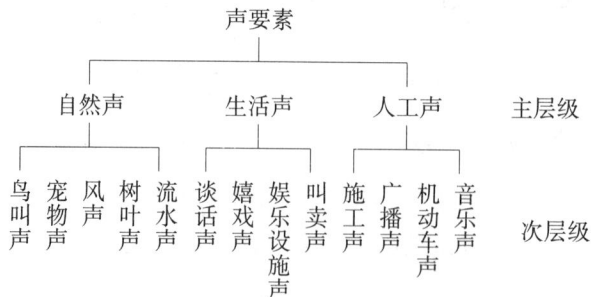

图8－3　豫园的声要素分类

二、声景图数据的收集

(一)基础地理信息数据的收集

本次研究利用测量经纬度的软件实地测量采集了豫园内60个点的坐标数据,通过基础地理信息的处理形成研究豫园声景底图,如图8－4所示。

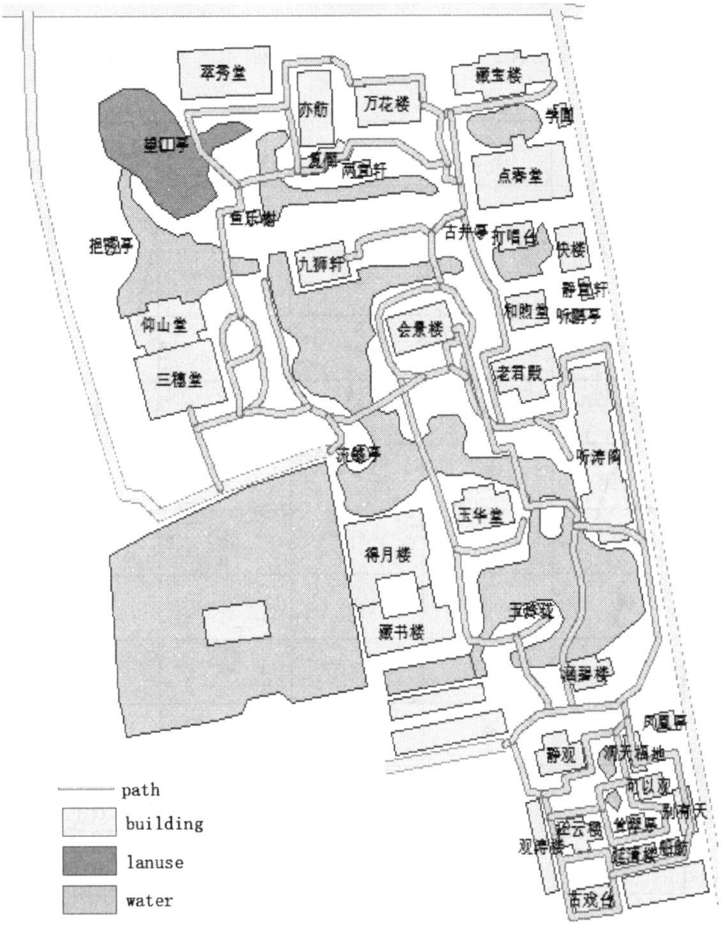

图 8-4　声景底图

（二）客观声级评价数据收集

在 GIS 中将底图按照网格法划分测量数据,首先按照 20 m×20 m 的等距划分网格,将豫园区域划分为 60 个网格,在网格内运用声级软件测量客观声级数据,实地勘察时在每个网格中选取近似点进行声级测量,在豫园内测量 60 个点的客观声级。鉴于豫园规定的游览的时间是 8:45—17:00,因此将测量时间段分为三段,分别为上午 9:00—11:00,下午12:00—14:00,傍晚 15:00—17:00,每个点采样时间为 10 秒钟,每个点测得 3 个声级数据,由于声级受到客观测量环境的影响,因此将每个点的声级数据平均,测得时间平均声级(等效连续声级)即 LAeq 值(如图 8-5 所示)。

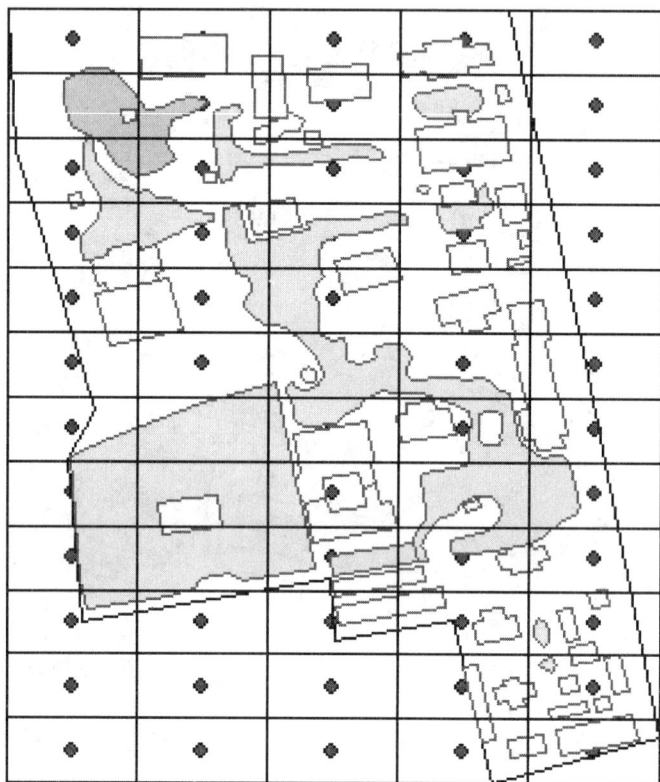

图 8-5　客观数据收集点

（三）主观评价数据的收集

声景的理论综述中提到"人要素",狭义上就是单个游客对于声景的主观评价感知,从心理声学理论中可知进行主观评价的研究方法有很多种,常用的方法分为:排序法、比较法、评分法和语义细分法(SD 细分法)。其中,由于语义细分法较其他几种方法操作更加简单和实施更加方便,而且适用于声环境不熟悉的游客,评价的形容词对可以根据研究目的灵活使用。因此语义细分法在旅游目的地规划和声景评价中得到广泛使用。

本文结合游客评价满意度的需求以及前人学者经常选择的语义指标,最终选择常用的 6 组语义指标形容词对。采用五级量表(不满意 1分,较不满意 2 分,一般 3 分,较满意 4 分,非常满意 5 分)来设计调查问卷,调查游客对于所在景区的声景评价感知(见表 8-2)。

表 8-2 问卷语义指标

评 价 项 目	形 容 词 对
满意度	满意的—不满意的
协调度	协调的—不协调的
安静感	安静的—吵闹的
愉悦感	愉悦的—忧伤的
自然感	自然的—人工的
特色感	有特色的—无特色的

问卷分为四个部分:第一部分是游览者所在的景区位置和填写问卷的时间;第二部分是游览者对于豫园内单个声源要素的喜好和厌恶选择,游览者对听到的各个声源要素的喜好度和协调度同样进行 5 级量表打分,这样可以明确游客对于各个声源的喜好程度和厌恶程度,以及认为各个声源与所处环境的协调程度;第三个部分是游览者对所在景点整个声景的主观评价指标(满意度、协调度、安静度、愉悦度、自然度、特色度),这些指标是声景主观评价的文献以及形容词对中使用最频繁的指标,收集主观评价的指标数据为形成主观评价的声景图提供数据支撑;第四个部分是游客的基本信息。

问卷的发放控制在 3 个时间段内,6 个主要景区包括三穗堂景区、万花楼景区,点春堂景区、会景楼景区、玉华堂景区和内园景区,分时间和空间收集游客的声景主观评价数据。调查问卷利用一周时间实地发放了420 份,有效收回问卷 395 份,有效问卷率为 94.05%。

三、基于声景图的豫园声景分析

将实地调研收集到的三个时间段的豫园客观声级数据平均成豫园整体的声级数据,导入 GIS 系统中利用栅格插值中的反距离加权插值法(IDW)绘制豫园整体声级分布图,再分别将问卷收集到的主观评价数据按照区域收集整理,同样利用反距离加权插值法(IDW)绘制出游客的主观评价声景图。本文利用主客观数据绘制声景图,利用声景图清楚地将豫园声景的整体分布规律呈现出来。

(一) 客观声景图分析

利用 GIS 系统豫园声景的客观数据图层,生成整体声级分布图(见图 8-6),分布图显示,声级从豫园由内到外颜色逐渐加深,豫园外围以及街

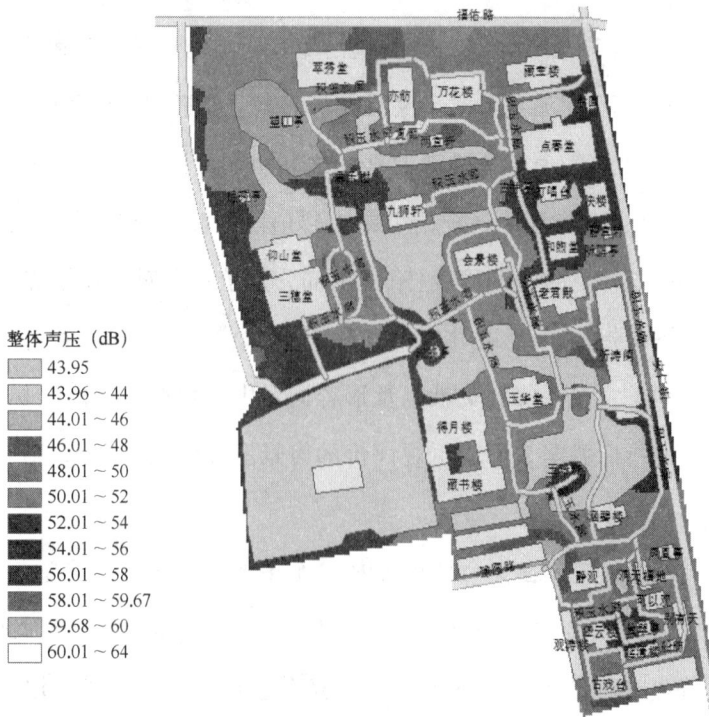

图 8-6　整体声级分布图

道声级较高,外围的声级影响了豫园内部的声级,尤其是两边的豫园老街和安仁街的人工声和生活声的影响,从而也说明豫园内外连接的声屏障作用不够显著;其次在豫园内部也有个别的区域声级比较高,主要是集中在豫园的入口处和点春堂区域,说明豫园入口处和点春堂区域游客聚集较多,游客的活动影响了豫园内部的声级。

（二）主观声景图分析

将问卷收集到的主观评价数据利用 GIS 生成主观评价的声景图,基于声景图,本节对于豫园的整体游客感知做一个评价分析,了解各个区域的游客的主观感知,从而总结出豫园不同区域的分布情况。

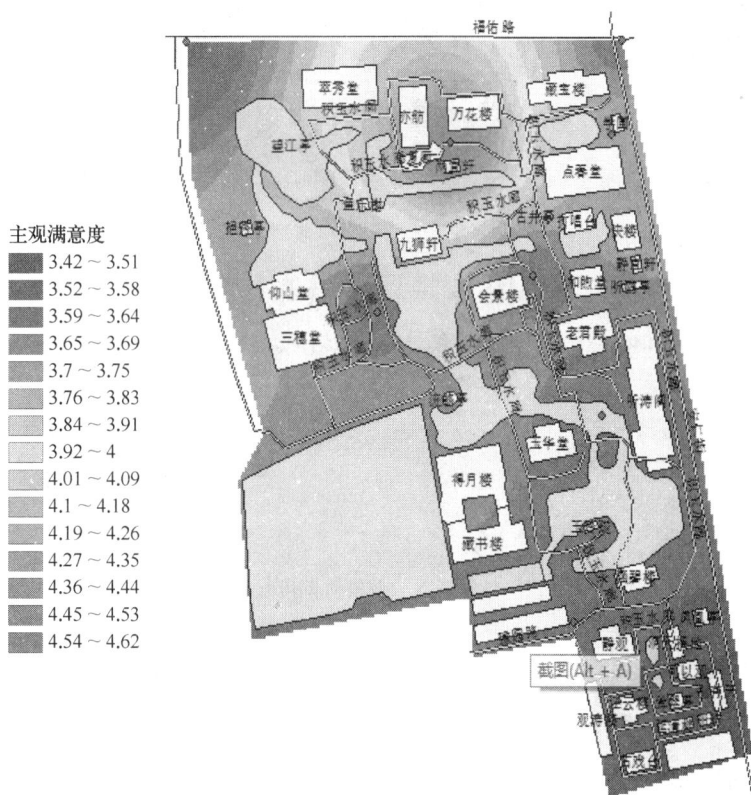

图 8-7　主观满意度

从图 8-7 可以看出,游客对于豫园内的整体的满意度较好,整体满意度打分为 3.82,但还是存在个别区域的满意度较为一般,主要是三穗堂景区和会景楼景区,这两个景区都比较靠近入口和湖心亭部分,整体的声景环境比较嘈杂,影响豫园内游客的整体声景感知。对于万花楼景区和大假山部分,游客的主观满意度较高。

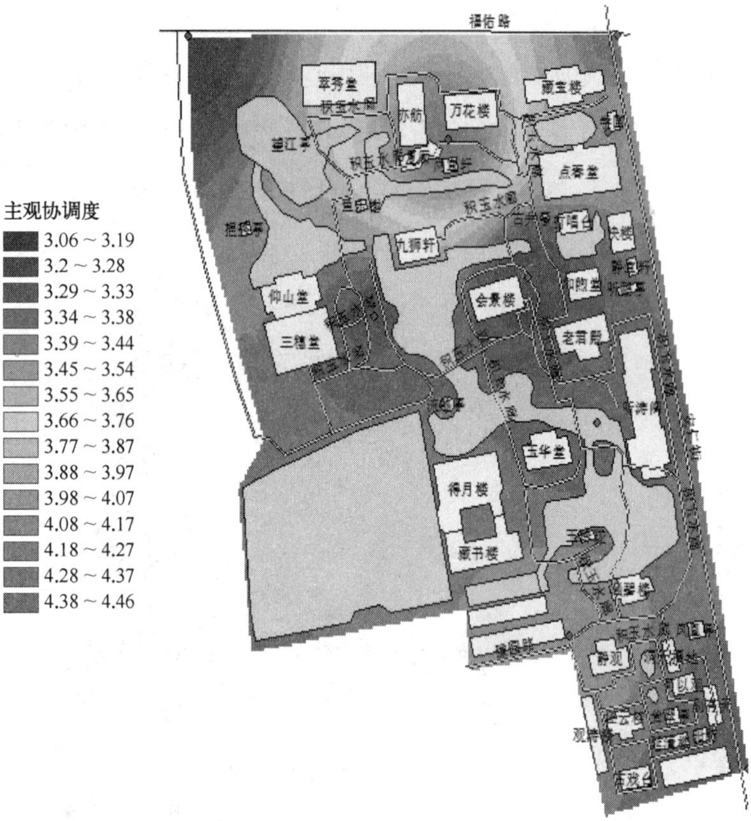

图 8-8　声景协调度

从图 8-8 可以看出,豫园内声景的协调度一般,整体协调度感知分数是 3.52。协调度较差的区域在会景楼景区和内园景区,会景楼景区地域比较开阔,游客集中,生活声较为丰富,掩盖了豫园的自然声,使得游客感知不太协调;其次内园景区是豫园的园中园,它和其他景区之间存在间隔,所以内园的入口处游客也较为集中,声景较为复杂,使得游客感知声景不协调。总体来看,游客的活动影响了豫园声景的协调度。

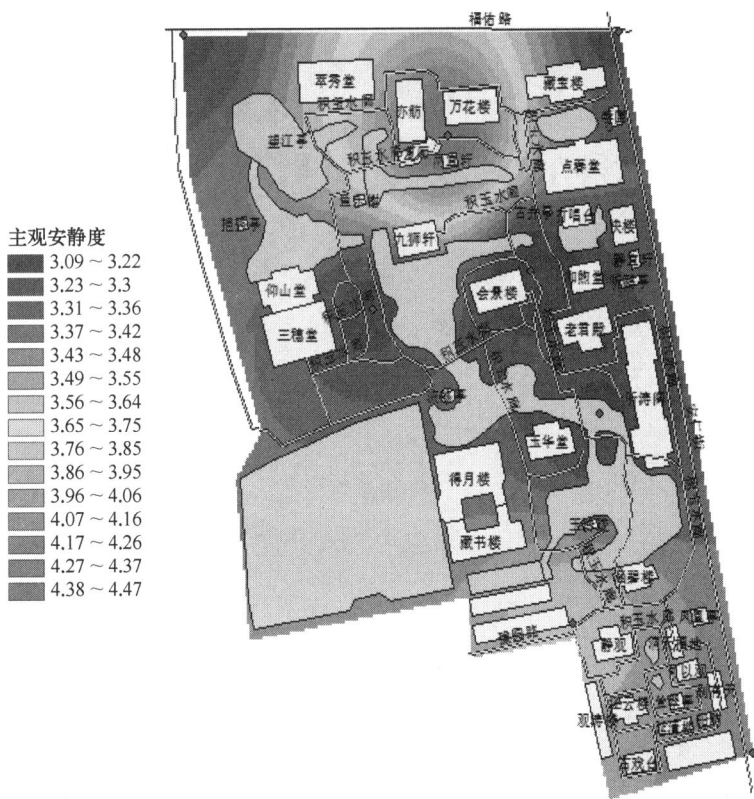

图 8-9　声景安静度

从图 8-9 可以看出,豫园内安静感知较为一般,整体安静度评价为3.50,尤其出入口处、会景楼景区和玉华堂景区听涛阁的声景比较吵闹。出入口区域吵闹是因为广播声以及入口处的商业活动,会景楼景区是由于游客较为集中,而听涛阁处较为吵闹是由于此处的流水声太过于明显,与自然园林的潺潺流水声不同,豫园内的水声是人工制造的,由水管喷涌而出形成,尽管水声属于自然声,但还是让游客觉得此处比较吵闹,水流声的设计存在不合理的地方。

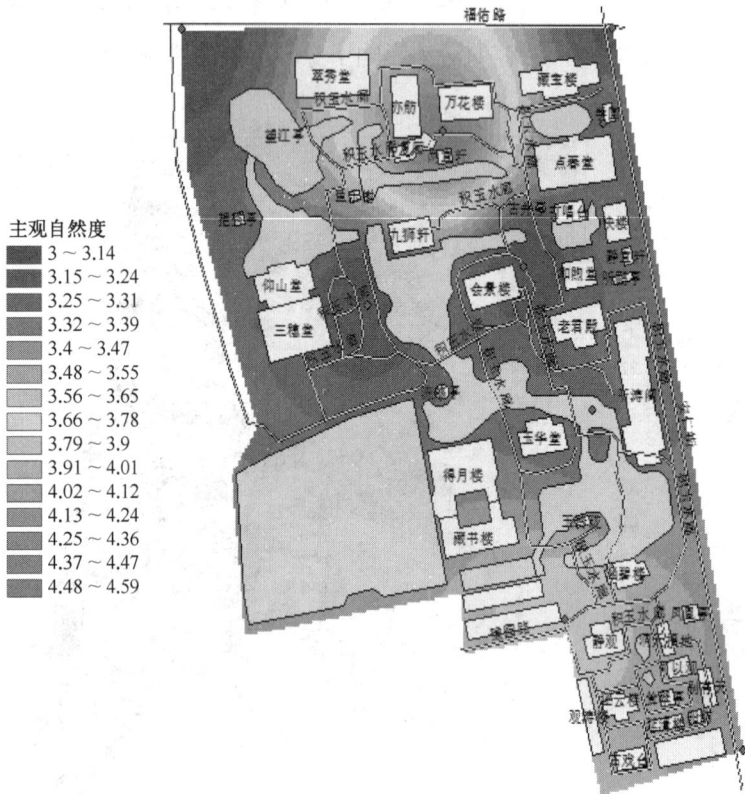

图 8 - 10 声景自然度

从图 8 - 10 可以看出,豫园内声景自然度的感知较为一般,但是万花楼景区和内园景区的自然声景感知较高。这两个景区是豫园内自然植物最多的景区。万花楼景区有著名的四百多年"银杏树"和茂密的翠竹,鸟鸣声和树叶声较为明显;内园景区内有九龙池,流水声丰富,还有大量的黄杨、石榴、白皮松等一两百年的古树,鸟鸣声丰富,因此游客在万花楼和内园景区的自然感知较高。游客因为受到生活声和人工声的影响,因此在三穗堂入口区和会景楼景区自然感知较差。

从图 8 - 11 可以看出,豫园的特色度较为一般,仅仅是在豫园万花楼的"银杏"区、三穗堂大假山区域和玉华堂的听涛阁景区的声景比较丰富,

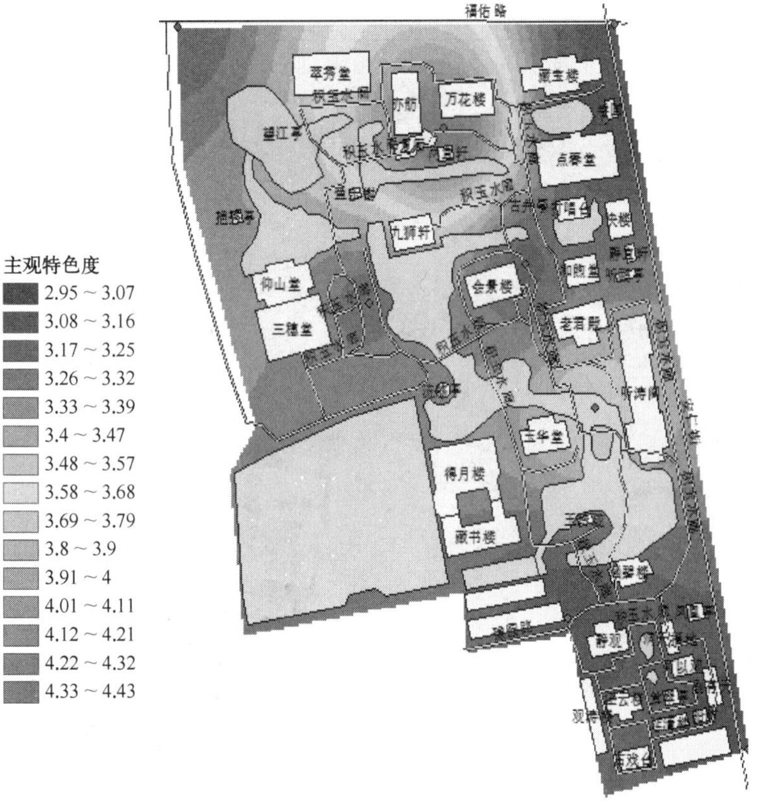
福佑路
萃秀堂
万花楼
藏宝楼
点春堂
九狮轩
仰山堂
三穗堂
会景楼
老君殿
听涛阁
玉华堂
得月楼
藏书楼
静观
主观特色度
2.95 ~ 3.07
3.08 ~ 3.16
3.17 ~ 3.25
3.26 ~ 3.32
3.33 ~ 3.39
3.4 ~ 3.47
3.48 ~ 3.57
3.58 ~ 3.68
3.69 ~ 3.79
3.8 ~ 3.9
3.91 ~ 4
4.01 ~ 4.11
4.12 ~ 4.21
4.22 ~ 4.32
4.33 ~ 4.43

图 8 - 11　声景特色度

比较有特色，在这些区域可以听到鸟鸣声、水声和树叶声等比较自然的声音，在点春堂景区和内园景区的声景特色评价较低。

从图 8 - 12 可以看出，游客在豫园内整体的愉悦感知较好，但是在内园这一景区的愉悦感知一般，通过实地调查发现，内园比较独立，而且空间比较狭小，尽管内园中自然资源丰富，但是内园的游客比较少，而且由特色感知可知内园的声景特色较少，客观声级也可看出内园声压较低，太过幽静的环境反而使得游客对于内园的愉悦感知较为一般。

（三）主客观数据相关性分析

尽管各个区域的满意度、协调度、自然度、安静度、特色度和愉悦度都

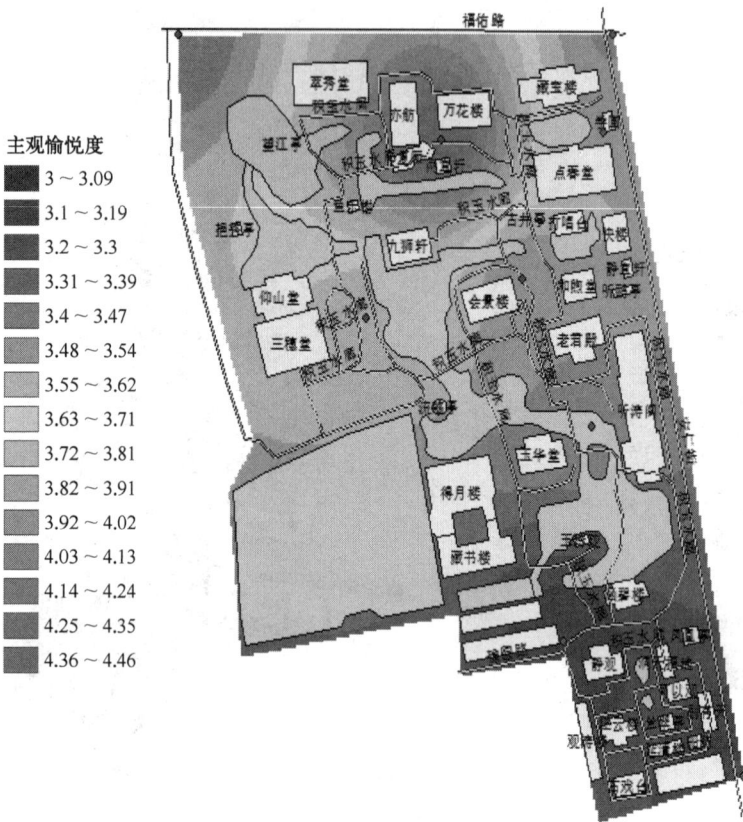

图 8-12　声景愉悦度

不相同,但是整体来看,协调度、特色度、自然度较高的地区满意度和愉悦度较高。例如万花楼景区声景的特色度、自然度、愉悦度和满意度都较高。三穗堂景区、会景楼景区和玉华堂景区的声级较高,安静度、自然度和协调度较低,满意度较为一般。利用 GIS 系统中的 Multivariate 中的相关分析工具对主客观指标做出相关分析。从相关分析结果中(如表 8-3和表 8-4)可以总结出声景的满意度与声景的协调度、自然度、特色度成正相关,需要通过加强豫园的声景协调度、自然度和特色度来提高游客的声景满意度(见表 8-3)。

表 8-3　主观评价相关性

	满意度	协调度	自然度	特色度
满意度	1.000 00	0.954 43	0.788 49	0.905 94
协调度	0.954 43	1.000 00	0.919 96	0.848 00
自然度	0.788 49	0.919 96	1.000 00	0.670 95
特色度	0.905 94	0.848 00	0.670 95	1.000 00

同时声级和游客满意度成负相关,则需要控制园林里的声级来提高游客满意度(见表 8-4)。

表 8-4　主客观评价相关性

	声　级	满　意　度	协　调　度
声　级	1.000 0	−0.358	−0.469
满意度	−0.358	1.000 0	0.965
协调度	−0.469	0.965	1.000 0

第三节　豫园的声景特性评价

声景图展现了声、人、环境三要素的关系,全面展现了声景的分布规律,本研究通过豫园的声景图整体分析了豫园的声景分布情况。但是基于声景三要素可知,园林的声景除了受人主观感知的影响,还包括环境要素和人文要素的影响。结合声景三要素中环境要素和人文要素的内涵,本研究从时间、空间和人文三个角度着重分析豫园的声景,对豫园的声景特性进行评价。

一、时间维度的分析

时间维度的分析包括四季替换和昼夜变化,本文研究豫园声景的昼夜变化,昼夜变化使得人们"日出而作,日落而息"。在旅游活动中,旅游目的地白天游人如织,夜晚安静寂寥。时间的变化影响声源的变化,从而使得声景也发生改变。研究时间的变化规律有利于设计优化声景。江南园林由于其地理位置通常位于市中心,因此受时间环境的影响较强,因此本文研究豫园上午 9:00—11:00、下午 12:00—14:00、傍晚 15:00—17:00 三个时间段声景的变化规律,从而了解江南园林声景的时间变化。

(一)客观声级的昼夜分析

通过网格测量收集得到 60 个点的声级数据,按照三个时间段的声级值进行平均,得到三个时间段豫园整体的声级值情况(如图 8-13 所示)。从图中可以看出下午的时间段平均声级最高,上午的时间段声级最低,下午时间段因为是一天中游客数量最多的时间,所以声级最高。针对旅游区噪声评价的《旅游区环境噪声控制标准(建议值)适用区划分技术规范》[28],昼间的声级标准为 50 dB。按照此标准,豫园上午 9:00—11:00 的声级达到标准,剩余两个时间段声级均超过昼间标准。

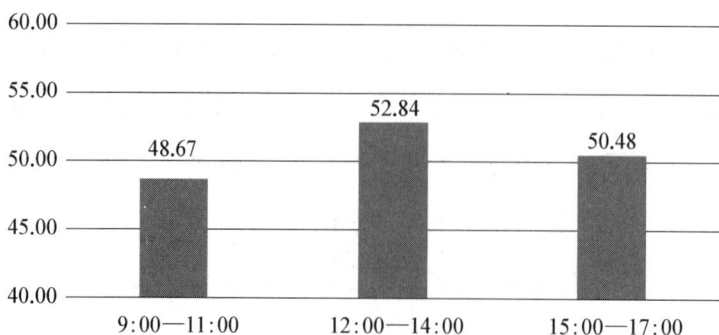

图 8-13　三个时间段的客观声级值

豫园整体声级在下午和傍晚两个时间段内超过国家标准,需要对这两个时间段的声级加以控制。从局部景点来看,针对豫园各个主要景点的声级在三个时间段内变化也存在差别,本文选取豫园内 13 个景点在三个时间段的声级数据做出比较(如图 8 - 14)。

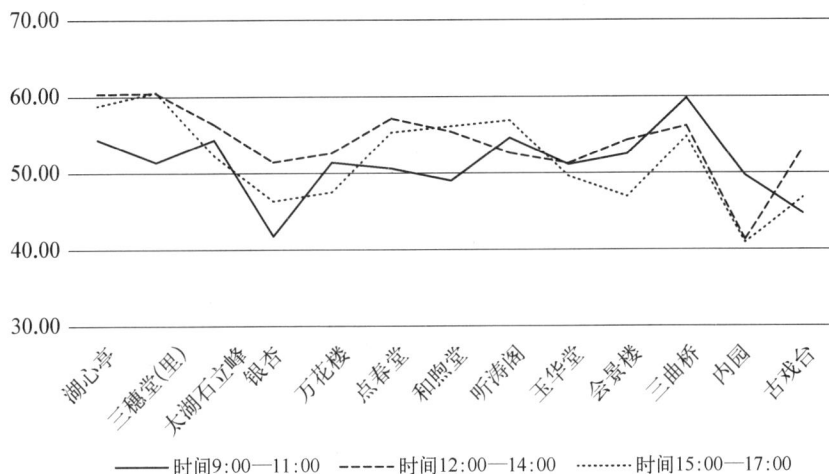

图 8 - 14　各个景点声级的时间分布

从图 8 - 14 可以看出,各个景点处三个时间段的声级变化趋势较为一致,下午时间段的声级最高,其次是傍晚,上午时间段声级普遍较低。根据声级标准,仅有银杏处、万花楼、内园和古戏台这几处景点达到城市型旅游区的声级标准,其他点均不同程度受到噪声的影响。尤其是湖心亭、三穗堂(入口)声级最高,说明外围街道的噪音对豫园内部有不同程度的影响;其次在豫园内部的三曲桥和听涛阁这两处靠近水源的地方声级也比较明显,说明豫园内部流水的声音设计不够合理,导致声级超出正常的标准范围;最后太湖石立峰处声级也较高,是因为太湖石立峰处是游客集中点而且是三穗堂通向万花楼景区的主干道,这一点说明豫园内部道路较为拥挤导致无法很好地分流,使得游客比较集中,影响游客声景游览。

(二)声源要素的昼夜分析

豫园内自然要素丰富,其中各种声要素也十分丰富。利用问卷调查统计出各个时间段游客听到的主层声要素(如图 8-15),可以看出:整体来说自然声较为丰富,尤其是在上午和傍晚这个时间段最多,生活声和人工声也存在,生活声要素和人工声要素在下午的这段时间内较多。

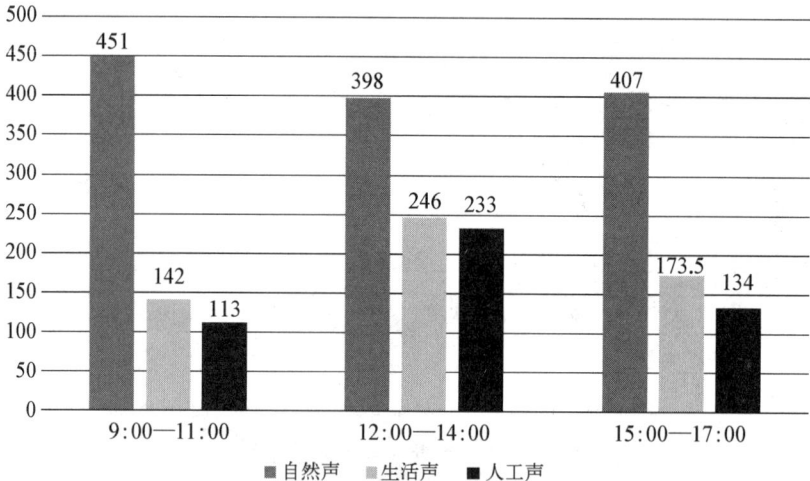

图 8-15　主层级声要素的时间分布

其次分析次层级声要素可以了解每个时间段内各种声源的变化,针对性地采取具体措施优化声景。对于次层级声要素来说,上午这个时间段内水流声最为丰富,游客感知占比 17.80%;其次是鸟鸣声要素,游客感知占比 16.17%,这个时间段内游客较少,周围商铺营业较少,豫园内自然声要素突出。下午这个时间段内,在自然声要素中水流声依旧是豫园内让人感知最为明显的声源,但是感知程度有所下降,是因为这个时间段内受到其他声要素的影响,谈话声明显增加甚至超过水流声要素,相较上午的时间段,下午的时间段内谈话声、嬉戏声、机动车声和施工声明显增加,甚至部分生活声要素超过单个自然声要素,而且结合客观声级数据可知,下午的声场明显受到这些声音的影响,这对于豫园内声景的欣赏不利。傍晚这个时间段内依旧是水声、鸟鸣声和谈话声比较突出,相较于上午和下午这两个时间段来说,主要声元素水声和鸟鸣声各时间段变化比较明显,早上和傍晚比较突出,下午声场嘈杂的时候,鸟鸣声和水声比较少,其他声要素变化比较小(如图8-16)。

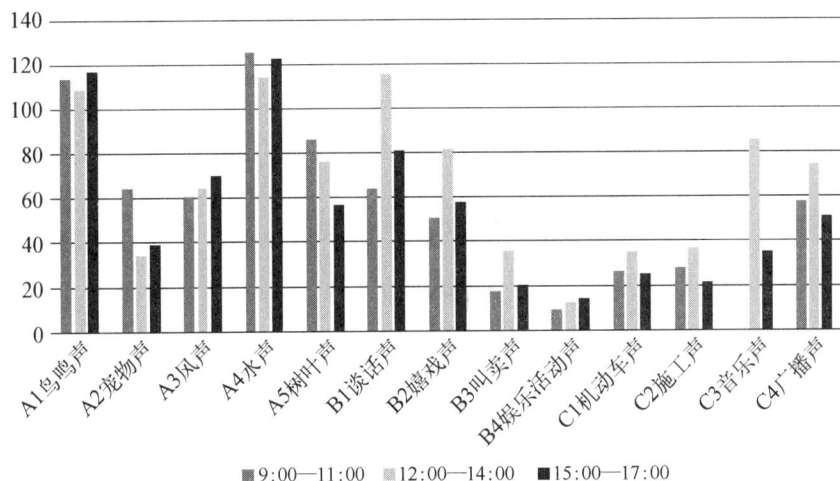

图8-16　次层级声要素的时间分布

　　综上所述,从三个时间段来看,水声和鸟鸣声是豫园内最主要的声要素,而且分时间段来看,上午是欣赏声景的最佳时间段,此时间段内声景受影响较小,园林内自然声要素也最丰富;下午时间段的声级尤其是生活声和人工声需要加以控制。

二、空间维度的分析

　　不同的空间区域有不同的景观特色,不同的景观特色使得不同的游客对于声景的感知存在较大的差异。本文利用 SPSS.17 对豫园的 6 块典型区域的声景特征进行聚类分析,得到树状图(如图8-17),将豫园划分为四类声景区域。形成不同特色的声景分区,从而根据加强这些特色达到联合发展、优化豫园声景的目的。

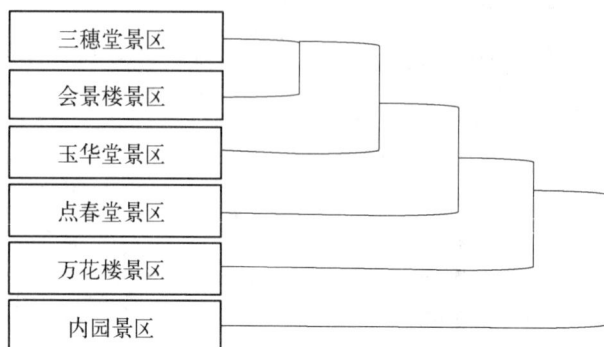

图 8-17　聚类分析树状图

从上述树状图可以看出,豫园的声景分为四种不同类型的声景区域(如图 8-18)。

图 8-18　声景聚类分区

从各个景区的各种声源感知指标(如图 8-19),以及各个景区的主观评价和客观声级评级数据来看,各类声景分区特征如下。

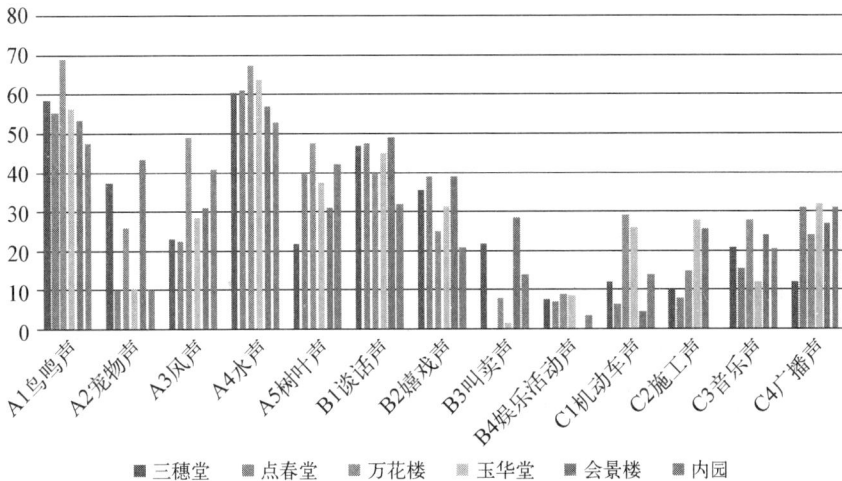

图 8-19　各个景点的声源分布

（一）声景活跃区

声景活跃区包括三穗堂景区、玉华堂景区和会景楼景区。这个区域靠近湖心亭、九曲桥以及外面的豫园老街，谈话声、水声比较多，甚至玉华堂有专门欣赏水声的听涛阁。因此声级较高，满意度、协调度以及安静度较为一般，特色度较好。可以适当的增加一些音乐声来掩盖谈话声，以及合理优化水声，打造比较欢乐、活泼的声景区域。

（二）自然休息区

自然休息区是万花楼景区。在豫园的内部，远离豫园老街，谈话声较少，鸟鸣声和水声感知最高。这个区域是亲近自然、放松身心的区域，而且这个区域有长长的复廊和鱼乐榭，适合游客游览之后在此休息欣赏声景。这个区域可以作为声景欣赏的核心区域，着重打造标识声。

（三）公共娱乐区

公共娱乐区是点春堂景区所在区域。区域声级最高，安静度和自然度较低，但是游客的满意度却比较好。因为这个区域空地比较开阔，游客常常在这里聚集交流,儿童在这里打闹嬉戏,虽然自然声被生活声掩盖,但是游客比较喜欢在这里和朋友交流谈话,是豫园内最具活力的景区。

（四）静谧区

豫园的内园是静谧景区,因为地理位置比较偏僻,游客较少,声级最低,而且这里树木茂密,面积狭小,水声和鸟鸣声等自然声较多,自然度较高。然而游客感知却并不愉快,太过安静的环境却让游客感觉到孤单,愉悦度最差。所以这个区域可以适当加入一些音乐声以及比较有特色的声音,这样可以吸引更多的游客来到内园欣赏游览,也可以分流其他景区一部分游客。

三、人文维度的分析

声景三要素中人要素是声景的感受主体,声景除了受环境要素影响外,不同的主体对于同一环境的声景也可能因为情感因素和个体差异而感受不同,因此需要从人文角度评价豫园的声景[29]。声景具有鲜明的地域文化特色。例如在充斥着交通噪声的城市背景声下,深厚祥和的钟声可能成为一道独特声景,但在古寺庙中,钟声可能会令人感觉枯燥乏味。因此对声景的研究分析不能忽略区域的历史人文特征。

（一）历史人文元素分析

豫园建园的目的是让家人在园中安度晚年,景观是以欣赏水声和人文声为景观基调。例如三穗堂景区的仰山堂二楼为卷雨楼,在雨中登楼观山水,仿佛身入雨山水谷之中,为豫园一绝景。万花楼景区原为万花神遗址,主要是用来祭祀活动和商会议事之用,后改名为万花楼。点春堂景区精巧别致的打唱台,雕刻细腻,取名"凤舞鸾吟"。会景楼、玉华堂景区主要景点有会景楼、流觞亭、积玉水廊、听涛阁等,其中会景楼三面环水,水声环绕;流觞亭,其两面临水,取《兰亭序》"曲水流觞"之意;积玉水廊,廊长达百米,西临曲池,东倚围墙,是江南古典园林中最长的一条水廊,廊中漫步,可以沿路欣赏翠绿的古树,欢快肥美的鲤鱼,精致的亭榭楼阁。积玉水廊东端是听涛阁,也是为了给游客欣赏水声之用。内园是豫园的园中园,其内虽小但是山石池沼、亭台轩阁,十分精致,内园中有著名的古戏台。豫园内人文历史元素丰富,而且集中体现了水声要素和人文特色声要素的表达。

（二）标识声的挖掘

声源可以分为基调声、前景声和标识声。基调声是园林声景的基础,是园林内大量存在但是游客主观感知较低的声源。前景声是园林声景中普遍存在并且比较吸引人注意力的声音,例如园林中游客的交谈声、脚步声等。标识声是园林中具有独特特征的声音,游客的主观感受程度最高,而且标识声一般与景区的人文历史、自然环境、传统活动有关。由此可见,标识声是园林声景的重要组成部分,也是园林声景优化的重要部分。通过统计豫园各个声源的主观感受次数指标的累积值以及占比,从而为豫园声景的优化提供支持(见表 8-5)。

表 8-5　声级要素感受指标累积表

级声要素	次层级声级要素	声要素主观感受指标累积	占　　比
自然声	A1 鸟鸣声	341	14.83%
	A2 宠物声	138	6.00%
	A3 风声	195	8.48%
	A4 水声	363	15.79%
	A5 树叶声	220	9.56%
生活声	B1 谈话声	261	11.35%
	B2 嬉戏声	191	8.31%
	B3 叫卖声	74	3.22%
	B4 娱乐活动声	36	1.57%

（续表）

级声要素	次层级声级要素	声要素主观感受指标累积	占　　比
人工声	C1 机动车声	88	3.83%
	C2 施工声	87	3.79%
	C3 音乐声	121	5.26%
	C4 广播声	184	8.01%

根据表8-6的数据也可以看出，喜好度较高的声源的协调度也较高，除了个别声源如音乐声和嬉戏声。

表8-6　声要素的喜好度和协调度

主层级声要素	次层级声级要素	声要素喜好度	声要素协调度
自然声	A1 鸟鸣声	4.75	4.71
	A2 宠物声	3.67	1.83
	A3 风声	4.60	3.50
	A4 水声	4.79	4.59
	A5 树叶声	4.17	3.61
生活声	B1 谈话声	3.62	3.24
	B2 嬉戏声	3.43	2.47
	B3 叫卖声	2.00	1.17
	B4 娱乐活动声	2.33	1.50
人工声	C1 机动车声	1.60	1.28
	C2 施工声	2.33	1.25
	C3 音乐声	4.31	2.64
	C4 广播声	2.75	0.75

根据SPSS的相关分析可以得出，喜好度和协调度之间的确存在相关关

系,R=0.904,非常接近1,说明喜好度和协调度存在强烈的正相关。这说明游客对声景的好感度与环境周围整体景观的协调度有非常密切的关系,也说明了声景是园林景观规划中非常重要的构成部分,与环境相协调的声景受到游客喜欢,而且良好的声景会提高游客游览的满意度(如表8-7)。因此园林声景在优化时除了注重标识声的优化外,也需要着重考虑声景的协调关系。

表 8-7　喜好度和协调度的相关性

		喜好度	协调度
喜好度	Pearson 相关性	1	0.904**
	显著性(双侧)		0.000
	平方与叉积的和	14.150	14.455
	协方差	1.286	1.314
协调度	Pearson 相关性	0.904**	1
	显著性(双侧)	0.000	
	平方与叉积的和	14.455	18.054
	协方差	1.314	1.641

注:表中＊＊在0.01水平(双侧)上显著相关。

综上所述,通过各个声源被游客主观感知的次数以及各个声源的喜好度和协调度,可以挖掘出豫园内的标识声为水声,因为水声被感知的次数最多,而且喜好度最高,这也和豫园的人文历史要素分析符合,说明豫园突出打造水流声。其次,主观感知次数指标较高的声音如鸟鸣声、风声、树叶声、谈话声和嬉戏声是豫园声景的前景声,对于喜好度和协调度较高的前景声应该加强优化。基调声是大量存在的、其他声音的背景声,例如广播声、音乐声等。

四、标识声景游览路线

声景游览路线是让游客在有引导的情况下沿着设计的路线去聆听某一种声景,从而可以最大限度的感知这一种声景[30]。因此在上文分析出

豫园内的标识声即水流声之后,来设计声景游览路线。本文借助 ArcGIS
利用栅格插值法和标识声感知累积数据来绘制水流声在园林中具体的分
布规律图,并根据规律绘制声景游览路线。标识声主要分布在三穗堂景
区的假山景点、万花楼的两宜轩景点、玉华堂的听涛阁景点和会景楼的三
曲桥和流觞亭景点,考虑到豫园出入口的设置以及标识声的空间分布和
豫园内积玉水廊的分布绘制出基于标识声的声景游览路线(如图 8 - 20)。

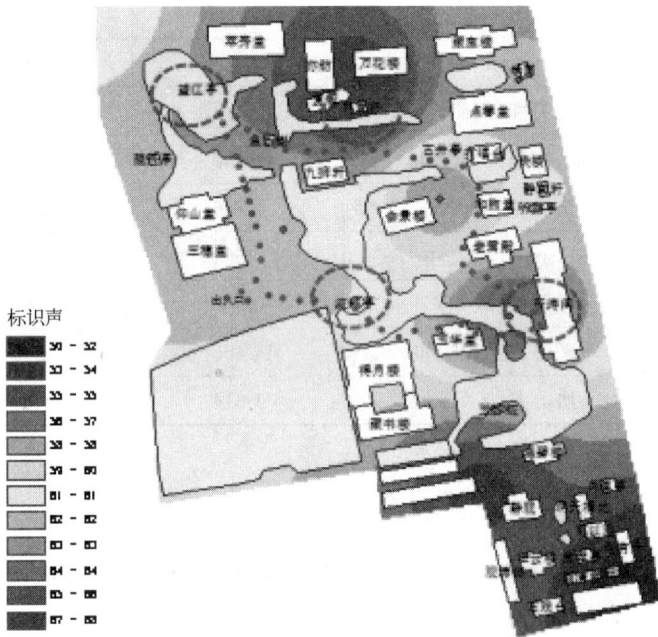

图 8 - 20　声景游览路线

第四节　从豫园看江南古典园林
声景特性与优化

通过声景图对豫园声景的整体评价和时间、空间以及人文角度对豫园
声景的特性评价总结出豫园声景的现状。豫园作为典型的江南古典园林,

可以听见鸟叫虫鸣,流水哗啦等自然美妙的声音,但也可以听见游人交谈、商业街叫卖的声音。江南古典园林因为其优越的地理位置、经济条件和浓厚的人文历史,营造出别具特色的声景。但是随着经济的发展,旅游的兴起,园墙外繁华的商业街和车水马龙、园墙内来来往往的游人对园林内的声景产生了很大的影响,为此本研究通过总结江南园林声景的特性,提出优化策略和优化原则,期望可以对江南园林声景的优化提供一些建议。

一、江南古典园林声景特性

通过豫园的评价分析,结合江南古典园林声景的特点总结江南古典园林声景的现状特性见表8-8。

表8-8　江南古典园林声景特点归纳

研究对象	优　　　点	缺　　　点
江南古典园林的声景	"小巷深处"的选址地点,为园林营造了较为安静的声景	外围的屏障设计不合理,周围的商业街和交通对园林内声景产生很大的影响
	园林内丰富的植物层次和水景,提供了风吹雨打、鸟鸣虫吟和流水哗啦声	园林内水流声缺乏古人"叠山理水"的特点,水流声不够丰富。环境变化使得鸟鸣虫吟不够明显
	历史人文元素丰富,园林充满诗情画意	完全被"圈地"保护起来的封闭式园林,缺少当地的人文声
	园林内合理分区,使得园林动静结合	园林动态的声音过多。园林内没有控制游人的数量使得园林内部过于嘈杂。其次园林的音响设施对园林的声景冲击较大

二、江南古典园林声景的优化原则

（一）把握游客感知的客观规律,引导游客的声景感知

游客对于声景的感知是一个逐渐深入的过程,首先是对声景客观的

感知,例如对音量的大小,音调的优美与否产生直观体验,随着游客感知活动的深入发展到体会丰富的人文精神和历史文化特色。因此在江南古典园林声景的优化中首先需要控制声要素的物理属性以及表达方式,进而产生声景体验的兴趣,再加上意境的营造,使得游客感知从外在的感官感知、耳目一新上升到情意相通的境界,引导游客循序渐进地进行声景感知体验。

(二)保护和创造多样的自然声,追求自然和人文意境结合

江南古典园林中的声景是人文精神的体现、情感的表达和意境的营造。园林中不同的声景可以引起游客不同的意境遐想,因此应保护和创造多样的自然声景,让游客从声景中体会到独特的人文精神和优美意境。比如保护原来的自然环境和资源,这样不会使既有的鸟叫虫鸣等自然声消失,而且在了解游客的需求上创造游客喜爱的自然声,提高园林的声景自然度从而提高游客的体验满意度。

(三)尊重适度和协调原则,形成和谐统一的整体

声景的优化设计应该把握好度,掌握适度的原则。适宜的声音本身可以给人们带来乐趣,但是如果过多的或者不合时宜的使用,则会带来适得其反的效果。例如泉水叮咚可以给人带来美妙的音乐,但是庞大的洪水声反而给人带来恐惧。又如在豫园的水流声设计中忽略了适度的原则,水流的速度和数量都不合理,反而使得部分游客认为水流声太过吵闹。在江南古典园林的声景优化中需要考虑声音与环境之间的适度和谐,形成和谐统一的整体景观,从而影响游客声景感知的满意度。

(四)以人为本,保护历史文化特色

江南园林功能地位的变化,使得声景的感知主体发生变化。在江南园林的游览中声景感知的主体变成游客,因此在声景的优化中需要考虑

游客的需求,以人为本。例如豫园的游客主要是外地游客,对于上海豫园的本土文化不太了解,因此可以利用上海独特的历史文化声如昆曲、评弹等吸引游客进行声景感知,还可以达到保护上海历史文化特色的效果。

三、江南古典声景优化策略

声环境研究主张人们创造适宜的声环境,这与江南古典园林"选择并创造合理声环境"的营造思想不谋而合,主动创造适宜的声环境可从两个角度进行:第一个角度从负向角度出发,减少、改造已经存在但不为人们所喜爱的声景;第二个角度是从正向角度出发,创造不存在但人类喜爱的声景,以改善人们生活的声环境。

(一)合理优化内外屏障,减少外围的噪声

江南园林选址于城市中心小巷深处,讲究"闹中取静",因此需要通过外围的声屏障来隔离内外的声音,保持内部的安静幽深。例如临近豫园老街的三穗堂景区、会景楼景区以及玉华堂景区的声景主观评价都是偏低的,这三个景区客观声级高于旅游区噪声控制标准,因此需要优化内外的声景屏障,例如以景观墙的形式结合攀爬的植物存在于园林的周边,也可以多种植一些植物采取绿化降噪。其次一般园林的入口处声级较大,因此可以设置"照壁"来隔绝入口处游客的声音。

(二)优化各类声源,保持园林声景的自然性

江南园林内自然植物丰富、山水交错,为园林增加了大量的自然声。但是随着环境的变化,园林内声景的自然性不明显。例如江南园林内嘈杂的游客声、电音设备掩盖了自然的鸟叫虫鸣,严重干扰游客的声景感知,因此需要优化各类声源要素。首先要保护园林内原有的植物,进而保护园林内鸟叫虫鸣的声音;其次在江南古典园林中水流声也一直是声景的主要部分,"山水有清音,何必丝与竹"。例如水流声营造可以"叠山理

水"，营造出或猛烈澎湃或涓涓细语的丰富水声效果。水流不仅以其流动的形态带给游客视觉上的美，而且以其潺潺的"流水音"给游客的听觉带来美的享受。最后自然声中还包含一些除了鸟鸣声外的动物声，因此需要保护甚至创造园林内各种动物的生存环境，吸引动物聚集，优化声源。

（三）加强对园林内声景的运营管理

在对豫园进行调查访问的过程中了解到，不论是游人还是豫园的管理人员，都缺乏对声景的相关了解和认识，园林关于声景的解说系统不够完善，缺乏提醒游客欣赏声景的标识或是提示。而且园林内缺乏专业人士进行指导，古典园林的声景在时间和空间上发生改变，因此需要专业的声景工作人员来参与管理和维护，保证声景的质量，需要从园林解说系统和园林管理层级加强对江南古典园林内声景的运营管理。例如在解说系统方面，增加警示牌示系统，提醒游客降低声音，提醒导游减少使用扩音设备；增加标识牌示系统，设置声景游步道标识，指导游客沿着声景游览线路进行声景欣赏，让游客了解、重视、保护园林的声景。在园林管理层级方面，加强园林内管理人员对声景知识的培训学习，加强园林关于声景知识的营销宣传。

（四）最后，增加历史文化声，保护园林声景特色

园林含有可以代表一个特定的地域文化特色的声景，怀旧的情怀使游客产生情感的共鸣，感受到旅游目的地独特的地域魅力。然而现在对于江南古典园林封闭式的保护，使得园林中缺乏人文气息。例如豫园内历史文化建筑丰富（打唱台、古戏台等），但是缺乏历史文化声要素，空有人文建筑却没有人文的声音，可以引入昆曲、评弹等一系列的历史文化特色声景，从而优化园林内的声景，也加强了游客在园林内部的体验性，提高游客的声景满意度。

本章参考文献：

［1］翁玫.听觉景观设计[J].中国园林,2007(12)：46-51.

［2］王季卿.中国传统庭院戏场若干声学特征[J].声学学报,2015(02)：317-330.

［3］刘爱利,胡中州,刘敏,邓志勇,姚长宏.声景学及其在旅游地理研究中的应用[J].地理研究,2013(06)：1132-1142.

［4］Dae Seung Cho. Noise mapping using measured noise and GPS data[J]. Applied Acoustics,2007,68(9)：1054-1061.

［5］参见[4]

［6］郭敏,岳淼,葛坚.杭州新湖滨公园声景研究[J].华中建筑,2012(01)：190-194.

［7］杨坤.中国古典园林的分类[J].林业与生态,2018：34-35.

［8］扈军.基于GIS的声景分析及声景图制作研究[D].浙江大学,2015.

［9］秦佑国.中国现代建筑的中国表达[J].建筑学报,2004(06)：20-23.

［10］王季卿.中国传统庭院戏场若干声学特征[J].声学学报,2015(02)：317-330.

［11］洪昕晨.森林公园声景观评价与优化研究[D].福建农林大学,2017.

［12］孙哲.上海豫园—城隍庙老城厢节场空间历史研究[J].山西建筑,2007(06)：40-41.

［13］蔡夏乔.上海豫园空间分隔研究[D].浙江大学,2012.

［14］Granoe J. Reine Geographie.[J]. Acta Geographiea,1929(02)：20.

［15］王静.声境在园林中的应用研究[D].西南大学,2009.

［16］程秀萍.中国古典园林声境的营造研究[D].华中农业大学,2008.

［17］程秀萍,周雯文.声景在中国古典园林中的运用[J].华中建筑,2007（12）：118-120.

［18］王其钧,楼庆西.水乡民居灵动的诗境[J].森林与人类,2008(06)：44-49.

［19］欧达毅,乌云巴根等.拙政园声景观调查与评价[J].建筑科学,2016(08)：138-142.

［20］袁晓梅.中国古典园林声景思想的形成及演进[J].中国园林,2009(07)：32-38.

[21] 蔡夏乔.上海豫园空间分隔研究[D]. 浙江大学，2012.

[22] 叶岱夫.试论听觉旅游资源的开发和利用[J]. 旅游学刊，1988(04)：53-55.

[23] 吴硕贤.园林声景略论[J].中国园林,2015(05)：38-39.

[24] 刘爱利,刘福承,邓志勇,刘敏.姚长宏文化地理学视角下的声景研究及相关进展[J].地理科学进展，2014(11)：1452-1461.

[25] 威尼·马斯,雅各布·凡·里斯,娜塔莉·德·弗里斯等.大巴黎总体规划[J].城市环境设计,2016(05)：184-187.

[26] Benfield J A, Bell P A, Troup L J, et al. Aesthetic and affective effects of vocal and traffic noise on natural landscape assessment[J]. Journal of Environmental Psychology，2010，30 (1)：103-111.

[27] Dae Seung Cho .Noise mapping using measured noise and GPS data[J]. Applied Acoustics，2007，68(9)：1054-1061.

第九章 导游生存模式与运营策略分析①

第一节 引 言

2020 年初,一场突如其来的疫情改变了人们的日常生活和工作,作为第三产业的旅游业尤其受到重创。《旅游绿皮书:2019—2020 年中国旅游发展分析与预测》指出,新冠肺炎疫情是改革开放以来对中国旅游业影响范围最广、程度最深的一次冲击,其中导游是受影响最直接、最严重的职业之一。导游这一职业在最近十年里本来就受到来自社会方方面面不和谐的声音,此次疫情"黑天鹅"事件使其生存状态更加严峻。随着文旅部有序推动文旅企业复工复产,恢复省内旅游活动,经历了两个多月空窗期的国内导游也陆续开始带团上岗。但当前疫情下依靠旅行社的导游生存模式是不是唯一的模式,如何突破创新? 这些都是导游群体所面对的迫切需要解决的问题。

本文通过对四大导游生存模式的剖析,以及模式创新后的实践操作给出了三大运营步骤的详细解读,并结合一些成功案例进行分析,希望疫情后能逐步推动导游职业的改变与突破,让更多优秀人才留得住,生活有

---

① 本章作者:吕晓亮(上海市旅游行业协会导游事务服务中心)。

保障,职业有尊严。

第二节 导游职业现状

一、旅游市场与宏观政策

(一)旅游市场

旅游市场在近十年里呈现一片"蓝海"。根据国家文化和旅游部授权中国旅游研究院发布的 2019 年全国旅游统计数据,国内游 60.06 亿人次,同比增长 8.4%;入境游 1.45 亿人次,同比增长 2.9%(外国人同比增长 4.4%);出境游 1.55 亿人次,同比增长 3.3%;旅游总收入 6.63 万亿元,同比增长 11%,占地区生产总值的 11.05%;旅游直接和间接就业人数占全国就业总人口的 10.31%;经换算,国人出游次数达到了 4.4 次。旅游市场继续保持高于地区生产总值增速的较快增长。

作为重要旅游城市的上海,去年也交出了一份较好的成绩单。根据 2019 年上海统计数据,国内游 36 140.51 万人次,增长 6.4%;入境游 897.23 万人次,增长 0.4%(外国人增长 0.9%);外汇收入 83.76 亿美元,增长 13.6%;国内收入 4 789.3 亿元,增长 7%;产业附加值 2 309.43 亿元,增长 7.6%。

(二)宏观政策

在 2018 年初国家文化和旅游部合并之前,李金早作为前国家旅游局掌门人,出台了一系列的导游改革措施,包括《导游自由执业试点管理办法(试行)》《国家旅游局人力资源社会保障部中华全国总工会关于进一步加强导游劳动权益保障的指导意见》(旅发〔2015〕164 号)《国家旅游局关于深化导游体制改革加强导游队伍建设的意见》(旅发〔2016〕104 号)《人力资源社会保障部关于公布国家职业资格目录的通知》(人社部发〔2017〕68 号),组建全国导游公共服务监管平台,制定统一的电子导游证,改革力度之大从未有过,体现了当时国家旅游局对导游群体的深切关注,改善导游的执业环境,也让当时处于"风口浪尖"的导游群体看到了一丝希望。

而在国家文化和旅游部(以下简称"国家文旅部")合并后,截至目前只发布了一项有关导游职业的政策事项,《人力资源社会保障部关于印发经济专业技术资格规定和经济专业技术资格考试实施办法的通知》(人社部规〔2020〕1 号)。

国家文旅部于 2019 年 9 月举办了第四届全国导游大赛,规模与宣传报道力度之大前所未有,取得了良好的社会反响和传播效应。但参与和获奖导游对于全国 80 万导游来讲只是"冰山一角",很多高水平导游因考虑到参赛会耗费大量的时间、精力影响收入而放弃参赛,也是非常的可惜,办赛的机制与形式将来可以再进行优化,以便于更多优秀导游参赛。

二、行业结构与利益链

不知从何时起,中国旅游进入了一个怪圈,旅行社价格竞争→节省成本不养导游→专职导游流失,兼职导游填补,导游无任何保障上团赚钱谋生→导游成为职业宰手→游客投诉曝光,负面新闻不断。导游的收入从早期正规的企业工资＋带团补助＋小费(入境游可能会有)转化成买团拼杀购物回佣＋销售自费项目。由于导游处于整个旅游利益链的最末端,生死存亡完全掌握在旅行社手中。一方面游客成了导游宰杀的对象,另一方面导游又成了旅行社牺牲的对象。

为挽救导游职业,重塑导游形象,2016 年初,原国家旅游局推出新政,允许部分地区和企业先行试点"导游自由执业",这无疑是给导游依附于旅行社这一紧箍咒松绑,符合国际和未来的发展趋势。但好景不长,随着

2018 年初国家文旅部的合并也就没有了下文,广大导游期盼国家主管部门能不断推出利好政策。

三、从业心态与现实

上述分析了外部环境存在的诸多不利因素,但作为导游自身的思想和状态也存在着很大的问题,"等、靠、要"思想是目前导游群体的真实写照。"等"就是等旅行社通知接活,"靠"就是团量全部来自于旅行社,"要"就是在各同行群里喊话要团。现在往往是旺季"一导难求",淡季"一团难求"。

由于职业的不景气,同行纷纷选择离开这一职业,甚至还有同行美其名曰"转型",其实就是放弃了导游这一职业,改做其他行业的"转行"之意。"转型"应该是始终没有离开导游这个职业,奋战于一线,只不过是从业模式的不同而已,是为了适应未来导游职业的发展需要,所以两者存在本质的差别。

综上所述,旅游市场的繁荣并不意味着目前导游生存的瓶颈和痛点得到根本改善,反而有被边缘化的趋势。由于导游处于利益链最末端,受制于旅行社行业的不景气,以及从业人员的传统观念束缚,再加上自身素质良莠不齐,所以造成优秀人才大量流失,导游成了一个低收入的毫无尊严的职业。在此,引用中国旅游研究院院长戴斌的金句:"没有导游的职业尊严,哪有游客的品质旅游"。

第三节　导游生存四大模式

一、传统模式

由于大部分导游还是遵循着固有的思维模式,"等、靠、要"思想难以改变,旅行社的派团对大部分导游领队而言还是维持生计的主要来源。

随着这次疫情的大爆发,本已"日落西山"的传统旅行社更加速了歇业潮,导游群体的生计也越来越难维持。

旅行社存在的逻辑是什么？估计很多从业者没有认真思考过这个问题,主要基于两点：一是信息的不对称,旅行社可以赚取差价,现在有了互联网,信息透明了,利差也就逐步趋向于零；二是规模经营的议价能力,随着OTA的快速崛起,"头部效应"越来越明显,市场话语权逐渐掌握在少数"头部企业"手中,中小旅行社也就越来越难有话语权,没有话语权也就没有了定价权,关门歇业也就不足为怪。

传统模式下,导游与旅行社的关系是被雇佣关系,"生杀大权"掌握在旅行社手中。随着社会的发展和组织结构的迭代,越来越多有一技之长的专业人才借助互联网脱颖而出,成为了自由职业者,从业更加灵活和多元,传统的"公司＋雇员"组织架构逐步被"平台＋个人"所取代,个人与组织也逐渐走向协同关系,这次疫情更加速了这种组织架构的迭代。

二、平台模式

从2016年国家开始试行的导游自由执业新政为导游群体开启了一扇新的大门,但新生事物总是会经历一段曲折漫长的发展过程。

作为当时全国试点单位之一的携程,经过近四年的大力发展,其"当地向导"在线平台已颇具规模。据携程2019年数据统计,平台上的网约导游超10 000名,订单量同比增长超194％；订单为境内56％,境外44％；当地特色体验类和向导陪游类产品增长最快,尤其是深度陪游讲解产品,订单增长迅猛；客单价平均900元左右,境外1 000元,境内700元。

在携程其他业务板块增长都趋缓的情况下,"当地向导"仍保持着高增长趋势,说明当年原国家旅游局重点推出的导游管理体制改革措施在今天已取得了实效,我们应当坚定不移地走下去。同时,"网约导游"也符合社会组织架构模式由"公司＋雇员"向"平台＋个人"的转变。

四年后，我们欣喜地看到，今天不仅有携程，还有飞猪、美团等众多 OTA 都在发力导游平台模式，提供给导游的职业平台也越来越多。

当然，对导游而言，应该努力提升自身的硬实力和软实力，硬实力如导游等级证书、各种技能技艺等，软实力就是服务、沟通和解决问题的能力。在线导游还要学会包装和展示自己，毕竟网络是个虚拟世界。据携程 2016 年针对自由执业导游的一项网络调查显示，网友在选择网约导游时，47％的人最关注导游的图文资料、颜值（导游照片）；27％的人最关注价格。此外，沟通的过程也是决定客户是否下单的重要因素。因此，维护好线上空间，及时与客户进行有效沟通将成为网约导游是否成功的决定性因素。

三、个体模式

如果说平台模式中间还有个中介"平台"的话，个体模式就是导游个体直面游客。按照《旅游法》规定，个人是不允许从事旅行社业务的，这种个体模式是指提供了吃住行游购娱之中的一项服务而已，主要是提供当地的讲解服务，不涉及其他要素。在今天"文旅融合"的大背景下，文化的传播通过导游的讲解显得尤为重要。

个体模式这个概念看似和导游群体无关，因为导游的职责被紧紧限定在向导和讲解两项上，并且必须依附于旅行社，或者是现在的试点平台。随着互联网应用的普及和旅游业的蓬勃发展，越来越多的个体创业者进入到旅游这个广阔的市场，他们也开始建立自己的社群，积累客户，利用自己的口碑在社群中传播相关的旅游知识和技能，定期举办线上线下活动，吸引了大量的铁杆粉丝，并产生了一定的社会效益和经济效益。

据数据显示，全国自由职业人员数量已逾 1 100 万人，主要为文创、演艺、非遗传承等几类。2015 年，自由职业者人数最多的前五座城市分别为：北京、上海、广州、深圳、成都。在全球分布中，以美国和印度的人数为第一梯队；菲律宾、印度尼西亚、巴基斯坦为第二梯队；英国、澳大利亚、孟加拉国紧跟其后；巴西等国家也有较大的比重。

当然，个体模式下的从业者占比极少，因为这对于个体的技能要求极高，而且还要有极强的运营能力和社交能力，以及互联网和新媒体的运营能力，笔者更愿意称呼他们为"达人""别人不愿做的，你去做了；别人做不到的，你做到了。"是对达人最好的诠释。当然，个人的精力是有限的，如果要突破这个"天花板"，那后期就应当组建带有个人 IP 的工作室，通过组建团队来运营，或签约相关的经纪公司。

四、共享模式

共享经济，一般是指以获得一定报酬为主要目的，基于陌生人且存在物品使用权暂时转移的一种新的经济模式，这一术语最早由美国得克萨斯州立大学社会学教授马科斯·费尔逊（Marcus Felson）和伊利诺伊大学社会学教授琼·斯潘思（Joel. Spaeth）于 1978 年发表的论文（Community Structure and Collaborative Consumption：A Routine Activity Approach）中提出。其本质是整合线下的闲散物品、劳动力、教育医疗资源。有的也说共享经济是人们公平享有社会资源，各自以不同的方式付出和受益，共同获得经济红利。此种共享更多的是通过互联网作为媒介来实现的。

笔者认为导游的技能将由过去单一知识讲解型向一专多能型方向发展。当旅游业刚起步的时候，看山看水看风景成为了游客首选，所以对导游的要求就是会讲解自然和人文知识。而随着旅游业的不断发展、游客文化层次的普遍提高和出游见识的增长，旅游需求已越来越不满足于一般的自然和人文知识讲解。旅游市场出现了研学旅游、康养旅游、体育旅游、工业旅游、农业旅游等众多细分旅游市场,有以休闲度假为主的特色和主题旅游项目,还有滑雪、潜水、登山、户外等技能型项目,以及茶艺、陶艺等以技艺为主的旅游体验项目。总之,旅游市场越来越趋向于个性化和特色化,会讲解、懂技能和能提供旅游解决方案的复合型人才将是未来市场所需。

正是基于导游技能技艺的兴趣化、多元化和专业化的发展方向,笔者提出在共享模式下,有专长的导游将自己最擅长或最有兴趣的领域拿出来分享,组成讲师团,利用各种平台进行拓展,不断吸引各路优秀人才加入。目前的市场需求以当地社区、学校和企事业单位为主,笔者更愿意将共享模式下的导游称之为文化讲师。

以我们上海导游打造的讲师团为例,共享内容包含有地域文化(历史街区),历史文化(场馆系列),传统文化(茶、石、咖啡,饮食、音乐),名人系列,专题系列等,这也是目前全国的首创。

笔者认为未来导游从业模式将是传统模式主导、平台模式崛起和个体模式创新三者并存的发展格局,平台化、移动化和社交化将成为突出特征,随着近几年共享模式的开启,又为导游提供了一个全新的职业发展舞台。

第四节　导游运营的三大步骤

一、IP(内容)打造

(一)消费升级要求文旅融合发展

旅游的本质是体验。经过改革开放 40 年的发展,国人的生活水平不断提升,人们对美好生活的向往也越来越迫切。据国家公布的统计数据,

2019 年人均出游已达到 4.4 次,人们的旅游需求已越来越不满足于一般的大众观光和人文历史讲解,深度体验游、特色游和深入精彩的人文历史讲解会是下一个"卖点"。同时,消费行为的个性化、差异化,以及消费升级都要求旅游供给端有质的提升,"文旅融合"正当时。

随着中国陆海空运输设施的不断改善优化,国人出行的便利性将大大提高,出游半径也得到不断延伸。过去跟团游的"出发地组团"模式将会被"目的地组团"模式所取代,"大交通＋当地的吃喝玩乐/文化文创"将会成为主流,挖掘当地的吃喝玩乐将成为关键。据 2019 下半年全国文化消费数据报告显示,历史文化街区、博物馆和人文旅游景点排名前三位。

笔者始终有这样的观点:只有坚持文化优先发展的理念和思路,旅游才有生命力和后劲,并且会迎来蓬勃发展的美好未来。国家文旅部合并后也着重强调了"文化是旅游的灵魂,旅游是文化的载体"和"文旅融合"的时代精神。

据 2019 年国内在线旅游行业统计：80、90 后已成为市场消费主力人群,在线旅游用户比例已高达 77.8％;31～40 岁占 43％,24 以下及 24～30 岁分别占 18.8％和 16％;二胎政策的放开,80、90 后更愿意带娃出行,亲子旅游需求将会进一步扩大。

据《上海年鉴(2017)》统计,2016 年上海 80 后收入平均数 10.2 万,中位数 7.8 万,前 10％达到 20 万元,家庭收入中位数 17 万元,平均数为 21.6 万元;平均受教育年限达到 14.7 年,为其收入快速增长提供了动力。

从以上数据统计来看,高学历、高收入的 80、90 后新中产阶层对文化消费的需求旺盛,尤其是在下一代的培养上不遗余力,很多孩子在小学阶段,家长就带着游历世界,足迹踏遍各大博物馆。

（二）挖掘当地特色文化成为关键

"深度内容"主要是指当地特色的"吃喝玩乐"和文化文创,笔者以上海本地为例来进行说明。

《上海市城市总体规划(2017—2035)》中提出:2035 年上海建成全球卓越城市,"12345"战略中打造的"上海文化"包括了红色文化、海派文化和江南文化的三大文化定位。上海发布的"旅游 30 条"提出在 2035 年建成世界著名旅游城市,打造"建筑可阅读,街区可漫步,城市有温度"的人文环境。

根据这两份文件的相关精神,我们围绕上海的红色文化、海派文化和江南文化三大文化挖掘整理了相关历史资料,并根据不同的行业领域类型,例如电影、音乐、话剧、戏曲、舞蹈、绘画、书法、摄影、文学、诗歌、方言、出版、园林、建筑、旅游、餐饮、宗教、医学、教育、非遗、名媛、租界、买办、航运、金融等设计不同的主题内容。通过不同点(建筑)来组合成线(街区),设计成各种不同的旅游线路。

旅游市场细分化催生了研学旅游、康养旅游、体育旅游、工业旅游、农业旅游等众多细分市场,有以休闲度假为主的特色和主题旅游项目,还有滑雪、潜水、登山、户外等技能型项目,以及茶艺、陶艺等以技艺为主的旅游体验项目。

笔者在 2017 年组建了上海多元文化讲师团,用"共享模式"的创新模式来传播文化,截至目前共组织了超过百场的公益活动和社区活动,并孵化了三十多位讲师,建起了两个海派文化工作室,取得了良好的社会效益和经济效益。在这种共享模式下,笔者更愿意称呼导游为"文化讲师",因为在当地以传播当地多元文化为主,有现场讲解,也有课堂讲解,形式多样,内容丰富。

(三)用匠心做自己兴趣的点才是抓手

导游被称为"文化的使者",但在近十年里却与这个美誉渐行渐远,这固然有旅行社的原因,但导游缺乏自律性和对自身职业规划的缺失也是很重要的原因,没有看到导游职业发展的规律和趋势,更谈不上对导游职业的认知与研究。

"兴趣是最好的老师",只有找准自己喜爱的内容,尤其是土生土长的当地文化,才能投入持之以恒的热情和精力。刚开始时内容不宜过多过泛,从小处着手深挖,等有了经验和市场后再逐步进行拓展和延伸。

这个IP深度内容打造的过程是相当漫长的,格拉德威尔在《异类》一书中提出"1万小时定律",就是:"人们眼中的天才之所以卓越非凡,并非天资超人一等,而是付出了持续不断的努力。1万小时的锤炼是任何人从平凡变成世界级大师的必备条件"。也就是说每天花3小时做同样一件事情,要成为某个领域的专家,大概要花10年左右时间。

但在另外一本书《贫穷的本质》,看到的是另外一个景象。这个世界很多人勤勤恳恳,任劳任怨,每天工作超过12个小时,只要企业不倒闭,他们不会换工作。可是"1万小时定律"在他们身上并不起作用,恰恰相反,他们越忙越穷。这里要引入另外一个概念"时间单位值",就是以尽可能小的单位衡量劳动价值。真正的高收入者都有着很高的时间单位值,伪高收入人群的时间单位值其实都很低,是低价值劳动,依靠长时间劳动而得的收入。"贫穷的死循环"就是这样一种时间单位值非常低的生活状态。

所以,在我们努力用"1万小时定律"的工匠精神和极致态度打造自己IP内容的同时,要学会提高深度思考的能力,避免陷入"贫穷的死循环",真正能成为一名达人。

因此,无论你处在什么时刻,一定不要让自己忙死,把自己全部的精力和意志力都耗费在无效重复之事上,也就是不要把所有精力都耗费在工作上。"1万小时定律"和"1万小时死亡定律"最本质的区别,在于你能否不断让自己的单位时间值增加。

当然,光有上述的精神还不够,在改善客户的体验上还需要在硬件和软件上不断改进展示的方式和方法,比如现场的影像资料展示,导游的服装道具设计,以及情感与语音语调的配合等。

二、强传播

(一)好的内容需要进入市场"广而告之"

打造出 IP 内容后,如何在短时间内让尽可能多的人知道,就是营销和传播要做的事情。传统营销学中教科书式的一句话"酒香不怕巷子深",到了今天互联网时代变成了"酒香也怕巷子深",因为互联网强大的传播力是传统营销手段所无法比拟的。

互联网本质是链接和交互,它解决了效率和信息对称的问题,互联网的传播速率呈几何级的增量,它成为了今天各行业发展的基础设施,随着5G 时代的到来,这种依赖性达到了顶峰。

(二)用好传播工具是成功之母

目前传播工具使用最普遍的是"两微一抖",微信、微博等是以图文类为主、短视频为辅的自媒体,短视频类有抖音、快手、B 站等,这次疫情暴发后,又出现了视频会议和网课软件,如腾讯会议、ZOOM、钉钉、小鹅通、晓黑板等。未来传播方式将向着视频化、移动化、社交化的全媒体融合和数字可视化方向发展。

这些传播工具的广泛应用,让企业家、官员、年轻人、创业者都感受到了互联网的力量和魔力,社会要素的组织形式和专业模式开始新的一轮创新再造,社群经济成为改变中国未来的新经济模式。

(三)粉丝和社群运营是重要的两个环节

掌握了传播工具,接下去就要进行粉丝和社群运营,如果说粉丝是"点"

的话,那社群就是"环",粉丝就是环上的所有点,他们组成了这个闭环。

粉丝经济泛指架构在粉丝和被关注者关系之上的经营性创收行为,是一种通过提升用户黏性并以口碑营销形式获取经济利益与社会效益的商业运作模式。以前,被关注者多为明星、偶像和行业名人等,比如,音乐产业中的粉丝购买歌星专辑、演唱会门票,以及明星所喜欢或代言的商品等。现在,互联网突破了时间、空间上的束缚,粉丝经济被宽泛地应用于文化娱乐、销售商品、提供服务等多领域。商家借助一定的平台,通过某个兴趣点聚集朋友圈、粉丝圈,给粉丝用户提供多样化、个性化的商品和服务,最终转化成消费,实现盈利。

社群经济是指互联网时代,一群有共同兴趣、认知、价值观的用户抱成团。发生群蜂效应,在一起互动、交流、协作、感染,对产品品牌本身产生反哺的价值关系。这种建立在产品与粉丝群体之间的情感信任＋价值反哺,共同作用形成的自运转、自循环的生态圈。产品与消费者之间不再是单纯功能上的连接,消费者开始在意附着在产品功能之上的诸如口碑、文化、逼格、魅力人格等灵魂性的东西,从而建立情感上的无缝信任。

有了线上的流量获取,还需要通过组织线下的活动来提高用户的黏性,要把客户→用户→粉丝→朋友,最后还要有个载体来沉淀粉丝(客户),后期不断输出自己的 IP 内容,用内容再去圈粉,粉丝成为忠粉后还能持续不断地带来粉丝,粉丝为你的 IP 内容心甘情愿买单,这才算完成了整个生态圈的闭环。

三、数据分析

导游通过打造自己的内容 IP,使用多种互联网媒介和工具传播,吸引了众多粉丝参与,产生了大量的社交数据和交易数据,如何对这两种数据进行科学分析研究成了营销重要的前提条件,数据统计分析的目的在于为后期的精准营销和科学决策提供有力的支持。

根据获利公式：营收＝有效客户数×顾客活跃度×客单价,得出关键指标主要有新增率,变动率,流失率,转化率,活跃度,唤醒率,客单价等。

首先,通过交易数据统计得出主力消费人群的画像。笔者统计了自己从 2017—2019 年共 28 个月的交易数据,画出了对应的主力客户画像：北上广的 80 后亲子女性家庭。针对亲子家庭,更需要感性和深入浅出的讲解,笔者对深度内容作了一部分调整,增加了一些相关资料的展示,以便于小朋友理解。

其次,对每一个客户也需要精准的画像。笔者建立了客户档案数据库,对每一位客户添加许多不同的标签,以便于后期有针对性地进行营销活动。同时,在"行前"和"行后"通过微信好友不断输出深度内容,使得新老客户获取相关信息,有效提高了消费频次和口碑传播的实效。

第五节　"导游帮"的个案分析

"导游帮"是一个以孵化本地文化讲师为目的的自组织,同时大力传播和弘扬本地文化,在三年左右时间里运用四大生存模式中的"共享模式"孵化了三十多位文化讲师,其中有几位已脱颖而出成为"网红",这几位"网红"文化讲师都形成了自己独有的风格,而且在生存模式上能成功转型为"平台模式"和"个体模式",非常具有代表性,因此本文将"导游帮"作为个案进行具体解析。

一、"导游帮"历史背景与发展阶段

(一)背景介绍

"导游帮"最早诞生于 2014 年的元旦,当初仅是一个微信公众号(服务号),是笔者和一位好友共同合作开发的。由于微信公众号刚面世一年左右时间,大家对于这样一个新鲜事物完全缺乏了解,再加上当时微信公众号的注册门槛很高,所以能申请到微信公众号实属不易。通过审核进入到正式运营阶段,由于当时缺乏运营经验和目标,在之后的几年时间里先后经历了几次重大的目标调整,才使"导游帮"走上了良性发展的轨道。

"导游帮"公众号目前拥有粉丝数 7 000＋,以旅游业同行为主,尤其是导游人员。根据后台数据显示,女性占比达到了 62％,男性只有 38％,这也基本符合国家导游从业人员的性别比;年龄段数据显示,18～45 岁占比达到了 85％,也就是 70 后～90 后人群成绝对主力,这其中又以 85 后至95 后年龄段占比最高,年轻化趋势非常明显。从地域分布来看,长三角沪苏浙人群占比 72％,上海占沪苏浙的比例高达 42％,这与"讲好上海故事,传播三大文化"的"导游帮"市场定位有很大的关系。从手机品牌来看,42％苹果 iOS 虽然低于 58％安卓 Android 占比,但从中也可以看出年轻同行对手机品牌的喜好程度。

"导游帮"既是一个微信公众号,也是文化讲师的"孵化平台"。现在"导游帮"形成线上和线下公益活动同步,活动辅以公众号原创推文增加粉丝粘度和传播性,同时推文数量的不断累积也有助于每位讲师的传播推广和 IP 打造。截至到撰稿时已先后孵化了 36 位文化讲师,其中有的讲师已成为"网红",共举办了 67 场线下公益活动,取得了良好的社会效益,"导游帮"成了名副其实的"讲师孵化器"。

（二）发展阶段

第一阶段(2014—2016)：转发行业资讯信息,适当调整类别

由于处于起步阶段,公众号的编辑和运营知识都是一片空白,一无所知,每天都需要花费大量时间研究和学习,这一阶段目的性不是很强,以转发各种旅游行业资讯为主,同时根据阅读数指标作相应的类别调整,增

加相关资讯信息,2015 年以转发旅游案例分析为主,2016 年以转发招聘和旅游政策法规信息为主,阅读数保持良好的上升势头,但这个阶段基本都以转发为主,原创内容极少。

同时,公众号在起步阶段还需要拓展影响力,通过不同渠道"广而告之",积累粉丝。为吸引同行,笔者联合同行将多年积累的诸如食宿行等导游带团信息汇总后放入公众号,成为了导游带团必备查询工具,深受华东同行欢迎,粉丝数也迅速攀升,三年下来累积到 4 000+。

第二阶段(2017—2019):组织线下公益活动,坚持原创推文

三年的公众号运营使笔者感到,单靠提供旅游信息资讯并不能改变导游的职业现状,必须要传播导游个人的影响力,打造自身品牌,所以从 2017 年 3 月份开始尝试做线下的公益活动,以历史街区的徒步行走为主,同时做了几位有特长导游的专栏,软文推出后收到了很好的转播效果,阅读数节节攀升,被报道的同行也兴致高昂,迅速刷屏自己的朋友圈。

乘着这股热风,笔者在当年底策划了"公益活动季",第 1~2 季时间跨度从当年 10 月份至第二年的 3 月份,共安排 12 位讲师的 12 场分享,每月 2 场,为让更多同行参与,推文撰稿由参与活动的 1~2 位同行撰写,推文发出后还要求每位参与者撰写感言,并转发朋友圈和群,"众人拾柴火焰高",起到了良好的传播效果,许多讲师收获了自己最初的一批粉丝和订单。

这一阶段的推文基本都是原创作品,虽然编辑排版的工作量非常大,但也收获了同行的点赞,成为了导游展示的舞台。"导游帮"提出了"让平凡的人成为不平凡"的口号,从线上走到了线下,又从线下走到了线上,成为了类似 O2O 平台,粉丝数达到了 7 000+。

第三阶段(2020—至今):线上线下活动同步,尝试图文带货+直播

走过了六年的"导游帮",面对微信公众号和互联网红利的大幅消退,未来如何转型发展成为当务之急,尤其是年初的一场突如其来的疫情,更是打乱了人们的生活和工作节奏,改变了很多行业的未来走势,尤其是服务业中的旅游业遭受重创。

当然,做精做强内容是王道,讲好上海故事,深挖当地文化成了重中之重。"公益活动季"作为孵化讲师的王牌栏目一直坚持到今天,已举办6季,孵化了36位讲师。2020年初新设"海上闻人""行走魔都""魔都云客"三个新栏目,内容和形式丰富多样,既有线上,也有线下;既有室内,也有户外;既能口头讲解,也能PPT演示,全方位锤炼了讲师能力,在面对各种不同环境都能从容应对和适应。

最重要的是在年中打通了利益链上的最后一环——市场,最终形成公益活动→自我营销→下单交易的整个利益链闭环,市场化由此完成。

二、供给端改造

(一)共享模式下的深度内容打造

在前面所述导游生存四大模式之"共享模式"为上海导游界所独创,它的创意来自于笔者观察发现,同行中有些导游有自己的专长爱好,并且会利用一些业余时间做社会志愿者和公益活动,但苦于圈子小、人脉弱,"金子埋没于沙子中",利用"导游帮"公众号的传播载体来集聚业内优质内容成了很好的衔接。

1. 上海多元文化讲师团的打造

通过对已经出场亮相的36位讲师个人信息分析发现:性别比例中,男讲师数量是女讲师数量的一倍,虽然在全国导游数量中女性占据了超过三分之二,但男性更多在于顶层数量上;在年龄结构上,70后和80后超过了三分之二,三四十岁的导游正处于黄金年龄段,有丰富的职场经验和知识积累而能脱颖而出;由于分享内容主要集中在本地文化,会沪语方言的土生土长的导游占据了明显的优势,占比达 77.8%,因此挖掘当地文化对本土导游来讲更具优势。

在 36 名讲师中有 5 位非持证受邀讲师,"导游帮"对讲师的要求并非局限在持证导游,只要有特长愿分享同行和非同行都欢迎,体现了"海纳百川"的上海城市精神;在 31 位持证导游中,初级和中高级各占一半,等级高低并不一定真实反映导游的讲解水平,有些初级导游的水平远超一些高级导游,造成这一现象的主要原因是导游等级未与职称挂钩,使大量导游不愿花时间和精力去考级考证,见表 9-1。

表 9-1　36 名讲师信息数据统计

性　别		年　龄					沪　语	
男	女	50 后	60 后	70 后	80 后	90 后	会	不会
24 人	12 人	5 人	5 人	15 人	10 人	1 人	28 人	8 人
66.7%	33.3%	13.9%	13.9%	41.7%	27.8%	2.7%	77.8%	22.2%

导　游		等　级		
是	否	初　级	中　级	高　级
31 人	5 人	16 人	2 人	13 人
86.1%	13.9%	51.6%	6.5%	41.9%

注:13 名高级导游中有 5 名金牌导游。

2. 本地文化挖掘与文旅融合创新

所谓深度内容其实就是当地的"吃喝玩乐"加上当地特色文化,对于上海这座移民城市来讲,红色文化、海派文化和江南文化形成了魔都的三大特色文化,这也是《上海市城市总体规划(2017—2035 年)》中有关文化战略提出的口号和要求。"讲好上海故事",让游客感受到"建筑可阅读,街区可漫步,城市有温度"。

从文化的多样性来说,海派文化最具代表性,诸如电影、音乐、话剧、戏曲、舞蹈、绘画、书法、摄影、文学、诗歌、方言、出版、园林、建筑、旅游、餐饮、宗教、医学、教育、出版、非遗、名媛、租界、买办、航运、金融等等,领域多而门类广,这种东西方文化融合发展的特质在上海这座近现代国际大都市的形成过程中显得尤为突出。

当初的公益活动内容并未定主基调,只要有兴趣特长的讲师都可以来分享,从已举办的67场公益活动内容来看,上海本地文化还是占据了主要份额。经过三年的发展,目前分享的内容基本以上海"三大文化"为主(见表9-2)。从其中44场三大文化比例来看,海派文化内容占据主导地位,红色文化和江南文化内容相对比例偏低。这主要是由于江南文化多位于郊区,交通不便,耗时耗力;红色文化正规要求相对较高,宜严肃认真对待;海派文化则相对比较中性,选择面广,容易上手,很多内容与我们日常生活都有紧密关系,比如咖啡文化、酒吧文化、英式下午茶,等等(见表9-3)。

表9-2 67场公益活动数据统计

地 域 文 化		活 动 形 式	
上 海	其 他	实地讲解	线下讲座
44 场	23 场	29 场	38 场
65.7%	34.3%	43.3%	56.7%

表9-3 44场本地文化数据统计

红 色 文 化	海 派 文 化	江 南 文 化
2 场	41 场	1 场
4.5%	93.2%	2.3%

活动组织形式也是实地与讲座相结合,56.7%讲座比例略高于43.3%实地讲解。相对来讲,实地讲解更受欢迎,因为文化通过旅游的

载体形成的线路产品更容易进入市场变现,见表 9 - 2。实地讲解又分历史街区和室内场馆两种类型,历史街区的徒步讲解我们又称为 City walk,这是国外非常流行的一种微旅行,这几年也开始在上海流行,这种形式比较容易操作,组合方式多,成本低,但容易受天气和温度等不确定因素影响(见表 9 - 4)。

表 9 - 4 29 场实地讲解数据统计

历 史 街 区	室 内 场 馆
23 场	6 场
79.3%	20.7%

(二)强传播

1. 坚持"一活动一推文"的原则,量变终成质变

在过去六年里,微信公众号作为"导游帮"最重要的传播工具起到了关键性作用,在最初的几年里享受到了红利效应,但任何事物的发展都有周期,公众号也不例外,这几年公众号的红利消退得非常快,一方面公众号注册门槛非常低,目前数量有几千万个,带来海量信息的同时也充斥着大量的垃圾信息和无用信息。公众号主要以图文形式为主,动图和音视频为辅,随着抖音、快手等短视频和直播工具的出现,民众越来越忽视微信公众号的存在,毕竟 5G 时代的到来,即时消费、即时娱乐的新消费习惯得以迅速膨胀。

"导游帮"在早期的运营积累和组织了 67 场公益活动并推文的基础上总阅读数达到了 52 000+,平均每篇推文阅读数 800+,对于一个只有 7 000+粉丝数的公众号而言已经非常高了,占比超过 10%,单篇最高阅读数 1 500+。总结其中的经验,一方面在于"导游帮"搭建了一个非常好的平民唱戏舞台,讲课的讲课,撰稿的撰稿,点赞留言的发表听后感言,

"众人拾柴火焰高",发挥每一位参与活动者的积极性。为此,"导游帮"还为每一位讲师颁发聘书,撰稿人颁发奖状,每年度票选"人气讲师"和"优秀撰稿人",充分调动了参与者的热情与积极性,在没有任何赞助和经费的情况下,"导游帮"能坚持六年成为讲师孵化器,实属不易。另一方面,笔者在公众号的编辑上采用了"后文链接前文并累加"的方法,形成同一类型推文的数据库,并建立同一讲师的推文归属,使每一位讲师都能找到自己的专属页面,方便推介和转发。

2. 通过公益活动带动线上线下互动

举办公益活动是入口,由于受到场地、时间和经费限制,每次线下活动参与人数都不多,但通过线上的推文传播同样能达到很好的传播效果,而且推文不会消失,运用得好会形成叠加传播效应,见表 9-5。

表 9-5　线下活动数据统计

年　　　份	2017	2018	2019	2020	小　　计
场　　　次	17	20	18	12	67
人　　　次	295	331	283	193	1 102
场均人数	17	17	16	16	16

（三）数据分析为后期决策提供依据

"导游帮"非常重视平时点点滴滴的数据积累,化小为大,时间越长,数据分析越显得重要,"小数字,大趋势",数据列表此前都已列明,在此不再重复。

（四）管理办法

"导游帮"的宗旨是搭建一个平民的舞台,在互联网时代"让平凡的人不平凡",改变传统行业思维模式和从业模式,使导游职业重新焕发生机与活力。为此,"导游帮"针对讲师、撰稿人、参与活动者都有明确的要求,制定了管理办法,奖罚分明,建立了从参与者→撰稿人→讲师的晋升通道,逐步培养,当然也有严格的退出机制,每半年考核一次,不达标者坚决予以清退,因为导游相对比较散漫,管理难度大,再加上"导游帮"本身也是个松散的自组织。不过目前看来管理还是行之有效的,已孵化出了好几位网红讲师。

(五)成功案例

在已孵化出的36位讲师中,有几位特别值得关注,2017年走红的高某,2018年走红的严某,2019年走红的彭某,下面简单介绍下他们的情况。

高某,2019年第四届全国导游大赛上海选拔赛铜奖和特色奖,2018年"思南公馆"素人导览嘉宾;2018年"打造人文瑞金,讲述红色经典"走读瑞金系列活动讲师;上海人民广播电台"2018百姓故事"栏目特邀嘉宾;2019年上海东方广播电台"环球旅行家"栏目特邀嘉宾;"导游帮"公益活动第1~2季"人气讲师"。

严某,毕业于复旦大学,国家博物馆和上海博物馆资深讲解员,专业撰稿人,"导游帮"公益活动第1~2季"人气讲师","导游帮"2018—2019年度公益活动优秀撰稿人。

彭某,2018策划瑞金街道"一街一品走读瑞金"活动;2020年国际饭店特约讲师,导览合作伙伴;2020年"四史"学习教育宝山红色研学游线路首批讲解员;"导游帮"2018—2019年度公益活动优秀撰稿人;"导游帮"公益活动第5~6季"人气讲师"。

其中,高某和彭某走的是平台模式,严某走的是个体模式。因为高某和彭某是专职导游,签约的都是在线旅行社,而严某是非同行,他运用自己独到的吸粉法进行粉丝运营,三年累积粉丝数10 000+。高某和彭某目前签约相同两家在线旅行社,线路产品都是City walk,分别有三条线路和五条线路,网上可查到的成交量和点评数见表9-6。另外,高某和严某都拥有了自己的"海派文化"工作室。

表 9-6　2位网红讲师市场数据统计

	下单总数	点评总数	点 评 率	好 评 率
高 某	1 073	125	11.6%	100%
彭 某	371	53	14.3%	100%

数据来源：马蜂窝和驴屋APP，时间截至到2020年6月26日。

三、需求端拓展

除了彻底改造供给端以外，开拓市场也是同步进行，只有市场需求才能最后盘活整个利益链。前两年也陆续寻找了一些市场机会，尝试将公益活动的内容逐步推向市场进行变现。"导游帮"先后为三家企事业单位做了超过三十场的"文旅讲堂"收费活动，其中，"导游帮"报道的推文有20场，包括实地讲解7场和线下讲座13场，参与人数累计400＋，参与讲师10位，见表9-7。

表 9-7　20场文旅讲堂数据统计

线 下 讲 座	实 地 讲 解
13	7
65%	35%

市场的需求以及良好的反馈极大地提升了上海多元文化讲师团的积极性，当然这些只是"杯水车薪"，真正要实现职业的转型还是需要有"持续的获客能力"。为此，"导游帮"不断摸索前行，寻找机会。一些讲师已经开辟出属于自己的新天地，上述三位网红讲师就是很好的例子。最近，"导游帮"公众号推文链接了讲师自己的在线交易平台页面，真正实现了从公益活动→自我营销→交易下单的全利益链闭环，标志着"导

游帮"孵化器里程碑式的突破和创新,也为其他同行学习提供了很好的参考案例。

四、愿景

"导游帮"经过六年多的发展和积累已初具品牌影响力,商业模式也已显露端倪,接下来在原来微信公众号传播基础上,多运用抖音等短视频传播工具,除了"图文带货"外,接下去还要尝试做"直播带货",真正让这个传统职业焕发新的生命力。我们要积极贯彻执行国家文旅局提出"文化是旅游的灵魂,旅游是文化的载体"精神,孵化出更多更优秀的文化讲师,让"文旅融合"更好地服务于上海这座城市。

本章参考文献:

[1] 中国旅游研究院.2019 年旅游市场基本情况[EB/OL].(2020 - 03 - 10). http://www.ctaweb.org/html/2020 - 3/2020 - 3 - 10 - 16 - 48 - 64712.html

[2] 上海市文化和旅游局.2019 年上海旅游业统计公报[EB/OL].(2020 - 03 - 31). http://whlyj.sh.gov.cn/tjzl/20200413/5f657e7e985b4f25a82d3e618a965f3c.html

[3] 钟殿舟.互联网思维——工作、生活、商业的大革新[M].北京:企业管理出版社,2014.

[4] 吕晓亮.导游从业模式新论[A].楼嘉军,徐爱萍.休闲·旅游·民宿:观察与思考[C].上海:上海交通大学出版社,2017:182 - 185.

[5] 马尔科姆·格拉德威尔.异类:不一样的成功启示录(新版)[M].苗飞译.北京:中信出版社,2014.

[6] 约翰·肯尼斯·加尔布雷斯.贫穷的本质:我们为什么摆脱不了贪穷[M].倪云松译.北京:中信出版社,2014.

[7] 陈杰豪,车品觉.颠覆营销[M].北京:中信出版社,2016.

索　引

城市休闲化　1,3,10,12,14,15,
　　17－22,24,25,27,33,36,43,44,
　　51,55,59,61,74－87,89,91,93－
　　100,102,104,106,107,109,110,
　　112,114,116,120－123,125,
　　127－129,131,132,134,135,
　　137,139,141－144,146,148,
　　150,152－155

消费结构　4,14,63,71

产业结构　3,5－7,36,37,93,103,
　　104,139

恩格尔系数　13,14,16,27,63,78,
　　80,82,84,86,87,89,91,93,95,
　　97,99,100,102,104,106,109,
　　110,112,114,116,118,120,121,
　　123,125,127,129,130,132,135,
　　137－139,142,144,146,148,
　　150,152

休闲空间　11,12,14,18,20,24,

　　27,28,55,75

全域旅游　15,186

全域休闲　15

柯布道格拉斯函数　18

短板效应　19

业态服务化　38

经济休闲化　38

消费价格指数　13,14,27,65,76,
　　78,80,82,84,86,87,89,91,93,
　　95,99,100,102,104,106,109,
　　110,112,114,116,118,120,122,
　　123,125,127,129,131,132,135,
　　137,139,141,142,144,146,148,
　　150,152

会奖旅游　49

社区休闲　159－166,168,173－182

游客感知　184,201,206,210,
　　217－219,226,230,235,236

双产业驱动　185

文本分析　195,196,203,204

声景　205－216,218－231,233－240

声景图　206,207,211,212,215－217,223,234,239

文旅融合　25,246,248,249,258,264

粉丝经济　253

社群经济　252,253

导游帮　254－258,260－264